21世纪高职高专财经类能力本位型规划教材

国际商务单证

刘 慧 杨志学 编 著

内 容 简 介

"国际商务单证"是国际经济与贸易专业、商务英语专业的专业技能课程,研究国际贸易业务流程中涉及的所有单据的填写,包括租船运输、报关报检、保险、结汇单证、结算单据等。本书将国际商务岗位职业技能要求直接引入课堂教学,突出讲解国际商务单证的应用环境及缮制技巧,培养学生缮制各种国际商务单证的实际动手能力。本书将国际贸易课程中的进出口贸易实务操作程序具体化,附带了大量的练习题,学生在学习过程中可以通过练习进一步提高实操能力。

本书可作为高职高专国际经济与贸易、商务英语、物流、市场营销等专业的通用教材,也可以作为相关工作人员岗位培训的教材和自学参考书。

图书在版编目(CIP)数据

国际商务单证/刘慧,杨志学编著. —北京:北京大学出版社,2012.7
(21 世纪高职高专财经类能力本位型规划教材)
ISBN 978-7-301-20974-5

Ⅰ. ①国… Ⅱ. ①刘…②杨… Ⅲ. ①国际贸易—票据—高等职业教育—教材 Ⅳ. ①F740.44

中国版本图书馆 CIP 数据核字(2012)第 163146 号

书　　名:	国际商务单证
著作责任者:	刘　慧　杨志学　编著
策划编辑:	赖　青　李　辉
责任编辑:	姜晓楠
标准书号:	ISBN 978-7-301-20974-5/F · 3256
出　版　者:	北京大学出版社
地　　址:	北京市海淀区成府路 205 号　100871
网　　址:	http://www.pup.cn　http://www.pup6.cn
电　　话:	邮购部 62752015　发行部 62750672　编辑部 62750667　出版部 62754962
电子邮箱:	pup_6@163.com
印　刷　者:	三河市博文印刷厂
发　行　者:	北京大学出版社
经　销　者:	新华书店
	787mm×1092mm　16 开本　14.5 印张　330 千字
	2012 年 7 月第 1 版　2012 年 7 月第 1 次印刷
定　　价:	29.00 元

未经许可,不得以任何方式复制或抄袭本书之部分或全部内容。
版权所有,侵权必究　　举报电话: 010-62752024
　　　　　　　　　　　电子邮箱: fd@pup.pku.edu.cn

前　　言

目前各高职院校均在深入开展"工学结合、情境教学"等改革，编者在编写本书时，主要以培养职业能力为本位，以进出口贸易业务流程中各种单据的制作为主线，强调在"做中学，学中做"，且以实训为主线，目的是提高学生的制单水平。同时，编者将国际商务单证员考证的内容也纳入本书中。

本书的具体特点如下。

(1) 内容方面强调新，紧跟时代发展的步伐。

(2) 在内容编排过程中，围绕"工学结合"这一要义；在章节布局中主要按照实际工作的流程进行安排，遵循循序渐进的学习规律，从货、证、船、款 4 个方面进行叙述。紧扣工作流程展开讲述相关的理论知识，每章结束都有练习题。此外，第三篇设置了全书的所有实训项目，整个实训项目按照一个完整的工作流程来设置——从审证、制单到审单，作为一个整体，让学生能够从总体上把握制单的流程。注重提高学生应用知识的能力和动手能力，将理论部分尽可能用简短的语言进行概述。

(3) 将教学内容与考证相结合，参考国际商务单证理论部分考试的大纲，将考证内容纳入书中，第三、第四篇专门配备了与考证相关的练习，有助于学生巩固所学的知识，也为国际商务单证员考试做铺垫，真正做到将考证纳入教材，将考证内容融入课堂，提高学生的技能水平。

(4) 强调"简单、易懂"，用最通俗的语言讲述相关的理论知识，用最简单的单证填写实例，帮助学生掌握单据的制作技巧和制作要求。

(5) 重点、难点突出，每个重要的知识点都设置了"特别提示"模块，加深学生的印象，同时也帮助学生理解重点、难点内容。此外，附录涵盖了国际商务单证中的部分惯例和通则，扩大学生的知识面。

"国际商务单证"是国际贸易专业的专业核心课，也是专业技能课，实操性比较强，学习的难度相对比较大，建议一学期学时为 72 学时。本书的重点章节是第二篇，其中第 3、5、6、8、9 章是难点，同时也是国际商务单证员实操考试的重点内容，因此教师需分配较多的学时在这几章。

本书由刘慧、杨志学编著，具体分工如下：刘慧编写了第 1 章，第 3 章至第 5 章，第 7 章和第四篇；杨志学编写了的第 2 章，第 6、8、9 章和第三篇。此外，巫丽环、魏斌、董青也参与了本书的编写工作。全书由王婉君主审，最后由刘慧统一定稿。

在本书的编写过程中，编者参考了诸多同类教材及相关资料，除参考文献中列出的之外，还有许多文献无法一一列出，在此谨向所有文献的作者表示由衷的感谢。

由于编者水平有限，加之编写时间仓促，书中不足之处在所难免，恳请广大读者批评指正。

编　者
2012 年 4 月

目 录

第一篇 基 础 知 识

第1章 国际商务单证概述 ... 3
1.1 国际商务单证的种类和作用 ... 3
1.2 单证工作的基本要求 ... 4
1.3 单证制作的时间顺序 ... 6
1.4 单证工作的发展趋势 ... 6
本章小结 ... 7
练习题 ... 7

第2章 进出口业务流程与单证操作 ... 9
2.1 交易磋商的基本步骤 ... 9
2.2 合同的基本结构 ... 13
2.3 进出口合同的履行与单证的流转、操作 ... 20
本章小结 ... 29
练习题 ... 29

第二篇 实 务 操 作

第3章 信用证的开立、审核与修改 ... 33
3.1 信用证的开立与信用证申请书的缮制 ... 33
3.2 信用证的审核与修改 ... 40
本章小结 ... 46
练习题 ... 47

第4章 商业发票与包装单据的缮制 ... 49
4.1 发票的作用、种类和缮制概述 ... 49
4.2 包装单据的作用及缮制方法 ... 53
本章小结 ... 55
练习题 ... 55

第5章 资金单据的缮制 ... 57
5.1 汇票及其缮制方法 ... 57
5.2 本票和支票 ... 61
本章小结 ... 63

练习题 63

第6章　国际货物运输与保险单证 65

6.1　运输单据与保险单据概述 65
6.2　运输单据的缮制概述 68
6.3　保险单据的缮制概述 83
　　本章小结 86
　　练习题 87

第7章　官方单证的缮制 88

7.1　进出口许可证的缮制 88
7.2　原产地证书的缮制 92
7.3　普惠制产地证的缮制 94
7.4　报检单的缮制 98
7.5　报关单的缮制 101
7.6　出口收汇核销与出口退税 109
　　本章小结 114
　　练习题 114

第8章　附属单据的缮制 116

8.1　主要附属单据及作用 116
8.2　装船通知、受益人证明及船公司证明的缮制 119
　　本章小结 121
　　练习题 121

第9章　单据审核的基本方法和审核要点 123

9.1　单据审核概述 123
9.2　主要单据的审核要点和审核技巧 125
9.3　单据提交时不符点的处理方法 133
　　本章小结 134
　　练习题 134

第三篇　进出口单证操作练习及解答

第10章　信用证审核练习及解答 139

第11章　外贸单据审核练习及解答 146

第12章　全套单据缮制练习及解答 154

第四篇　国际商务单证员资格考试全真模拟测试

国际商务单证员资格考试全真模拟测试(一) 177

国际商务单证员资格考试全真模拟测试(二) 182

附　　录

联合国国际货物销售合同公约(部分) 191

2010年国际贸易术语解释通则(部分) 205

《跟单托收统一规则》(部分) 210

《跟单信用证统一惯例》(UCP600)(部分) 216

参考文献 219

第一篇

基础知识

第1章 国际商务单证概述

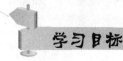

知识目标：掌握单证缮制的基本要求及单证的分类。
能力目标：能够将单据进行归类。

国际贸易实际就是单据的交易，买方凭单付款，因此，有必要认识国际贸易业务中的各种单据。同时单据缮制的好坏直接影响一批贸易的成败，一个企业的形象，乃至一个国家的形象；因此，要深刻理解单据缮制的基本要求并贯穿未来的工作中。

1.1 国际商务单证的种类和作用

1. 什么是单证

外贸单证就是指在国际结算中应用的单据、文件与证书，一般凭借这种文件来处理国际货物的支付、运输、保险、商检、结汇等。

狭义的单证是指结算单证，信用证支付方式下的结算单证。

广义的单证是指国际贸易中使用的各种单据、文件与证书的统称。

2. 单证的分类

国际商务单证可根据不同的分类标准分为不同的类别，见表1-1。

表1-1 国际商务单证的分类

分类标准	类别	特点
根据贸易双方涉及的单证和业务环节划分	出口单证	指出口地的企业及有关部门涉及的单证，包括贸易合同、出口许可证、出口报关单、包装单据、出口货运单据、商业发票、保险单、汇票、检验检疫证书、产地证等
	进口单证	指进口地的企业及有关部门涉及的单证，包括贸易合同、进口许可证、信用证、进口报关单、保险单等
	托运单证	指主要为了保证货物安全出运的单证
	结汇单证	指保证能安全取得货款的单证

续表

分类标准	类别	特点
根据单证的性质与用途划分	金融(资金)单据	即汇票、本票、支票或其他用以取得款项的凭证
	商业单据	即发票、运输单据、保险单、检验检疫证书、产地证、契据或其他类似单据,如装箱单、重量单等。运输单据是各种方式运输单据的统称,包括海运提单、不可转让海运单、租船合约单、空运单、公路铁路运输单据、内河运输单据、专递和邮政运输收据、托运单、报关单、报检单等
	官方单证	即官方机构出具的单据和证明,如进出口许可证、海关发票、领事证明或领事发票等
	附属单证	包括寄单证明、寄样证明、装运通知、船舱证明等
按照单证的形式划分	纸面单证	
	电子单证	
根据《跟单托收统一规则》(《URC522》)划分	金融单据	具有货币属性,汇票、支票、本票或其他用于取得付款资金的类似凭证
	商业单据	除了金融单据以外的所有单据
根据《跟单信用证统一惯例》(《UCP600》)划分	运输单据	海运提单,非转让海运单,租船合约提单,多式联运单据,空运单据,公路、铁路和内陆水运单据,快递和邮包收据,运输代理人的运输单据等
	保险单据	保险单、保险凭证、承保证明、预保单等
	商业发票	
	其他单据	包括装箱单、重量单和各种证明书
根据 UN/EDIFACT 划分		EDI 国际通用标准将国际贸易单证分为九大类:生产单证、订购单证、销售单证、银行单证、保险单证、货运代理服务单证、运输单证、出口单证、进口和转口单证

3. 单证的作用

(1) 国际贸易单证是合同履行的必要手段,是出口方履约的凭据,可作为物权凭证。

国际贸易主要表现为单据的买卖。卖方交单意味着交付了货物,而买方付款则是以得到物权凭证为前提,以单证为核心。尤其在信用证业务中,各有关当事人处理的是单据而不是有关的货物、服务或其他行为。

(2) 单证是外贸结算的基本工具(单证质量是能否顺利结汇的前提)。

(3) 单证是外贸企业经营管理的重要环节。

(4) 政策性很强的涉外工作,单证的制作要符合国际惯例。

1.2 单证工作的基本要求

1.2.1 单证制作的依据

任何一种单据从制作角度讲都必须遵循一定的法律依据。

1. 法律、惯例和规定

所有国际贸易中要求的单据都有相应的法律、惯例和规则,较常见的有《中华人民共和国合同法》(以下简称《合同法》)、《中华人民共和国票据法》(以下简称《票据法》)、《中华人民共和国对外贸易法》、《中华人民共和国海商法》、《中华人民共和国保险法》,我国政府参加的《联合国国际货物销售合同公约》,在国家贸易领域影响巨大的《UCP600》、《E-UCP》、《ISBP》、《URC522》、《URR525》、《INCOTERMS 2010》等,所有这些规定都对制单工作具有非常强的指导意义。

2. 以合同、信用证和货物实际情况为准制作单据

实践中主要指单单、单证、单同、单货的一致。单据一定要如实反映货物的情况。

3. 单据制作应满足各行业、部门的特殊要求

出口到信仰伊斯兰教国家的禽类产品,进口商有时会提出由出口地伊斯兰教协会出具有关证明;农药产品出口到美国、欧盟等国时,进口商通常会要求出口方提供所出口的农药产品的 MSDS(危险数据资料卡)等。

1.2.2 单证工作的基本要求

单证工作的基本要求如图 1.1 所示。

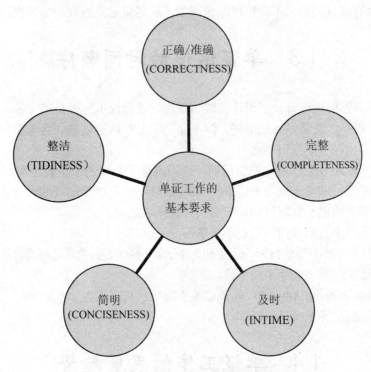

图 1.1 单证工作的基本要求

1. 正确/准确

正确(CORRECTNESS)是所有单证工作的前提,要求制作的单据应首先满足单单、单证一致,其次,各种单据应符合国际贸易惯例、各国、各行业法律和规则的要求,第三,单据还应与实际货物相符。

2. 完整

完整(COMPLETENESS)从某种意义上讲主要指一笔业务所涉及全部单据的完整性。包括三层含义：第一，内容完整，一份单据上需要填的地方均需填写，不得遗漏；第二，整套单证份数完整；第三，种类齐全，不得遗漏任何一种需要提供的单证。

3. 及时

及时(INTIME)指单据制作不迟延，主要包括两层含义，第一，应及时制单，各单据出单日期要及时，同时各单据的出单日期应合理，如保险单应在提单日期之前。第二，应及时交单，要在信用证规定的交单期内交单，若没有规定最迟交单日，则不能晚于提单开立后 21 天交单，且要在信用证的有效期内。

4. 简明

简明(CONCISENESS)指所制作的单据简单、明了。《UCP600》规定，"为了防止混淆和误解，银行应劝阻在信用证或其任何修改书中加注过多的细节内容"，有关专家也指出，单据中不应出现与单据本身无关的内容。

5. 整洁

整洁(TIDINESS)指单据应清楚、干净、美观、大方，单据的格式设计合理、内容排列主次分明、重点内容醒目突出。不应出现涂抹现象，应尽量避免或减少加签修改。

1.3 单证制作的时间顺序

各种单据的签发日期应符合逻辑性和国际惯例，通常提单日期是确定各单据日期的关键，汇票日期应晚于提单、发票等其他单据，但不能晚于 L/C 的有效期。各单据日期关系如下。

(1) 发票日期应在各单据日期之首。
(2) 提单日不能超过 L/C 规定的装运期，也不得早于 L/C 的最早装运期。
(3) 保单的签发日应早于或等于提单日期(一般早于提单 2 天)，不能早于发票。
(4) 箱单应等于或迟于发票日期，但必须在提单日之前。
(5) 产地证不早于发票日期，不迟于提单日。
(6) 商检证日期不晚于提单日期，但也不能过分早于提单日，尤其是鲜货、容易变质的商品。
(7) 受益人证明：等于或晚于提单日。
(8) 装船通知(Shipping Advice)：等于或晚于提单日后三天内。
(9) 船公司证明：等于或早于提单日。

1.4 单证工作的发展趋势

1. 单据的规范化和标准化

国际贸易发展到今天，许多单据都已规范化和标准化了。典型的如在世界范围内许多单证(包括信用证、提单、保险单、产地证等)都是相同或相似的。

2. 单据的电子化和现代化

前者主要指 EDI 单据，现在报关、报检都已联网，产地证和配额许可证的申领可登录商务部有关官方网站进行操作，外汇核销和退税也要先进行网上备案登记。

3. 单据制作由繁到简

单据的种类在减少，单据的内容也在日益简单化。

4. 一次制单

许多公司都有单据制作软件，只要认真填写发票这种基本单据，其他单据都可以自动生成。

5. 单证的统一

国际贸易各环节所涉及的大部分单据都有统一的规定和要求。像 SWIFTMT700 格式的信用证、提单、保险单、产地证、我国各级政府管制的单据等。

本 章 小 结

(1) 单证的分类有很多不同的方式，应充分理解掌握，考试中经常会涉及。

(2) 单证制作的要点是缮制合格单据的前提，因此必须很好地理解，且应正确、完整、及时、简明、整洁。

(3) 单证的统一，要求掌握国际统一的代称，如币别的代号、国家地区代码等。

练 习 题

一、单项选择题

1. 单证的缮制过程中，要求正确、完整、及时、简明、整洁，其中(　　)是单证工作的前提。

    A. 完整　　　　　　　　　　　　B. 及时
    C. 正确　　　　　　　　　　　　D. 简明

2. 各种单据中，(　　)的日期是关键，是确定其他单据日期的依据。

    A. 发票　　　　　　　　　　　　B. 装箱单
    C. 报关单　　　　　　　　　　　D. 提单

3. 下列货币代码中，对人民币表述正确的是(　　)。

    A. RMB　　　　　　　　　　　　B. CNY
    C. JPY　　　　　　　　　　　　D. HKD

4. 狭义的单据是指(　　)。

    A. 单据和文件　　　　　　　　　B. 单据和信用证
    C. 信用证和证书　　　　　　　　D. 凭证和文件

5. 各种单据中，(　　)单据日期最早。

    A. 装箱单　　　　　　　　　　　B. 发票
    C. 提单　　　　　　　　　　　　D. 保险单

6. 对保险单日期说法正确的是( )。
   A. 早于发票日期   B. 早于装箱单
   C. 早于提单   D. 晚于提单

二、判断题

1. 单证的三相符,最强调"单同相符"。   (   )
2. 单证的完整性是指每一张单填写完整。   (   )
3. 单证的及时性是指及时交单。   (   )
4. 及时交单是指在信用证有效期内交单。   (   )
5. 发票的开立日可以早于信用证的开立日。   (   )
6. 保险单的出具日可以与提单同一天。   (   )

第 2 章　进出口业务流程与单证操作

学习目标

知识目标：了解交易磋商的基本步骤和国际货物买卖合同的结构；熟悉国际货物买卖合同的基本内容和合同履行各个环节所涉及的各种单证，整体把握合同履行的程序以及所涉及的各种单证；掌握进出口合同履行的一般程序。

能力目标：能通过询盘、发盘、还盘和接受进行交易磋商，并订立国际货物买卖合同；能读懂外贸合同，能够迅速、准确地在合同中找到并正确理解与制单相关的内容，能够根据合同的要求，完成进出口工作。

单据和证书是完成进出口业务的基本工具，进出口业务的各个环节正是依靠单据和证书连接起来的。整个进出口工作可以分为交易磋商、订立合同、履行合同等阶段，单证在各阶段的工作中都起到了重要的作用。只有掌握进出口合同履行的一般程序，熟悉在合同履行过程中各个环节的单证需求，才能做到正确、完整地制单和及时交单，从而顺利完成外贸单证工作。

2.1　交易磋商的基本步骤

买卖双方进行交易磋商的目的是为了对交易的条件和内容达成一致意见，并订立买卖合同，它是国际货物买卖过程中不可缺少的重要环节。交易磋商可以通过口头(包括直接协商或通过电话协商)和书面(包括信函、电报、电传、电子邮件等)两种方式进行。其主要内容包括：商品的名称、品质、数量、包装、价格、装运、支付、保险等合同的主要交易条件，及发生意外的处理方式、不可抗力、仲裁、违约救济等一般交易条件。

交易磋商的程序分为询盘、发盘、还盘和接受 4 个环节，其中发盘和接受是必不可少的环节，只有经过这两个步骤，合同才能成立。

1. 询盘

询盘(Inquiry)是指交易的一方向另一方发出的欲购买或售出某种商品，了解交易该商品的有关交易条件的一种意思表示。买方和卖方都可以发出询盘，它一般作为交易的起点，在实际业务中，询盘也称为询价。

询盘是了解市场供求、寻找交易机会的有效手段。由于询盘只是表示一种交易的愿望，并非确定的订立合同的意思表示，所以，在法律上询盘也被称为"要约邀请"，即表示邀请将来可能的交易对象向自己发盘。询盘所列内容多是探询和参考性质，没有必须购买或售出的义务，对买卖双方均没有约束力，也不是交易磋商的必经步骤。

询盘样单如下所示。

Feb. 26,2007

Guangdong Textiles Imp. & Exp. CO., Ltd.
7/F, Guangdong Textiles Mansion,
168 Xiaobei Road, Guangzhou, China

Dear Sirs,

One of our clients in Colombo is in the market for a parcel of 3000 pairs of Leather Dressing Gloves. We would therefore ask you to make us an offer based on CIFC2 Colombo.

We shall appreciate it if you will arrange for shipment to be made as early as possible by direct steamer for Colombo.

As usual, our sight irrevocable L/C will be opened in your favor 30 days before the time of shipment.

Yours faithfully
ABC TRADING CO., LTD.

2. 发盘

发盘(Offer)是指买方或卖方向对方提出交易条件并愿意按此条件达成交易的表示。实际业务中，发盘也称为报盘、报价、发价，法律上称发盘为"要约"。发盘可以由卖方提出，习惯上叫"卖方发盘"；也可以由买方提出，习惯上叫"买方发盘"，或称递盘或订单。发盘是交易磋商的必经步骤，发盘人将受发盘内容的约束，并承担按照发盘条件和对方订立合同的法律责任。

一项有效的发盘必须具备下列条件。

1) 发盘应向一个或一个以上特定的人提出

发盘必须向指定的受盘人发出，即向有名有姓的公司或个人提出。对广大公众发出的商业广告是否构成发盘的问题，各国法律规定不一。《联合国国际货物销售合同公约》第十四条第2款规定："非向一个或一个以上特定的人提出的建议，仅应视为邀请作出发价，除非提出建议的人明确地表示相反的意向。"据此规定，商业广告本身并不是一项发盘，通常只能视为邀请提出发盘。

2) 发盘的内容必须十分确定

发盘内容的确定性体现在：发盘所列条件是完整的、明确的和终局的。

所谓完整的，按习惯做法是准确阐明各项主要交易条件，一般包括品名规格、数量、包装、价格、装运、付款、保险七大要件。《联合国国际货物销售合同公约》第十四条第一款规定，一个建议如果写明货物并且明示或暗示地规定数量和价格或规定如何确定数量和价格，即为十分确定。也就是说，构成发盘有三个基本要素：货物名称、数量和价格。其他所缺少的条件应理解为按惯例和"一般交易条件"协议来办，表面上不完整，但实际上是完整的。

所谓明确的，即所指交易条件清楚、具体、不含糊、不模棱两可，不能在发盘中出现"大概"、"预计"、"可能"、"参考"等用词。

所谓终局的，即肯定的，不能有保留性、限制性的条款。

3) 发盘必须表明发盘人对其发盘一旦被受盘人接受即受约束的意思

发盘的目的在于订立合同，发盘人应明确表示愿意按照发盘的内容订立合同，一经受盘人表示接受，合同即告成立，无须再经发盘人同意。这种订立合同的意旨，可以在发盘中用文字表达，也可从发盘的整个内容、当事人相互之间的关系以及磋商的先后情况判断出是否有订立合同的意旨。发盘人的发盘在得到接受时,发盘人将按发盘的条件与受盘人订立合同并承担法律责任。

  发盘只有送达受盘人始为有效。这里强调直接送达或信函、电传及口头通知。别人传达如不是发盘人,即使到达也无效。发盘只有受盘人收到才生效,受盘人没收到或没正式收到就没有法律效力,发盘人也没有订立合同的义务。

  发盘的有效期是指可供受盘人对发盘作出接受的时间或期限。发盘人在发盘的有效期内受其约束,超过有效期,发盘人则不再受其约束。因此,发盘的有效期既是对发盘人的限制,也是对发盘人的保障。

  发盘的有效期可以作明确的规定,以发盘送达受盘人时开始生效,到规定有效期届满为止。具体可分为规定一段有效期(如发盘有效期5天)和规定最迟接受的期限(如发盘限7天复)两种,也可以不明确规定有效期,按惯例在合理时间内有效。

  在实际业务中,一项发盘发出后,由于种种原因,发盘人可能要求撤回或撤销发盘。发盘的撤回与发盘的撤销是不同的概念。撤回是发盘人的撤回通知,在发盘到达受盘人之前或同时到达受盘人,收回发盘阻止其生效的行为。撤回发盘的通知应当在发盘到达受盘人之前或与发盘同时到达受盘人时,发盘才得以撤回。撤销是发盘已到达受盘人并已开始生效,发盘人通知受盘人撤销原发盘,解除其生效行为。发盘在一定条件下可以撤销,而在有些条件下又不得撤销。《联合国国际货物销售合同公约》规定,如果撤销的通知在受盘人发出接受通知前送达受盘人,可予撤销。但下列情况不得撤销。

  (1) 发盘是以规定有效期或以其他方式表明为不可撤销的。

  (2) 受盘人有理由信赖该发盘是不可撤销的,并已本着对该发盘的信赖采取了行动。一项发盘是否可以撤销,主要取决于受盘人是否可能因为撤销发盘而受到损害。

  发盘法律效力的消失称为发盘的终止。发盘效力终止的原因一般有以下几个方面。

  (1) 在有效期内未被接受而过时。在发盘规定时间内未收到受盘人答复,超过了有效期,原发盘即失效。

  (2) 受盘人拒绝或还盘。

  (3) 有效地撤销。

  (4) 不能控制的因素所致,如战争、灾难或发盘人死亡、法人破产等。

  发盘样单如下所示。

March 2, 2007

ABC Trading CO., Ltd.
NO.180 Mosque Road, Gorakana, Sri Lanka

Dear Sirs,
  Thank you for your letter of Feb. 26 inquiring for 3,000 pairs of Leather Dressing Glovers, We take pleasure in making you an offer as follows, subject to your acceptance reaching here not later than March 10. 3,000 pairs of Art. NO. GL9001 Leather Dressing Gloves in grey, blue and black colors, 10 pairs to a carton, at USD26.00 per pair CIFC2% Colombo, for shipment from any China port in April.
  We look forward to your early reply.

Yours faithfully
GUANGDONG TEXTILES IMP. & EXP. CO., LTD.

3. 还盘

还盘(Counter Offer)是指受盘人对发盘内容不完全同意，为进一步协商，反过来向发盘人提出变更某些发盘内容或建议的表示。实际业务中，还盘也被称为还价，法律上称还盘为"新要约"。

一项还盘实际上就是还盘人(原受盘人)要求原发盘人答复是否同意还盘人提出的修改交易条件的意见或建议。就一项还盘而言，原受盘人成了新的发盘人，还盘就成了新的发盘，而原发盘人则成了新的受盘人，还盘一旦作出，原发盘随之失效。

还盘不是交易磋商程序中的必备环节。但实际业务中，一笔交易的达成往往要经过多次还盘和再还盘的过程，发盘人与受盘人的地位多次转化。在还盘时，对双方已经同意的条件一般无须重复列出。

4. 接受

接受(Acceptance)是指受盘人以声明或行为表示无条件地同意对方在发盘中提出的各项条件。接受在法律上称为承诺，其实质是对发盘表示同意。发盘一经接受，合同即告成立，对买卖双方都具有约束力，任何一方都不得任意更改或撤销。

同发盘一样，一项有效的接受也必须具备一定的条件。

1) 接受必须由特定的受盘人作出

对发盘表示接受，必须是发盘中所指明的特定的受盘人，而不能是其他人。如果其他人通过某种途径获悉发盘内容，而向发盘人表示接受，该接受无效。

2) 接受必须表示出来

根据《联合国国际货物销售合同公约》第十八条第一款的规定，受盘人表示接受有两种方式：声明，即受盘人用口头或书面形式向发盘人表示同意；作出其他行为，通常指由卖方发运货物或由买方支付价款。如果受盘人在主观上愿意接受对方的发盘，但默不作声或不作出任何其他行动表示其对发盘的同意，那么在法律上并不存在接受。

3) 接受必须是无条件的

接受必须与发盘相符，只接受发盘中的部分内容，或对发盘条件提出实质性的更改，或提出有条件的接受，均不构成接受，而只能视作还盘。

所谓实质性更改，根据《联合国国际货物销售合同公约》第十九条第三款规定，有关货物价格、付款、货物重量和数量、交货时间、地点，一方当事人对另一方当事人的赔偿责任范围或解决争端等的添加或不同条件，均视为在实质上变更发盘条件。但是，若受盘人在表示接受时，对发盘内容提出某些非实质性(不改变发盘的条件)的添加、限制或更改(如要求增加重量单、装箱单、原产地证明或某些单据的份数，包装的改变等)，除发盘人在不过分迟延期间内表示反对其差异外仍构成接受。

4) 接受必须在发盘规定的有效期内送达发盘人

发盘中规定有效期有两种意义，一方面约束发盘人不得在有效期任意撤销或修改发盘的内容；另一方面约束受盘人只有在有效期内作出接受，才有法律效力。如发盘中未规定有效期，则应在合理时间内接受方为有效。

如果接受通知超过发盘规定的有效期或超过合理时间才传达到发盘人，这就成为一项逾期接受。逾期接受在一般情况下无效,但在下列两种情况下仍然有效。

(1) 发盘人毫不迟延地用口头或书面将该项逾期接受仍然有效的意见通知受盘人。

(2) 由于出现传递不正常的情况而造成了延误,这种逾期接受可被认为是有效的,除非发盘人毫不迟延地用口头或书面通知受盘人认为发盘已经失效。

所以,逾期接受能否有效关键要看发盘人如何表态。

接受是在表示同意的通知到达发盘人时生效,撤回接受的通知应当在接受通知到达发盘人之前或与接受通知同时到达发盘人时,接受才得以撤回。接受通知一经到达发盘人即不能撤销,因为接受一经生效合同即告成立,撤销接受,即撤销合同,实质上已属毁约行为。

接受样单如下所示。

March 6, 2007

Guangdong Textiles Imp. & Exp. CO., Ltd.
7/F,Guangdong Textiles Mansion,
168 Xiaobei Road,Guangzhou,China

Dear Sirs,

　　Thank you for your letter of March 2 offering us 3, 000 pairs of Leather Dressing Gloves at USD26.00 per pair CIFC2% Colombo.

　　We are glad to have been able to persuade our clients to accept our price,though they found it a bit on the high side. We are now arranging with our bank for the relevant L/C. When making shipment,kindly see to it that insurance is to be effected against All Risks and War risk for 110% of the invoice value.

Yours faithfully
ABC TRADING CO., LTD.

2.2　合同的基本结构

当交易的一方提出发盘,交易的另一方作出有效接受之后,买卖双方就达成了买卖合同关系,双方在这个过程中往来的函电即为双方存在合同关系的证明。但为了明确这种关系,双方还要签订书面合同或确认书将双方的权利、义务、责任及各项交易条件明文规定下来,经双方签字后,就成为约束双方的法律文件。在国际贸易中,交易双方订立合同有书面形式、口头形式和其他形式。

　　国际贸易合同主要以书面合同的形式出现,虽然国际上承认口头协议和其他形式合同的法律效力,但由于国际货物买卖交易金额大、合同履行时间长,容易产生纠纷,所以书面合同作为合同订立、履行和解决争议的依据,具有口头协议和其他形式合同无法替代的优势,所以通常所说的合同就是指书面合同。

我国《合同法》第十一条规定，书面形式是指合同书、信件和数据电文(包括电报、电传、传真、电子数据交换和电子邮件)等可以有形地表现所载内容的形式。

国际货物买卖合同的名称主要包括合同(Contract)、销售确认书(Sales Confirmation)、协议(Agreement)和备忘录(Memorandum)等。合同和确认书是书面合同的主要形式，二者具有同等法律效力，前者条款完备，通常用于新客户；后者合同条款简约，只有主要交易条件，没有一般交易条件，通常用于老客户或一般交易条件已另行约定的客户。

书面合同不论采取何种格式，其基本内容包括约首、本文、约尾三个部分。

1. 约首

约首一般(Head of the Contract)包括合同的名称、编号、签约的时间、地点、缔约双方的名称和地址、电报挂号、电传/传真号码，以及买卖双方当事人订立和约的意愿表示和执行合同的保证等项内容。

在合同中买卖双方当事人订立和约的意愿表示和执行合同的保证通常用下面固定不变的文句表示，This Sales Contract is made by and between the Seller and the Buyer, whereby the Seller agree to sell and the Buyer agree to buy the under-mentioned goods according to the terms and conditions stipulated below.

2. 本文

本文是合同(Body of the Contract)的主体部分，具体列明各项交易条件和条款，其中包括合同标题、品质规格、数量或重量、包装、价格、运输、保险、检验、支付、违约处理、异议索赔等项内容。

1) 品名条款

品名(Name of Commodity)条款的基本内容取决于成交商品的品种和特点。一般来说，列明买卖双方成交商品的名称即可。但有些商品，因其具有不同的品种、规格、型号、等级或商标，为了明确起见，在品名条款中还必须进一步列明该商品的具体品种、规格、型号、等级或商标。在此种情况下，品名条款实际上已经演变为品质条款的综合体，在合同中通常称为"货描"(Description of Goods)。

2) 品质条款

品质(Quality of Goods)条款的基本内容主要是借助适当的方法对成交商品品质进行描述。描述品质的方法主要包括凭规格、凭等级、凭标准、凭商标或品牌、凭说明书及图样、凭原产地名称、凭样品等，应根据成交商品的特性、买卖双方的交易习惯和具体要求进行合理选用。

必要时，对某些质量指标容易出现误差的制成品，可在品质条款中规定一定幅度的"品质公差"；对某些质量指标不甚稳定的初级产品，可在品质条款中规定一定幅度的"品质机动幅度"。为体现按质论价的原则，在使用品质机动幅度的同时，可以酌情加订"增减价条款"。

3) 数量条款

数量(Quantity of Goods)条款的基本内容主要包括成交数量、计量单位、计量方法等。

必要时，为了便于履行合同，可在数量条款中加订"溢短装条款"，包括溢短装的幅度、由何方掌握溢短装的选择权以及溢短装部分的计价方法。

4) 包装条款

包装(Packing)条款的基本内容一般包括包装方式、包装材料、包装规格、包装标志和包装费用等。由买方提供包装标志和包装物料时，在包装条款中应规定提供的最迟日期以及未能及时提供而影响货物出运时所应承担的责任。

5) 价格条款

价格(Price)条款的基本内容一般包括商品单价(Unit Price)和总值(Total Mount)两部分。其中商品单价包括计价货币、单位价格金额、计价单位和贸易术语四部分。

商品单价未含佣价(明佣)时，应在价格条款中规定佣金率、佣金的计算方法和佣金的支付方法。

商品单价含有折扣(明扣)时，应在价格条款中规定折扣率、折扣的计算方法和折扣的支付方法。

6) 装运条款

装运(Shipment)条款的基本内容一般包括运输方式、装运期或交货期、装运地(港)与目的地(港)、是否允许分批装运与转运、装运通知等。

其中，在允许分批装运的情况下，必要时可根据需要在装运条款中规定批次、每批装运货物的时间和数量；在允许转运的情况下，必要时可根据需要在装运条款中规定转运的地点、转运的方法和转运费用的负担；关于装运通知，通常应包括发出的时间、内容、方式以及未发出或未及时发出而导致损失时所应承担的责任。

当货物使用租船运输时，在装运条款中应规定装卸时间、装卸率和滞期速遣条款。

7) 保险条款

当使用 FOB/FCA 或 CFR/CPT 术语出口时，只在保险条款中规定由买方负责投保即可。

当使用 CIF/CIP 术语出口时，保险(Insurance)条款的基本内容一般包括规定由卖方负责投保、选择什么保险公司、适用的保险条款、投保哪些险别、保险金额如何确定、保险费负担、提供什么保险单据等。

8) 支付条款

支付(Payment)条款的基本内容一般包括支付工具、支付方式、支付时间与地点等。

其中，支付工具大多采用金融票据，应在支付条款中列明是使用汇票(Bill of Exchange, Draft)、本票(Promissory Note)还是支票(Check)。

使用汇付支付方式时，应在支付条款中列明汇付的方法是信汇、电汇还是票汇；使用托收支付方式时，应在支付条款中列明托收的方式是跟单托收(Documentary Collection)还是光票托收(Dean Collection)，托收的条件是付款交单(Documents Against Payment，D/P)还是承兑交单(Documents Against Acceptance，D/A)；使用信用证支付方式时，应在支付条款中列明开证时间、开证行、信用证种类、信用证有效期及到期地点等。

关于支付时间，应在支付条款中结合支付方式列明是预付、凭单付现，还是即期付款、分期付款或延期付款。

支付地点与支付方式密切关联，按照一般惯例和习惯做法，汇付的支付地点是买方所在地；托收的支付地点是买方营业地；信用证支付地点是卖方营业地。如果合同中没有明确规定支付方式和支付地点，根据《联合国国际货物销售合同公约》的有关规定，如买方没有义务在任何其他特定地点支付价款,他必须在"卖方营业地"支付价款。若卖方有一个以上营业地时,在"与合同及合同的履行关系最密切的营业地"支付价款,如果没有营业地,则应在其"惯常居住地"支付价款。

9) 商品检验条款

商品检验(Inspection)条款的基本内容一般包括检验权、检验的时间与地点、检验机构、检验技术标准与检验证书等。

10) 索赔条款

索赔(Claims)条款的基本内容一般包括索赔的证据、索赔期限和索赔金额等。

实际业务中,根据需要还可以加订"违约金条款",其内容主要包括交易双方协商确定的违约金数额,并订明履约过程中若出现当事人违约情况,则违约方应向对方支付约定的违约金数额。还可以就支付违约金时有无宽限期和因违约产生的损失赔偿额的具体计算方法作出规定。

11) 不可抗力条款

不可抗力(Force Majeure)条款的基本内容一般包括不可抗力事件的性质和范围、不可抗力事件的通知和证明、不可抗力事件的处理原则和办法等。

12) 仲裁条款

仲裁(Arbitration)条款的基本内容一般包括仲裁地点、仲裁机构、仲裁程序规则、仲裁裁决的效力和仲裁费用的负担等。

13) 单据条款

单据(Document)条款的基本内容一般包括单据的种类、单据的份数、对单据出具人的要求、单据关键内容的缮制要求以及单据转移的要求等。

3. 约尾

约尾(End of the Contract)一般需列明合同的份数,使用的文字及其效力,双方当事人的签字盖章等项内容。

国际货物买卖合同如下所示。

销售合同

SALES CONTRACT

买方 (BUYER):	编号(NO.): 日期(DATE): 地点(SIGNED IN):
卖方 (SELLER):	

买卖双方同意成交下列商品,订立条款如下:
This Sales Contract is made by and between the Seller and the Buyer, whereby the Seller agree to sell and the Buyer agree to buy the under-mentioned goods according to the terms and conditions stipulated below.

品名及规格 (Commodity & Specification)	数量 (Quantity)	单价及价格条款 Unit Price & Trade Terms	金额 (Amount)
总值(Total):			

转运(Transshipment):
　　□ 允许 (allowed)　　□ 不允许 (not allowed)

分批装运 (Partial shipments):
　　□ 允许 (allowed)　　□ 不允许 (not allowed)

装运期(Shipment date):

保险(Insurance):
　　由_____按发票金额110%投保_____险, 另加保_____险至_____为止。
　　To be covered by the_____FOR 110% of the invoice value covering_____additional_____from _____to_____.

付款条件(Terms of payment):
　　□买方不迟于_____年____月____日前将100%的货款用即期汇票/电汇送抵卖方。
　　The Buyer shall pay 100% of the sales proceeds through sight(demand) draft/by T/T remittance to the Seller not later than_____.
　　□买方须于_____年____月____日前通过_____银行开出以卖方为受益人的不可撤销_____天期信用证,并注明在上述装运日期后_____天内在中国议付有效,信用证须注明合同编号。
　　The Buyer shall issue an irrevocable L/C at_____sight through_____in favor of the Seller prior to_____indicating L/C shall be valid in China through negotiation within_____days after the shipment effected, the L/C must mention the Contract Number.
　　□付款交单：买方应对卖方开具的以买方为付款人的见票后_____天付款跟单汇票,付款时交单。
　　Documents against payment(D/P):
　　The Buyer shall duly make the payment against documentary draft made out to the Buyer at_____days by the Seller.
　　□承兑交单：买方应对卖方开具的以买方为付款人的见票后____天承兑跟单汇票,承兑交单。
　　Documents against acceptance(D/A):
　　The Buyer shall duly accept the documentary draft made out to the Buyer at_____days by the Seller.

单据 (Documents required):
　　卖方应将下列单据提交银行议付/托收。
　　The Seller shall present the following documents required for negotiation/collection to the banks.
　　□整套正本清洁提单。
　　Full set of clean on Board Ocean Bills of Lading.

口商业发票一式＿＿＿＿＿＿份。
Signed commercial invoice in＿＿＿＿＿＿copies.

口装箱单或重量单一式＿＿＿＿＿份。
Packing list/weight memo in＿＿＿＿＿＿copies.

口由＿＿＿＿签发的质量与数量证明书一式＿＿＿＿＿份。
Certificate of quantity and quality in＿＿＿＿＿＿copies issued by＿＿＿＿＿.

口保险单一式＿＿＿＿＿份。
Insurance policy in＿＿＿＿＿＿copies.

口由＿＿＿＿签发的产地证一式＿＿＿＿份。
Certificate of Origin in＿＿＿＿＿＿copies issued by＿＿＿＿＿.

装运通知（Shipping advice）：

一旦装运完毕，卖方应即电告买方合同号、商品号、已装载数量、发票总金额、毛重、运输工具名称及启运日期等。

The Seller shall immediately, upon the completion of the loading of the goods, advise the buyer of the Contract NO., names of commodity, loaded quantity, invoice values, gross weight, names of vessel and shipment date by TLX/FAX.

检验与索赔（Inspection and claims）：

1. 卖方在发货前由＿＿＿＿检验机构对货物的品质、规格和数量进行检验，并出具检验证明书。

The Buyer shall have the qualities, specifications, quantities of the goods carefully inspected by the＿＿＿＿＿＿ Inspection Authority, which shall issue Inspection Certificate before shipment.

2. 货物到达目的口岸后，买方可委托当地的商品检验机构对货物进行复检。如果发现货物有损坏、残缺或规格、数量与合同规定不符，买方须于货到目的口岸的＿＿＿＿＿＿天内凭＿＿＿＿＿＿检验机构出具的检验证明书向卖方索赔。

The Buyer have right to have the goods inspected by the local commodity inspection authority after the arrival of the goods at the port of destination if the goods are found damaged/short/their specifications and quantities not in compliance with that specified in the contract, the Buyer shall lodge claims against the Seller based on the Inspection Certificate issued by the＿＿＿＿＿ Inspection Authority within＿＿＿＿＿days after the goods arrival at the destination.

3. 如买方提出索赔，凡属品质异议须于货到目的口岸之起＿＿＿＿＿＿天内提出；凡属数量异议须于货到目的口岸之日起＿＿＿＿＿天内提出。对所货物所提任何异议应由保险公司、运输公司或邮递机构负责的，卖方不负任何责任。

The claims, if any regarding to the quality of the goods, shall be lodged within＿＿＿days after arrival of the goods at the destination, if any regarding to the quantities of the goods, shall be lodged within＿＿＿＿＿＿days after arrival of the goods at the destination. The Seller shall not take any responsibility if any claims concerning the shipping goods is up to the responsibility of Insurance Company/Transportation Company/Post Office.

不可抗力（Force majeure）：

如因人力不可抗拒的原因造成本合同全部或部分不能履约，卖方概不负责，但卖方应将上述发生的情况及时通知买方。

The Seller shall not hold any responsibility for partial or total non-performance of this contract due to Force majeure. But the Seller advise the Buyer on time of such occurrence.

争议之解决方式 (Disputes settlement):

凡因执行本合约或有关本合约所发生的一切争执,双方应协商解决。如果协商不能得到解决,应提交仲裁。仲裁地点在被告方所在国内,或者在双方同意的第三国。仲裁裁决是终局的,对双方都有约束力,仲裁费用由败诉方承担。

All disputes in connection with this contract of the execution thereof shall be amicably settled through negotiation. In case no amicable settlement can be reached between the two parties, the case under dispute shall be submitted to arbitration. which shall be held in the country where the defendant resides, or in third country agreed by both parties. The decision of the arbitration shall be accepted as final and binding upon both parties. The Arbitration Fees shall be borne by the losing party.

法律适用(Law application):

本合同之签订地,或发生争议时货物所在地在中华人民共和国境内或被诉人为中国法人的,适用中华人民共和国法律,除此规定外,适用《联合国国际货物销售公约》。

It will be governed by the law of the People's Republic of China under the circumstances that the contract is signed or the goods while the disputes arising are in the People's Republic of China or the defendant is Chinese legal person, otherwise it is governed by Untied Nations Convention on Contract for the International Sale of Foods.

本合同使用的价格术语系根据国际商会《INCOTERMS 2010》。

The terms in the contract based on INCOTERMS 2010 of the International Chamber of Commerce.

文字(Versions):

本合同中、英两种文字具有同等法律效力,在文字解释上,若有异议,以中文解释为准。

This contract is made out in both Chinese and English of which version is equally effective. Conflicts between these two languages arising there from, if any, shall be subject to Chinese version.

本合同共＿＿＿＿份,自双方代表签字(盖章)之日起生效。

This contract is in＿＿＿＿copies, effective since being signed/sealed by both parties.

买方(签章)　　　　　　　　　　　卖方(签章)
The Buyer(signature)　　　　　　　The Seller(signature)

销售确认书样单如下所示。

销售确认书
SALES CONFIRMATION

买方　　　　　　　　　　　　编号(NO.):
(BUYER):　　　　　　　　　　日期(DATE):
　　　　　　　　　　　　　　地点(SIGNED IN):

卖方
(SELLER):

买卖双方同意成交下列商品,订立条款如下:

This Sales Contract is made by and between the Seller and the Buyer, whereby the Seller agree to sell and the Buyer agree to buy the under-mentioned goods according to the terms and conditions stipulated below.

1. 品名及规格 (Commodity & Specification)	2. 数量 (Quantity)	3. 单价及价格条款 (Unit Price & Trade Terms)	4. 金额 (Amount)
总值(Total)			

5. 总值
Value Total

6. 包装
Packing

7. 唛头
Shipping Marks

8. 装运期及运输方式
Time of Shipment & Means of Transportation

9. 装运港及目的地
Port of Loading & Destination

10. 保险
Insurance

11. 付款方式
Terms of Payment

12. 备注
Remarks

买方(签章)　　　　　　　　　　　　　　卖方(签章)

The Buyer(signature)　　　　　　　　　　The Seller(signature)

2.3　进出口合同的履行与单证的流转、操作

2.3.1　进出口合同的履行

　　在进出口贸易的整个过程中，合同的履行使交易进入到了一个实质性阶段，是合同当事人将合同内容付诸实施的具体行为，如图 2.1 所示。

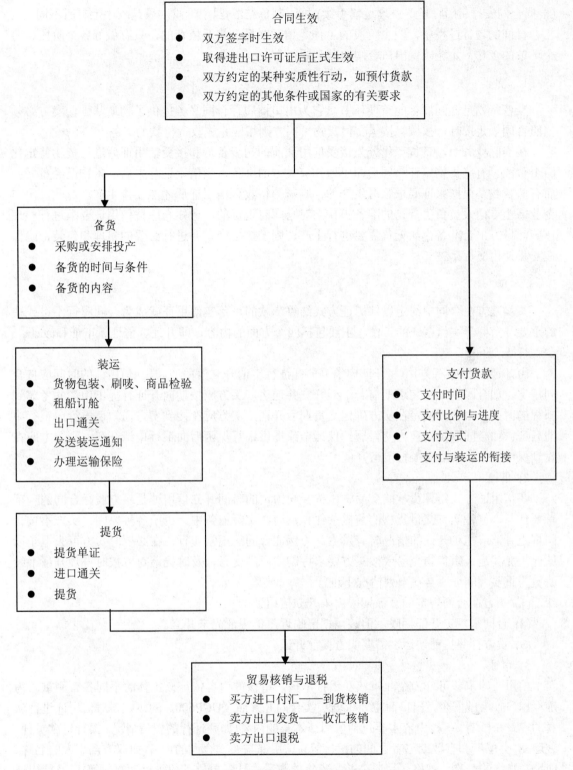

图 2.1　进出口合同的履行示意图

合同的履行要经过很多业务环节，涉及面广，工作复杂。不论是进口合同还是出口合同，其履行过程一般可分为货(卖方备货，买方收货)、证(买方开证，卖方催证、审证和改证)、船

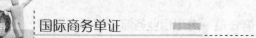

(根据合同安排租船订舱、办理运输手续)、款(制单结汇)四个阶段，只是顺序上有所不同。

合同的履行过程中，四个阶段的工作是相互联系、相互依存的，只有做好各个阶段、各个环节的工作，才能确保出口合同的顺利履行。

1. 货

准备货物是合同履行的首要环节，它为出口商履行合同义务提供了物质基础，卖方必须依照合同规定按时、按质、按量交付货物，买方则相应完成收货付款的义务。

在实际业务中，备货工作分为接受信用证前的初步备货和接受信用证后进行货物特定化两个阶段。有些货物签订合同后即可通知有关方面准备，当信用证开来后，货物已经备妥；而有些货物是根据来证要求临时生产的，则需等待收到信用证后才能安排生产。对此，出口企业需由专门人员负责货物的准备工作，对仓库有现货的，通知仓库按信用证要求进行整理包装，做好出仓准备；如无货需要进行生产，则安排生产，并进行必要的整理和包装，确保在交货期内交货。

2. 证

买卖双方在合同中约定以信用证方式结算货款的，落实信用证就成为合同履行不可或缺的重要环节。落实信用证的工作，主要包括四个方面的内容，即开证、催证、审证和改证。

1) 开证

由开证申请人(买方)填写开证申请书向开证行申请开立信用证。开立信用证的时间应按合同规定，如合同规定在装运期前若干天开立并送达，买方应按期向开证行提出申请并考虑到邮程的时间；如合同规定在卖方确定交货期后开证，买方应在接到卖方通知后再行向银行申请开证；如合同规定在卖方交付履约保证金或提供银行保函后向银行申请开证，则买方应在收到保证金或保函后向银行申请开证。

2) 催证

在信用证方式结算货款的交易中，按合同约定的时间开立信用证是买方履行合同的一项首要任务，也是卖方交付货物的前提条件。然而在实际业务中，由于各种原因，买方不按合同规定开证或拖延开证的情况时有发生。为保证合同的正常履行，在必要时卖方可去电予以催促，尤其是大宗货物交易或按买方要求特制的商品交易，及时提请对方按时办理开证手续就更为重要。催证通常在下列情况下进行。

(1) 买方在合同规定的开证期限内未开立信用证。

(2) 合同未规定开证期限，但装运期已临近，信用证尚未开立。

(3) 卖方打算提前装运，需要买方提前开证。

3) 审证

信用证的审核可分为企业审核和银行审核，审核的内容依审核主体的不同各有侧重。为确保出口收汇的安全，出口商主要依据买卖合同并参照《UCP600》的规定，对信用证进行认真的审查和核对。审核内容主要包括信用证本身的内容(如开证行的资信情况、银行付款责任、装运期、交单期和有效期三者之间的衔接等)，信用证与买卖合同的内容(如双方当事人的名称、地址，货物的名称、规格、品质公差，货物的数量、计量单位、数量机动幅度等)以及信用证中的单据条款(如信用证要求的各类单据出口人能否提供，单据条款中的内容有无相互矛盾之处，单据条款中的各项要求是否合理等)三个方面。

4) 改证

由于信用证是一项独立的法律文件，在信用证业务中，银行不受买卖合同的约束，仅凭信用证条款承担付款责任。因此，出口人在对信用证进行全面、细致的审核后，对与买卖合同不符的条款、我方不能接受的或不能做到的条款，均应及时通知买方，由其向开证行办理修改。

修改信用证应贯彻的原则是：对于确实需要修改的内容，应坚决要求修改；对于可改可不改的内容，应视具体情况而定，尽量不做修改；信用证与合同有不符，但经努力后能做到的，可不予修改。

对于不可撤销的信用证，信用证的修改须征得各方当事人的同意，并要求一次性提出全部修改的内容，以节省改证费用，对信用证修改通知书中包括的多项修改内容，必须全部接受或全部拒绝，而不能只接受或拒绝其中一部分。按《UCP600》的规定，信用证一经修改，开证行即不可撤销地受该修改的约束。

3. 船

1) 办理签证、认证

在合同履行过程中，出口商和进口商为了执行国家政策，或应客户要求及按信用证条款规定，需要向专门机构办理有关单据的签证和认证工作，主要包括以下几个方面。

(1) 办理进口许可证和出口许可证。

(2) 对货物输往的国家和地区有配额限制的商品办理配额出口许可证。

(3) 对部分纺织品出口实行临时出口许可管理的商品办理纺织品临时出口许可证。

(4) 对享受普惠制待遇的商品办理普惠制原产地证书，对享受最惠国待遇或其他关税优惠待遇的商品办理一般原产地证书。

(5) 对国外要求领事认证的涉外商业文件或单证办理领事认证。

(6) 对属于法定检验的商品要办理检验检疫手续，取得商检放行单；若合同/信用证要求提供检验检疫证书，则向商检机构申请出证。

2) 安排运输

在备妥货物和落实信用证后，进口人或出口人应在合同或信用证规定的交货期内，根据预先商定的运输方式，自行办理或通过货运代理公司办理出口货物托运手续。

在实际业务中，采用 CIF、CIP、CFR、CPT 贸易术语的，由出口人办理货物运输支付运费，因此，出口人可自行选择货运代理公司为其办理货物的托运。而在 FOB、FCA 术语下，货物的订舱是由进口人办理的，在这种情况下，出口人必须按照进口人的"指定承运人"或"指定货运代理人"的指示行事。

3) 办理货物投保手续

按 CIF、CIP 条件达成的合同，出口人在办妥租船订舱、确定船名后，应于货物运离仓库或其他储存处所前，按合同或信用证规定向保险公司办理出口货物投保手续。而按 FOB、CFR、FCA、CPT 条件达成的合同则需由买方完成投保手续的办理。对于业务量较大的外贸公司，在投保出口货物运输险时，为简化手续，经双方协商同意，一般可不填制投保单，而以发票、出口货物明细单等单据副本代替。

货物运输保险的投保方式分为逐笔投保和预约保险两种。企业可以根据业务量的大小和稳定性加以选择。

各国保险公司的投保单格式不尽相同，但基本内容一致，一般都包括被保险人名称、运输标志、包装及数量、保险金额、运载工具、投保险别等事项。卖方填制投保单时，应遵循"最大诚信原则"，将有关保险货物的情况如实告知。投保单内容应与合同或信用证规定相符。如果国外客户要求按伦敦保险协会条款投保的，中国人民保险公司分别情况也可通融接受。出口人办妥投保手续，并按规定的费率交纳保险费，保险公司签发保险单据。

4) 办理货物通关手续

根据《中华人民共和国海关法》(以下简称《海关法》)规定，所有进出境运输工具、货物、物品，必须通过设立海关的地点进境或出境。因此，由设关地进出境并办理规定的海关手续，是进出口人应当履行的基本义务。

货物出口出运前，发货人先将货物齐集在海关监管区域内，由报关员在规定的期限内向海关提出申报。出口货物报关，纸质报关单形式和电子数据报关单是法定申报的两种基本形式。一般情况下，由发货人或其代理人先向海关计算机系统发送电子数据报关单，在收到海关"接受申报"电子报文后，凭以打印纸质报关单，随附有关单证，向海关进行申报。

海关对出口企业提交的单证进行审核，在报关单证齐全有效、填报内容正确无误且符合政策规定的情况下，海关接受申报，并对货物进行实际的核对查验。经查验合格，海关在有关单据上签章以示同意放行。

为进一步加强对海运出口集装箱货物的管理，推动物流信息电子化进程，逐步实现进出口货物无纸化放行，如上海海关已从2007年7月1日起，对在上海本地申报且从上海口岸出境的海运出口集装箱货物，实行纸面放行凭证与电子放行信息"双放行信息"管理。安排货物出运前，港务部门严格核对纸面放行凭证与电子放行信息中船名、航次、提运单号及集装箱号等数据的一致性，数据不一致的货物一律不得安排装船出运；无电子放行信息的货物须经海关确认后，港务部门方可凭加盖"放行确认"章的纸面放行凭证予以装船出运。

除DDP术语条件外，买方需办理货物进口清关手续，具体地说：进口商需自行或通过其代理人向海关交验有关单证，办理进口货物申报手续。进口货物抵达卸货港后，即应填写"进口货物报关单"向海关申报，并向海关提供齐全、正确、有效的单据。法定申报时限为自运输工具申报进境之日起14天内，超过14天期限未向海关申报的，由海关按日征收进口货物CIF(或CIP)价格的0.5‰滞报金。超过3个月未向海关申报的，由海关提取变卖，所得价款在扣除运输、装卸、储存等费用和税款后，尚有余款的，自货物变卖之日起1年内，经收货人申请予以发还。

进口货物在办完向海关申报、接受查验、缴纳关税后，由海关在货运单据上签字或盖章放行，收货人或其代理人持海关签章放行的货运单据提取进口货物，称为结关或放行。海关在放行前，需再派专人将该票货物的全部单证及查验货物记录等进行全面的复核审查并签署认可，才在货运单上签章放行，交收货人或其代理人签收。放行意味着办完了海关手续，未经海关放行的进口货物，任何单位和个人不得提取或发运。

5) 货物装船

在货已备妥、船舶抵港前，出口人或货运代理企业根据港区的货物(集装箱)进栈通知，即做好发货准备,将货物(集装箱)送达港区指定货场。码头堆场收到出口企业的货物(集装箱)后,对货物进行核实。对集装箱货物,仅核实集装箱数量,而箱内货物件数和货物状况由装箱人负责。在货物或包装表面状况良好的情况下,签发场站收据正本(D/R),证明已收到货物。

待承运船舶到港,船方凭盖有海关放行章的"装货单"装运集装箱货物。货装船完毕,出口人凭场站收据正本向船公司换取已装船提单。

货物装运后,出口人必须及时向国外客户发出"装船通知",将装运货物情况告知买方,以便对方做好付款、赎单和接货的准备。

4. 款

信用证及托收属凭单交货业务,货物发运后,出口企业应按照合同或信用证的要求,及时缮制各种单据,在规定的交单有效期内,向进口人或指定银行提交单据,进口商收到单据审核无误后,办理结汇手续。根据我国外汇管理规定,出口收汇实行"结汇制",即出口人将出口所得外汇按当日外汇牌价结售给银行,银行付出人民币。

1) 结汇单据的制作

结汇单据是在出口合同履行过程中的各个阶段缮制的。有的是出口人自己缮制,有的是由专门机构签发;有的是每笔交易都要制作,有的则是应进口商要求而缮制提供的。这些单据主要有以下6种。

(1) 商业单据——商业发票、海关发票、领事发票、厂商发票、装箱单、重量单、尺码单等。

(2) 运输单据——海运提单、海运单、航空货运单、铁路联运运单、多式联运单据等。

(3) 金融票据——汇票、支票、本票。

(4) 保险单据——保险单、保险凭证、预约保单、暂保单等。

(5) 官方单据——原产地证书、出口许可证、检验检疫证书等。

(6) 其他单据——寄单证明、寄样证明、装船通知、船级船龄证明等。

由于结汇单据的缮制是否正确完备关系到进出口工作的成败,尤其是信用证业务,对单据的要求更为严格。因此,结汇单据的制作既要符合国际商业习惯和实际需要,也要符合国际贸易中的有关法律、惯例和规则的规定,力求做到正确、完整、及时、简明、整洁。

2) 出口结汇的方法

在我国出口业务中,国家外汇指定银行对信用证项下采用的结汇方法主要有以下三种。

(1) 收妥结汇。收妥结汇是指出口地银行对出口人提交的单据,经审核符合信用证规定的,将单据寄交国外银行索取货款,直至收到国外的货款或贷记通知时,才将款项折算成人民币交付出口人。

(2) 定期结汇。定期结汇是指出口地银行对出口人提交的单据审核无误后,根据向国外银行索偿邮程的远近,确定一个结汇日期。到时不管票款是否收妥,出口地银行都将在该确定的日期向出口人交付货款。

(3) 买单结汇。买单结汇又称"出口押汇",是指出口地银行在审核单据后,确认出口人所交单据符合信用证规定,随即买入出口人的汇票和单据,按票面金额扣除议付日到估计收到票款之日的利息,将余额折算成人民币交付出口人。出口地银行买入汇票和单据后,即可凭汇票向国外付款行索偿票款。

3) 单据不符的处理

在实际业务中，由于各种原因，发生单、证不符的情形是难以避免的。倘若有较充裕的时间改单或改证，做到单、证相符，可以确保安全收汇。但有时货物已经出运，发生单证不符的情况；有时单据已经寄达开证行，改证或改单都已不可能。在此情况下，银行会根据实际情况并结合有关规定灵活处理。

(1) 议付行对单据不符的处理。当议付行审单发现结汇单据存在不符点时，可以由出口人在征得进口商的同意后，向议付行提交担保书(担保书声明，内容是保证如开证行拒付货款，则后果由受益人自行负责)，要求银行凭担保议付。议付行随即在寄单的表盖上注明单证的不符点和"凭保议付"字样，连同单据一并寄交开证行，这种处理方式称为"表提"。议付行也可以先将不符点用电讯方式通知开证行，征求开证行的意见，待开证行确认此项不符点接受的，议付行再将全套单据寄出，这种处理方式称为"电提"。议付行的第三种处理不符点的方式称为"证下托收"方式，在这种方式下，原信用证业务项下的单据改为证下托收，委托银行寄单收款。由原开证行作为代收行，向进口商代为收取款项。这种方式只在不符点较为严重时使用。

(2) 开证行对单证不符的处理。开证行或其指定银行收到出口地银行寄来的单据后，必须对单据进行审核，并仅以单据为基础，以决定单据的表面是否构成相符提示。若审核后发现不符点，并决定拒绝兑付或议付时，开证行必须及时通知寄单银行。

对于银行审单的时间，按《UCP600》规定，自其收到提示单据的次日起算，最多不超过5个工作日的时间，以决定提示是否相符。该期限不因单据提示日适逢信用证有效期或最迟提示期或在其之后而被缩减或受到其他影响。据此，开证行对单据的不符应在上述规定的5个工作日内通知寄单行，并告知处理意见。

作为出口企业，在收到货款后，与国外客户的交易先告一段落，而在国内还有一部分后续工作要做。出口人应在规定的期限内持相关的核销凭证向所在地外汇管理机构办理该票货物的出口收汇核销报告(出口货物报关前已办妥出口收汇核销手续，出口货物报关时要使用核销单)。外汇管理局对单证审核无误，按规定办理核销。经核销后，出口企业持有关单证再向国家税务部门办理出口退税手续，直至退到税款。

进口企业在发生卖方不交货，或虽交货但所交货物的品质、数量、包装或交货时间不完全符合合同规定，或货物由于在装卸、搬运和运输过程中，使品质、数量、包装受到损害，或由于自然灾害、意外事故以及其他外来原因致使货物受损，而使买方遭受损失的情况下，可以向卖方、承运人或保险公司等有关责任方提出索赔。

至此，进出口合同的履行全部完成。

2.3.2 单证的流转与操作

在进出口合同履行的过程中，各个环节的工作都是通过单证衔接起来并完成的。在单证工作中应注意及时备妥各种单据，便于审单；要切实把好单据的预审关，等所有单证到齐后一并交到银行议付；还要注意按时交单，并及时处理在交单过程中发生的各种问题。进出口业务中的主要单证工作如下。

1. 货、证、船的相互衔接

货、证衔接工作就是按照合同规定对外催开信用证，对内抓紧备货，使货、证俱全。要做到货物质量、数量合格、包装完好并且符合合同及信用证的要求；审核信用证，对符合合同规定并可以接受的信用证，可以凭此备货和安排装运。待货、证齐全后，还应做到与运输工具相结合，才能具备出口的条件。

2. 缮制商业发票及装箱单

出口商对信用证进行审核无误后，即可根据信用证缮制商业发票和装箱单，商业发票是全套出口单据的核心单据，因而在缮制时应格外细心，否则可能会造成一连串单据出错。重量单或装箱单是商业发票的补充文件，一般紧接商业发票后缮制。在缮制好商业发票和装箱单后，即可办理检验检疫、租船订舱、报关保险等事项。

3. 缮制出入境检验检疫出境货物报验单并报验

凡属国家规定或合同规定必须经国家出入境检验检疫机构出证的商品，在货物备齐后，最迟应于报关或装运前 7 天向国家出入境检验检疫机构申请检验检疫，并填写《中华人民共和国出入境检验检疫出境货物报检单》。只有取得国家出入境检验检疫机构发给的《出境货物通关单》，海关才准放行。凡无此通关单者海关不予放行。

货物检验合格后，即由国家出入境检验检疫机构发给检验证书，进出口公司应在检验证书规定的有效期内将货物出运。如超出有效期装运出口，应向国家出入境检验检疫机构申请展期，并由国家检验检疫机构，进行复验合格后才能出口。

申请检验检疫时根据需要需提交下列单据：合同、信用证、商业发票、装箱单、出厂检验单等。

4. 缮制出口托运单并办理托运手续

托运时需填写托运单(Booking Note)，也称"订舱委托书"，送交运输公司或其代理作为订舱的依据。

所谓托运单是指托运人(发货人)根据外销合同条款和信用证条款的内容填写并向承运人(船公司，一般为装货港的船方代理人)办理货物托运的单证。托运单的主要内容包括：货名、件数、包装式样、标志、重量、尺码、目的港、装船期限、结汇期限及能否分批、转船等。承运人根据上述内容，并结合船舶的航线、挂靠的港口、船期及舱位等考虑能否接受。

托运时需提交的主要单据有：出口货物明细单、商业发票、装箱单、报关单、出口收汇核销单、出库单、外贸合同(必要时)、出口许可证等。

5. 缮制出口货物报关单

外销出仓单开立后，即可据以缮制出口货物报关单。根据我国《海关法》规定，一般货物除海关特准的外，需在装船 24 小时前办理出口报关手续，集装箱货物应于出运前 3 天报关。报关时需提交的单据有：合同、产地证、工商执照、商业发票、重量单或装箱单、装货单、外汇核销单、配额许可证及特殊管理证件等。

6. 缮制投保单

进出口货物在装运前必须向保险公司办理投保手续。保险单由保险公司负责缮制和签发,由于保险单是议付单据之一,所以在缮制投保单时必须根据信用证条款或合同条款制作,其中被保险人、被保险货物、保险金额、保险险别等必须准确填制。出口公司需根据信用证条款或合同条款及时向保险公司提供上述投保所需资料。

7. 缮制运输单据

在收到运输公司或其代理提交的配舱回单后,即可按信用证和其他有关规定缮制提单。提单是重要的议付单据之一,因此在缮制时应格外小心。提单上各项内容必须符合信用证条款及合同条款的内容。缮制完毕后,即送运输公司或其代理,由该公司根据货物装运情况签发正本海运提单,出口企业凭此到银行结汇。

8. 签证、认证

签证是指我方机构接受国家委托签发各种证书,如原产证、GSP 产地证等;认证是指由买方指定的机构(我政府机关或对方国家驻我国的机构)在我某些出口单据上作必要的证明,确认其为合法文件。此项工作必须在交单前办妥。

9. 缮制汇票

汇票作为书面支付命令,应在结汇前缮制完成,并与其他单据一起作为到银行结汇的非常重要的单据。

10. 发装船通知

货物装运完毕后,出口企业必须及时向买方发出装船通知,特别是在买方办理投保手续的情况下,出口企业应及时发出装船通知,便于买方掌握运输信息,做好投保、接货、销售、转卖、加工等准备工作。

11. 审单

尽管各种单证在缮制的过程中都经过认真的审核,但在向银行交单前需尽量将各种单证集合在一起,采用多种方法对单据进行全面审核,审查各个单证的面容是否正确完整、单据的份数是否符合信用证的要求、单证上的签章或背书是否齐全等,从而确保信用证项下所要求的单据做到"单单一致、单证一致"。

12. 交单结汇

外贸企业应在信用证规定的交单期及有效期内将符合信用证规定的单据交到指定的银行办理议付、承兑或付款,从而取得货款。

13. 改单

出口企业交单后,议付银行进行审单,如发现单据有错便会将单证退回,出口企业应及时进行改单,不可拖延。如果进口商开证行或付款行审单后,拒付或退回单证,应立即查明原因并及时解决。

14. 存档

存档工作是单证工作中的重要环节。交单以后,出口单证由我方议付行通过对方开证银行或其他关系人交到买方手中。在此过程中可能出现单证的更换和调换,也可能发生"拒付"、"索赔"等情况,这就需要调阅原单证的留底。因此出口企业必须保留一份完整的副本单据(包括信用证及其修改书),并建立科学的管理档案。

本章小结

(1) 单据和证书是完成进出口业务的基本工具,进出口业务的各个环节正是依靠单据和证书连接起来的。

(2) 整个进出口工作可以分为交易磋商、订立合同、履行合同等阶段,单证在各阶段的工作中都起到了重要的作用。

练习题

一、选择题

1. 根据《联合国国际货物销售合同公约》,合同成立的必要程序是(　　)。
   A. 询盘、发盘、还盘和接受　　　　　　B. 询盘、发盘、还盘、接受和签约
   C. 发盘、接受和签约　　　　　　　　　D. 发盘和接受
2. 根据《联合国国际货物销售合同公约》规定,(　　)为发盘必须具备的基本要素。
   A. 货名、品质、数量　　　　　　　　　B. 货名、数量、价格
   C. 货名、价格、支付方式　　　　　　　D. 货名、品质、价格
3. 发盘的撤回与撤销的区别在于(　　)。
   A. 前者发生在发盘生效后,后者发生在发盘生效前
   B. 前者发生在发盘生效前,后者发生在发盘生效后
   C. 两者均发生在发盘生效前
   D. 两者均发生在发盘生效后
4. 下列内容的修改不属于实质性更改的是(　　)。
   A. 解决争端的办法　　　　　　　　　　B. 数量、支付方式
   C. 交货时间和地点　　　　　　　　　　D. 要求分两批装运
5. 信用证修改通知书的内容在两项以上者,受益人(　　)。
   A. 要么全部接受,要么全部拒绝　　　　B. 可选择接受
   C. 必须全部接受　　　　　　　　　　　D. 只能部分接受
6. 一般而言,制单的程序是(　　)。
   A. 先缮制汇票,然后按汇票内容分别缮制其他单证
   B. 先缮制发票,然后按发票内容分别缮制其他单证
   C. 先缮制装箱单,然后按装箱单内容分别缮制其他单证
   D. 先缮制提单,然后按提单内容分别缮制其他单证

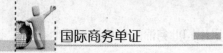

二、判断题

1．如发盘未规定有效期，受盘人可在任何时间表示接受。（   ）
2．发盘可否撤销主要取决于受盘人是否可能因为撤销发盘而受到损害。（   ）
3．还盘在形式上不同于拒绝，但还盘和拒绝都可导致原发盘的失效。（   ）
4．A 外贸企业于 16 日向欧洲某客户发盘，注明 5/6 月装船，19 日复到有效。18 日接对方来电称："16 日电接受，希望尽量在 5 月装船"。于是，这笔交易尚需经该公司确认后才能达成。（   ）
5．审证时银行侧重审核信用证的真伪、开证行的政治背景、资信能力、付款责任、索汇路线等方面内容；出口商着重审核信用证的性质和内容是否与合同一致。（   ）
6．所谓出口押汇是指出口地银行在收到贷款贷记其账户的通知时向受益人付款的一种结汇方式。（   ）

第二篇

实务操作

第二篇

支谷雜代

第 3 章 信用证的开立、审核与修改

知识目标：掌握信用证申请书的基本内容，掌握信用证的基本内容。
能力目标：能够缮制信用证开证申请书，能够按照流程开立信用证；能够审核信用证，能够缮制修改申请书。

信用证是当今国际贸易中的核心支付工具，也是我国进口业务中最主要的支付方式。信用证的开立、审核往往是合同履行的第一步，信用证审核的对与否直接关系到合同的履行及货款的收付。买方在开立信用证的过程中可能会设置较多的陷阱条款，若不能很好地审核信用证，则在交易之初就会处于不利地位，严重的可能导致钱货两空。因此，掌握好信用证的开立、审核与修改就成功了第一步。

3.1 信用证的开立与信用证申请书的缮制

3.1.1 信用证的开立

信用证是当今国际贸易中的核心支付工具，也是我国进口业务中最主要的支付方式。在进口业务中，开证申请书是企业自行缮制的一项重要文件。开证申请书(Application Form)是买方(进口商)作为开证申请人委托开证银行开立以卖方(出口商)为受益人的信用证的法律文件，开证申请人与开证行之间的关系是以开证申请书的形式建立起来的一种合同关系，双方的权力义务关系是根据该申请书确定的，如图 3.1 所示。

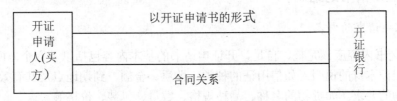

图 3.1 开证申请人与开证银行的关系

开证申请书一旦经银行承诺，即成为开证申请人与开证行的契约文件，具有法律效力。信用证开出之后，除非得到受益人(出口商)同意，否则不能擅自要求开证行修改或撤销；在开证行履行付款责任后，开证申请人应根据申请书的规定，在接到开证行的赎单通知后，及时将货

款付给开证行,若单证不符,开证申请人有权拒绝赎取不符合信用证条款的单据,并拒付货款。

1. 申请开立信用证的手续

申请开立信用证的具体手续有以下三点。

1) 递交有关合同的副本及附件

进口商在向银行申请开证时,要向银行递交进口合同的副本以及所需附件,如进口许可证、进口配额证、某些部门审批文件等。

2) 填写开证申请书

进口商根据银行规定的统一开证申请书格式,填写一式三份,一份留业务部门;一份留财务部门;一份交银行。填写开证申请书,必须按合同条款的具体规定,写明信用证的各项要求,内容要明确、完整,无词意不清的记载。

3) 缴纳保证金

按照国际贸易的习惯做法,进口商向银行开立信用证,应向银行缴付一定比例的保证金,其金额一般为信用证金额的百分之几到百分之几十,一般根据进口商的资信情况而定。在我国的进口业务中,开证行根据不同企业和交易情况,要求开证申请人缴付一定比例的人民币保证金,然后银行才开证。

按现行规定,中国地方、部门及企业所拥有的外汇通常必须存入中国的银行。如果某些单位需要跟单信用证进口货物或技术,中国的银行将冻结其账户中相当于信用证金额的资金作为开证保证金。如果申请人在开证行没有账户,开证行在开立信用证之前很可能要求申请人在其银行存入一笔相当于全部信用证金额的资金。

开证申请书是银行开具信用证的依据,银行按照开证申请书开立信用证后,在法律上就与进口商构成了开立信用证的权利与义务的关系,两者之间的契约就是开证申请书。信用证开立的指示必须完整和明确。申请人必须时刻记住跟单信用证交易是一种单据交易,而不是货物交易。

2. 进口开证中必须注意的问题

进口开证中必须注意的问题包含以下两点。
(1) 申请开立信用证前,一定要落实进口批准手续及外汇来源。
(2) 开证时间的掌握应在卖方收到信用证后能在合同规定的装运期内出运为原则。

3.1.2 信用证申请书的缮制

1. 信用证申请书的内容

信用证申请书内容应该完整、自足,开证申请书的基本内容包括以下六个方面。
(1) 对信用证本身的说明。如信用证的种类、性质、金额、到期地点及其有效期等。
(2) 对货物的要求。如货物的名称、品种规格、数量、包装、价格等。
(3) 对运输的要求。如装运期限、装运港、目的港、运输方式、可否分批装运和可否中途转船等。
(4) 对单据的要求。如明确单据的种类、名称、内容和份数等主要单据,有货物单据(以发票为中心,包括装箱单、重量单、产地证、商检证书等),运输单据及保险单据,另外还有其他单据，如寄样证明、装船通知电报副本等。

(5) 附加条款。根据每一笔具体业务的需要，可作出不同的规定，包括交单期、银行费用的说明、对议付行寄单方式、议付背书和索偿方法的指示等。

(6) 开证行对受益人和汇票持有人保证付款的责任文句。

2. 开证申请书的缮制

开证申请书应依据合同制作，具体内容包括以下三个方面。

(1) 开证申请书内容应该以合同为依据，品名、数量、单价、装运期、单据等应该对照买卖合同填写。如果信用证规定存在与买卖合同不一致之处，卖方有权要求买方修改信用证。若买方不修改信用证，就意味着买方未遵守合同，构成违约，卖方有权根据买方违约的程度要求索赔，或解除合同。为了避免增加额外的改证费用，耽误时间，进口企业应在开证申请书环节就把好第一关。

(2) 如果买卖合同中对信用证条款规定较简单，一些信用证条款在合同中并未明确规定，则可以根据产品的贸易惯例，公平、合理地进行有关信用证条款的补充，明确合同中未规定的事项。如银行费用的划分、通知行、有效期、第三者单据等条款，常常未必会在买卖合同中明确规定，需要在信用证申请书中明确。同时，这些补充的条款不得与买卖合同中既有的条款有直接的矛盾或不一致。

(3) 信用证申请书也需依据我国进口商品的有关政策法规要求制作，我国对于部分进口产品有一定的管理要求，应事先向海关、检验检疫局等口岸机关充分了解产品进口的有关管理规定，并在信用证申请书中作出相应的约定，以免影响商品的进口验放、征税。

【例3-1】对动植物及产品的进口报检时，一般需提供出口国的官方检疫证书以及原产地证。如，从智利进口的鱼粉信用证中，除了一般的商业单据外，信用证中还需要列明以下两份单据以供报检之用。

(1) Health certificate for export in one original and two copies issued by societe generale de surveillance s.a in China;

(2) Certificate of origin Form China-Chile FTA in one original and two copies issued by offical Chile.

【例3-2】废料的进口报检，需要提供中国商检公司(CCIC)在装运口岸出具的检验证书。如，在废纸的进口信用证中的议付单据包含：Port shipment inspection certificate indicating container number and seal number issued by CCIC.

3. 开证申请书缮制中需要注意的问题

开证申请书缮制中需要注意到的问题包括以下八个方面。

(1) 信用证内容明白无误，明确规定各单据的出单人，规定各单据需要表述的内容。

(2) 若为远期，要明确汇票期限，价格条款必须与相应的单据要求、费用负担及表示方法相吻合。

【例3-3】在CIF价格条款进口的开证申请书中，议付单据中应该具备保险单(Insurance Policy)，在提单上应注明"运费付讫"(Freight Prepaid)；在FOB、CFR价格条款进口的开证申请书中，议付单据中应该有装船前的装船通知。

(3) 由于银行是凭单付款，不管货物质量如何，也不受合同约束，所以为使货物质量符合规定，可在开证时规定要求对方提供商检证书，明确货物的规格品质，并指定商检机构。

(4) 避免非单据化条款。若信用证中规定的某一条件不是通过出具单据来实现，则受益人

可以不理会。因而在制作开证申请书时,应将合同的有关规定转化成单据,而不能简单地照搬照抄合同条款。

【例3-4】某公司的进口信用证的单据中规定需提交CIQ证书,同时在特别条款中规定:If the beneficiary has not received the CIQ certificates within 50 days after completion of discharge, certificate of weight issued by CIQ could be substituted by load port certificates of weight。由于银行无法判断受益人是否在卸货后50天内取得CIQ证书,所以也无从判断何时应以CIQ证书作为议付单据,何时接受装运港的重量证作为议付单据,其结果是,即使受益人在50天内收到了CIQ证书,仍然可以装运港的重量证议付。

【例3-5】某公司进口180CST燃料油,其暂不固定价格,即签约时尚未确定具体价格,只是约定计价方式,以装运日以及前后2天新加坡PLATTS的180CST报价的平均价格加38美元/吨作为合同的单价。在信用证中体现为:The unit price on CIF zhoushan, China shall be based on average of the mean quotations for HSFO180CST as published by Platt's Asia Pacific/Arab gulf market scan for 2 days pricing around B/L date plus a premium of U.S dollars38.00(thirty eight point zero)per metric ton。由于银行并没有义务了解装运日的新加坡PLATTS的报价,卖方提交发票的价格是否正确,银行是无法判断的。

(5) 明确信用证为可撤销或不可撤销信用证。
(6) 国外通知行由开证行指定。如果进出口商在订立合同时,坚持指定通知行,可供开证行在选择通知行时参考。
(7) 在信用证中规定是否允许分批装运、转运、不接受第三者装运单据等条款。
(8) 国有商业银行开出的信用证一般不接受要求其他银行保兑的条款。

装船前的检验证书尽量使用检验机构而非卖方出具的报告。由于检验机构的报告具有独立性,可信度较高,有利于确保货单相符。若以卖方自行出具的检验报告作为议付单据,容易产生卖方的道德风险。卖方为了确保单证相符,能顺利取得货款,可能根据信用证而非货物的实际情况出具检验报告。买方可能在支付货款后,发现货物与单据有较大的出入。

3.1.3 全面、综合审核开证申请书,防止自相矛盾的条款和措辞

1. 避免套证

开立信用证申请书时,内容复制和套用过去已开立的信用证。简单地拷贝既往的条款虽然快捷,但难免出现疏忽,遗漏了某些合同特别的条款要求。

2. 业务不熟悉造成的矛盾

由于业务员对某些条款并不了解,造成条款之间的矛盾。比如本身为承租船进口的运输,却不接受charter party B/L;保税区仓库交货的业务,却要求提供提单;空运业务,却要求提供海运提单;FOB进口业务,却要求提供保险单;信用证兑付方式既选择远期付款(At…Days Sight),又选择延期付款(Defer Payment);运输条款上规定准予转运,在单据条款中又要求提示直运提单。

3. 在"附加条款"中,酌情增加自我保护性规定

附加条款的内容较灵活,可以根据具体业务、买卖双方谈判的结果,作出不同的规定。

有利于保护买方的附加条款举例如下。

1) 不允许电索汇(T/T reimbursement not allowed)

因为在电索汇条款下，出口地议付行在收到受益人提交的单据，与信用证条款核对无误后，可用电报要求开证银行立即付款。但是实际操作中，议付行和开证行可能在是否单证相符上有不同的观点，而货款已经付出，进口企业容易陷入被动。

2) 不接受货代提单、分单、简式提单、空白提单(Forwarder's B/L, house B/L, short B/L, and blank B/L unacceptable)

由于货代提单、分单不是物权凭证，可能会影响进口企业在目的港的提货，所以不宜接受。空白提单中没有提单背面的运输条款，缺乏对承运人的责任、托运人的责任以及索赔、诉讼等问题的详细规定，简式提单则使背面运输条款较简单，使用简式和空白提单时，若发生货损，与船公司责任不易清晰界定，容易产生纠纷。

4. 及时提交信用证申请书，以确保按时开立信用证

按合同约定及时开具信用证是买方的义务。银行接受开证申请书后，经过一定的工作流程后方可正式开出信用证，所以买方应该提早制作开证申请书，以便银行按时开出信用证。在市场行情上涨的情况下，卖方可能以开证不及时为由取消合同，拒绝交货。

若买卖合同没有明确规定开立信用证的时间，依据惯例，买方可以在装运期前的一段合理时间内开出信用证，最迟应该在装船期开始的前一天开证。按国家规定，一些商品在进口开证前就必须提交电子批文、许可证等文件，银行方对外开证，所以开证时除了申请书之外，有关的批件也应及时备妥提交银行。

3.1.4　开证申请书的缮制

开证申请书样单如下所示。

IRREVOCABLE DOCUMENTARY CREDIT APPLICATION			
TO	BANK OF CHINA BEIJING BRANCH	Date	MAY 25, 2011
☐Issue by airmail　　☐With brief advice by teletransmission		Credit No.	
☐Issue by express delivery			
☒Issue by teletransmission (which shall be the operative instrument)		Date and place of expiry of the credit:	JULY 30, 2011 IN CHINA
Applicant		Beneficiary (Full name and address)	
EAST AGENT COMPANY ROOM 2401,WORLDTRADE MANSION, SANHUAN ROAD 47#, BEIJING, P. R. CHINA		LPG INTERNATION CORPORATION 333 BARRON BLVD. , INGLESIDE , ILLINOIS (UNITED STATES)	
Advising Bank		Amount	
		USD570,000.00 SAY U.S.DOLLARS FIVE HUNDRED AND SEVENTY THOUSAND ONLY	
		Credit available with ANY BANK	
Partial shipments	Transshipment	By	
☐allowed　☒not allowed	☐allowed　☒not allowed		

(续)

Loading on board/dispatch/taking in charge at/from	sight payment ☐acceptance ☒negotiation
NEW YORK	☐deferred payment at
not later than JULY 15, 2011	against the documents detailed herein
For transportation to: XINGANG PORT, TIANJING OF CHINA	☒and beneficiary's draft(s) for 100 % of invoice value
☒FOB ☐CFR ☐CIF ☐ other terms	at *** sight
☐or other terms	drawn on

Documents required: (marked with X)

1. (X) Signed commercial invoice in 3 copies indicating L/C No. and Contract No..
2. (X) Full set of clean on board Bills of Lading made out to order and blank endorsed, marked "freight [X]" to collect / [ ] prepaid [ ] showing freight amount" notifying THE APPLICANT WITH FULL NAME AND ADDRESS .
( ) Airway bills/cargo receipt/copy of railway bills issued by _____ showing "freight [ ] to collect/[ ] prepaid [ ] indicating freight amount" and consigned to_____.
3. ( ) Insurance Policy/Certificate in_____copies for_____% of the invoice value showing claims payable in _____. currency of the draft, blank endorsed, covering All Risks, War Risks and_____.
4. (X) Packing List/Weight Memo in 3 copies indicating quantity, gross and weights of each package.
5. ( ) Certificate of Quantity/Weight in_____copies issued by _____.
6. ( ) Certificate of Quality in_____copies issued by [ ] manufacturer/[ ] public recognized surveyor_____.
7. (X) Certificate of Origin in 2 copies .
8. (X) Beneficiary's certified copy of fax / telex dispatched to the applicant within 1 day after shipment advising L/C No., name of vessel, date of shipment, name, quantity, weight and value of goods.
Other documents, if any

Description of goods:
MEN'S DENIM SHORT
COLOR: white
FABRIC CONTENT: 100% COTTON
QUANTITY:2000 CARTONS
PRICE TERM: FOB NEW YORK
COUNTRY OF ORIGIN AND MANUFACTURERS: UNITED STATES OF AMERICA, VICTORY FACTORY

Additional instructions:
1. (X) All banking charges outside the opening bank are for beneficiary's account.
2. (X) Documents must be presented within 10 days after date of issuance of the transport documents but within the validity of this credit.
3. ( ) Third party as shipper is not acceptable, Short Form/Blank back B/L is not acceptable.
4. ( ) Both quantity and credit amount_____% more or less are allowed.
5. (X) All documents must be sent to issuing bank by courier/speed post in one lot.
( ) Other terms, if any
　　Account No.
　　Transacted by:_____(Applicant of name, signature of authorized person)

申请书样单的具体内容如下。

(1) To(致)：填写开证行的名称。一般银行在开证申请书上会事先印就银行名称，所以无须填写。有些银行的 SWIFT CODE、TELEX NO.等也会同时显示。

(2) Date(申请开证日期)：在申请书右上角填写实际申请日期。

(3) Beneficiary(受益人)：填写受益人即合同卖方的全称及详细地址。

(4) L/C No.(信用证号码)：此栏由开证银行填写。

(5) Date and place of expiry of the credit(信用证的到期日和地点)：填写信用证的有效期及到期地点。

(6) Partial shipments(分批装运)：根据合同的实际规定在相应方框内打"×"。

(7) Transshipment(转运)：根据合同的实际规定在方框内打"×"。

(8) 信用证的传递方式有 Issue by airmail(信开)、With brief advice by teletransmission(简电通知)、Issue by express delivery(快递)、Issue by teletransmission (which shall be the operative instrument)(电传)四种，在选中的传递方式前的方框内打"×"。

(9) Loading on board/dispatch/taking in charge at/from、Not later than、for transportation to(装运条件)：根据合同规定分别填写装运地(港)和目的地(港)名称、最迟装运日期、转运地(港)名称。

(10) Amount (both in figures and words)(信用证金额)：分别用小写数字和大写文字两种形式填写信用证总金额，并注明币种。

(11) Description of goods(货物描述)：填写合同项下货物的品名、规格、包装、单价条款、数量、包装等。所有内容必须与合同规定完全一致。

(12) Credit available with(付款方式)：一般申请书上有 by sight payment(即期付款)、by acceptance(承兑)、by negotiation(议付)、by deferred payment(延期付款)四种方式，根据合同规定在要选择的方式前的方框内打"×"。如果是延期付款信用证，还应该在"at"之后加注延期付款的具体条件，如"收到单据××天后付款"等类似的语句。

(13) FOB、CFR、CIF or other terms(贸易条件)：合同以哪种贸易方式成交，则在相应的贸易术语前的方框内打"×"。如果是其他贸易条件，则应先在"other terms"前的方框内打"×"，然后再找该栏的空白处打上有关的贸易术语。

(14) Documents required(单据条款)：各银行提供的开证申请书中一般均有已印就的单据条款。单据条款通常为十几条，从上至下列举具体要求的单据，一般为发票、运输单据(提单、空运单、铁路运输单据及运输备忘录等)、保险单、装箱单、质量证书、装运通知和受益人证明书等，最后一条一般为"Other documents, if any(其他单据)"，可将此交易要求的上述单据外的其他单据的要求在此栏填写。

(15) Additional instructions(附加条款)：申请书中一般印有6条，其中第1～5条是具体的条款要求，如需要可在相应条款前的括号内填"×"。

(16) Account No., Transacted by, Telephone No., with ××(name of bank), Applicant: name, signature of authorized person(with seal)(申请人签字盖章)。在申请书下面填写申请人的开户银行(银行名称)、账号号码、执行人、联系电话、申请人(法人代表)签字盖章等内容。

3.2 信用证的审核与修改

3.2.1 信用证的审核与修改方法

1. 为什么要对信用证进行审核

完成信用证规定的义务,提交符合信用证规定的单据,是信用证受益人取得货款的前提。在实际工作中,由于受益人无法完成信用证要求(如软条款的要求)而导致银行不付款的情况时有发生;另外,由于信用证是一项自足文件,信用证中的某些规定也可能出现与合同不符的情况,从而影响出口业务。

因此,为了保护受益人自身的利益,在受益人收到信用证后,必须对其进行全面审查,以及时发现信用证中存在的相关问题,保证顺利完成出口业务并为及时收回货款做好铺垫。

2. 审核信用证的主体

根据信用证业务流程,开证行开立信用证后,通知行将首先对信用证的真实性进行鉴别,并及时将信用证通知给受益人。

通知行本身并无审核信用证条款内容的义务,它的义务是保证通知给受益人的信用证是真实可信的。但是,在实际工作中,通知行出于保护受益人利益考虑,也会对开证行资信等影响信用证使用的重要内容进行审核,并在信用证上作相应批注。

受益人在收到信用证后,应对信用证的条款和内容进行严格审核。主要审核信用证与合同内容的一致性,以及信用证条款的可操作与可接受性,若信用证与合同不符或出现受益人无法办到,从而对受益人利益造成损害的条款时,应及时要求修改或取消。

3. 信用证的审核要点

在受益人对信用证的条款和内容进行审核时,应尽可能详细和全面,避免出现遗漏而造成损失。在审核过程中,应特别注意对以下事项的审核。

1) 开证申请人、受益人的有关情况

主要是核对开证申请人和受益人的名称、地址、联络方式等是否存在错误。考虑到现在很多大型企业在不同城市或在同一城市有分支机构或办事处,虽然《UCP600》接受文件显示的受益人地址和 L/C 显示不一样(但必须同属一个国家),但是从实践来看,受益人应尽可能保证不出现此类错误。

2) 信用证是否可以撤销

不可撤销信用证是指开证行一经开出,在有效期内未经受益人或议付行等有关当事人同意,不得随意修改或撤销的信用证;只要受益人按该证规定提供有关单据,开证行(或其指定的银行)保证付款。

《UCP600》第三条 c 款的规定,信用证是不可撤销的,即使信用证中对此未作指示也是如此。因此,根据《UCP600》的相关要求,信用证必须是不可撤销的。由于可撤销的信用证对于受益人的利益缺乏保证,所以遇到可撤销的信用证,必须要求开证申请人修改。需要注意的是，不可撤销的信用证并非绝对不能撤销，在征得开证行、保兑行和信用证受益人同意的情况下，即使是不可撤销的信用证也是可以撤销和修改的。

3) 信用证是否已加具保兑

信用证是否须加具保兑，应在合同中明确地订立或在信用证开立之前确定。若无明确指明，信用证应为无保兑信用证。

4) 检查信用证有关金额的记载。

如果在信用证中有商品数量和单价，应注意复核信用证总金额是否正确。当合同中存在"溢短装"条款时，应注意信用证金额是否满足溢装货物的货款要求，有时信用证根据合同条款对货物数量的规定，作了溢短装的规定，但信用证金额却没有作相应规定，这就导致了信用证项下数量与金额的规定不匹配。在这种情况下，受益人溢装货物的收汇是没有保证的。

溢短装问题并不是非改不可，但若不修改信用证，则要注意在发货时控制好货物数量，尽量不溢装货物，银行就可以支付小于信用证金额的款项，数额如果超过信用证金额，银行会拒付。

5) 检查信用证中对货物的描述是否正确

仔细查看包括货物名称、货号、规格、包装、合同号码等，如发现问题应及时更正，以免影响交货。

6) 检查信用证中有关时间的规定是否有误

如付款期、有效期、交单期和交货期等是否正确。信用证中应对付款、交货、交单等时间节点有明确规定，而且应该符合合同规定和业务流程的要求。交货期、交单期、有效期的时间排列上应有合理间隔。一般来讲，交单期与交货期之间、交单期与有效期之间应该至少有半个月以上的间隔才比较合理。有时，在信用证中会出现只规定信用证有效期，但是未规定交货期的情况。这种情况，在实际工作中称为"双到期"，也就是信用证的有效期和交货期在同一天。对于"双到期业务"，在操作时应特别注意在有效期前完成装运，给交单留有足够的时间。

7) 检查信用证中的运输条款

如装运港、目的港的规定是否与合同相符，分批装运与转运等规定是否符合合同要求。

根据惯例，如果信用证未对分批装运与转运有明确要求，则应该理解为允许分批和转运。

8) 检查信用证中的单据需求条款

注意对单据种类和份数的要求，以及保险条款(如投保险别、投保金额、投保加成等)与提单条款(如提单抬头的写法、运费、通知方等)单据特殊要求是否与合同规定一致，以及有无无法取得的特殊单据等。

9) 注意审核信用证中是否有软条款

所谓"软条款"是指开证申请人或开证行在信用证中加入的会使受益人丧失主动权，或免除开证行保证付款责任，在执行时可能给受益人的利益带来损失的条款。如要求"提单通知人以信

用证修改书告知",再如"付款须凭开证申请人通知开证行已收到货并证明货物数量符合合同的规定",开证行要求"开证行的付款须待开证申请人授权的确认通知"等。对于这些条款受益人并不能控制,主动权完全在开证申请人手中,极有可能在将来付款时给受益人带来损失。

4. 信用证的修改

信用证的修改应通过开证申请人向开证行提出,在开证申请人同意修改信用证后,将向开证行发出修改信用证的指示。开证行将按开证申请人的指示对信用证相关条款进行修改,并通过原信用证的通知行向受益人发出信用证的修改通知书,受益人在收到修改通知后,可以选择接受或拒绝修改的通知。

【例3-6】2011年4月15日,深圳××公司接到买方开来的信用证,信用证规定的最迟装运期为2011年5月,与合同规定的最迟装运期2011年6月不相符,卖方通知买方要求修改信用证。于2011年6月装运,拿全套单据交银行议付,议付行拒付,理由是信用证规定的装运期是5月,6月装运不符合信用证的要求。卖方立即电告买方,得知买方没有要求修改信用证。卖方处于被动,不得不降价,买方才通知开证行放弃不符点,付款交单。

受益人只有接到通知行的信用证修改通知,信用证才能视为已经修改,否则原信用证条款仍具有效力。

3.2.2 信用证的审核与修改方法举例

信用证审核的主要依据是销售合同。一般来讲,因为合同是买卖双方经过协商达成的一致意见,所以与合同不一致的条款应要求开证申请人修改。有时,信用证规定虽然与合同不符,但是我方可以完成相关要求,在不影响收汇的情况下,也可以酌情处理,不进行修改。

下面,进一步以合同条款和信用证条款为例说明信用证审核和修改的方法。

合同条款

GUANGZHOU TEXTILES IMPORT & EXPORT TRADE CORPORATION
438 DONGFENG ROAD GUANGZHOU,CHINA
SALES CONTRACT

TEL: 020-8335××××   S/C NO.: GX110706

FAX: 020-8335××××   DATE: JUN.1, 2011

TO MESSRE:

    TKAMLA CORPORATION
    5-6, KAWARA MACH
    OSAKA, JAPAN

DEAR SIRS,

WE HEREBY CONFIRM HAVING SOLD TO YOU THE FOLLOWING GOODS ON TERMS AND CONDITIONS AS SPECIFIED BELOW:

DESCRIPTIONS OF GOODS	QUANTITY	UNIT PRICE	AMOUNT
COTTON BLANKET		CIF OSAKA	
ART NO. H333	1,000 PCS	USD 5.00/PC	USD 5,000.00
ART NO. HX66	1,000 PCS	USD 5.50/PC	USD 5,500.00
ART NO. HE20	1,000 PCS	USD 5.20/PC	USD 5,200.00
ART NO. HA50	1,000 PCS	USD 5.50/PC	USD 5,500.00
ART NO. HK66	1,000 PCS	USD 4.50/PC	USD 4,500.00
PACKED IN 250 CARTONS			

LOADING PORT: GUANGZHOU,CHINA

DESTINATION: OSAKA PORT,JAPAN

PARTIAL SHIPMENT: PROHIBITED

TRANSHIPMENT: PROHIBITED

PAYMENT: IRREVOCABLE LETTER OF CREDIT AT SIGHT

INSURANCE: FOR 110 PERCENT TO THE INVOICE VALUE COVERING ALL RISKS AND WAR RISK

TIME OF SHIPMENT: LATEST DATE OF SHIPMENT JUL. 30, 2011

THE BUYER: THE SELLER:

T KAMLA CORPORATION   GUANGZHOU TEXTILES IMPORT & EXPORT TRADE CORPORATION

信用证条款

SEQUENCE OF TOTAL	27: 1/1
FORM OF DOCUMENTARY CREDIT	40A: REVOCABLE
DOC. CREDIT NO.	20: 668888
DATE OF ISSUE	31C: 110615
DATE AND PLACE OF EXPIRY COUNTRY OF BENEFICIARY	31D: DATE 110830 PLACE IN THE
APPLICANT	50: TKAMLA CORPORATION 5-6, KAWARA MACH OSAKA, JAPAN
ISSUING BANK	52A: FUJI BANK LTD 1013, SAKULA OTOLIKINGZA MACHI TOKYO, JAPAN
BENEFICIARY	59: BANK OF CHINA SHANGHAI BRANCH 31, GANXIANG ROAD SHANGHAI, CHINA
AMOUNT	32B: CURRENCY USD AMOUNT

		2,570.00

AVAILABLE WITH/BY   41D: ANY BANK IN CHINA
                                  BY NEGOTIATION
DRAFTS AT…   42C: DRAFTS AT 15 DAYS AFTER SIGHT FOR FULL
                                  INVOICE COST
DRAWEE   42A: FUJI BANK LTD
PARTIAL SHIPMENTS   43P: ALLOWED
TRANSSHIPMENT   43T: PROHIBITED
LOADING ON BOARD   44A: GUANGZHOU
FOR TRANSPORTATION TO…   44B: OSAKA PORT
LATEST DATE OF SHIPMENT   44C: JUL 15, 2011
DESCRIPT OF GOODS   45A: COTTON BLANKET
         ART NO. H333   1,000 PCS   USD 5.00/PC
         ART NO. HX66   1,000 PCS   USD 5.50/PC
         ART NO. HE20   1,000 PCS   USD 5.20/PC
         ART NO. HA50   1,000 PCS   USD 5.50/PC
         ART NO. HK66   1,000 PCS   USD 4.50/PC
         CIF GUANGZHOU
DOCUMENTS REQUIRED   46A:
         +SIGNED COMMERCIAL INVOICE IN TRIPLICATE
         +PACKING LIST IN TRIPLICATE
         +CERTIFICATE OF ORIGIN GSP CHINA
          FORM A, ISSUED BY THE CHAMBER
          OF COMMERCE OR OTHER AUTHORITY
          DULY ENTITLED FOR THIS PRUPOSE
         +FULL 3/3 SET OF CLEAN ON BOARD
          OCEAN BILLS OF LADING, MADE OUT
          TO ORDER OF SHIPPER AND BLANK
          ENDORSED AND MARKED "FREIGHT
          PREPAID" AND NOTIFY APPLICANT
         +FULL SET OF NEGOTIABLE INSURANCE
          POLICY OR CERTIFICATE BLANK
          ENDORSED FOR 110 PCT OF INVOICE
          VALUE COVERING ALL RISKS
PERIOD FOR PRESENTATION   48: DOCUMENTS MUST BE PRESENTED
                                 WITHIN 15 DAYS AFTER THE DATE
                                 OF SHIPMENT BUT WITHIN THE
                                 VALIDITY OF THE CREDIT

认真对照合同和信用证条款，参考前述审证要点，可发现信用条款示例证中存在如下问题。

(1) 信用证应该是不可撤销的,可撤销的信用证将给受益人收汇带来风险,故 40A 的 REVOCABLE 应改为 IRREVOCABLE。

(2) 45A 中的价格术语 CIF GUANGZHOU 有误,应改为 CIF OSAKA,从而与合同规定一致。

(3) 信用证中分批装运的规定与合同不符,应将 ALLOWED 改为 PROHIBITED。

(4) 信用证中付款条件(DRAFTS AT)一项有误,应将 DRAFTS AT 15 DAYS 改为 DRAFTS AT SIGHT。

(5) 信用证中总金额有误,应将 CURRENCY USD AMOUNT 2,570.00 改为 CURRENCY USD AMOUNT 25,700.00。

(6) 信用证中有关装运时间的规定有误,应将 LATEST DATE OF SHIPMENT JUL 15, 2011 改为 LATEST DATE OF SHIPMENT JUL. 30, 2011,以免影响装运。

(7) 信用证中的受益人误写为银行,受益人理应是卖方,所以应将 BANK OF CHINA SHANGHAI 改为 GUANGZHOU TEXTILES IMPORT & EXPORT TRADE CORPORATION。

3.2.3 信用证的修改流程与信用证修改申请书的缮制

1. 信用证的修改流程

信用证的修改流程如图 3.2 所示。

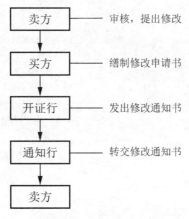

图 3.2 信用证的修改流程示意图

2. 信用证修改申请书的缮制

信用证修改申请书的基本内容如下所示。

APPLICATION FOR AMENDMENT TO LETTER OF CREDIT
信用证修改申请书

No. of Credit Facility: Date:
授信额度编号: 日期:

To: China Merchants Bank   Branch(Sub-Branch)
致: 招商银行   分(支)行

L/C No._____   Amount:_____
信用证号码:_____   金　额:_____

```
Amendment No.
修改次数(银行填写):


Please amend the above L/C by Swift/Telex as follows(marked with ( X )):
请以SWIFT/电传方式修改上述信用证如下(用(×)标出):
    (    ) Shipment date is extended to_____
    (    ) Expiry date is extended to _____
    (    ) Increasing/Decreasing credit amount by _____ to _____
    Others:
    (    )_____
All other terms and conditions remain unchanged.
其余条款不变。
This amendment charges and fees if any, (      )are for our a/c No._____
修改之手续费及电信费用,请从我司_____账号扣付。
    (    )are borne for beneficiary's account and will be deducted upon payment.
    由受益人负担,将在付款时扣除。

                                    Stamp and signature(s) of the applicant
                                              申请人签章

                                    _____
                                    Authorized Signature(s) and Company Chop
```

3. 修改信用证的注意事项

修改信用证的注意事项包括以下几个方面。

(1) 凡是需要修改的内容,应做到一次性提出。

(2) 对于不可撤销信用证中任何条款的修改,都必须取得当事人的同意后才能生效。

(3) 对于修改内容要么全部接受,要么全部拒绝,部分接受修改中的内容是无效的。

(4) 受益人可以以书面形式作出接受或拒绝该信用证修改的通知,也可以以行动表示接受。

(5) 受益人收到信用证修改后,应及时检查其修改内容是否符合要求,并根据情况表示接受或重新提出修改。

(7) 信用证修改必须通过原信用证通知行通知才有效。

(8) 明确修改费用由谁承担,一般按照责任归属来确定修改费用由谁承担。

本 章 小 结

(1) 信用证的开立申请书一定要严格参照合同的内容缮制,开立申请书缮制错误将会导致信用证出错。

(2) 出口方在审核信用证的过程中,应该严格参照合同进行审核,充分衡量哪些是经过努力能做到的,哪些是做不到的,尽可能做到一次性、全面提出修改意见,对于经过努力能做到的,尽可能地不修改,这样既能节省时间,同时也经济。

(3) 对于信用证修改申请书的内容应严格按照要求及规定的格式来缮制,卖方要充分了解信用证的修改流程,同时对于信用证修改书的内容要么全部接受,要么全部拒绝,不能选择性地只接受部分。

练 习 题

一、单项选择题

1. 填写开证申请书,应明确对信用证的各种要求应与合同条款的具体规定(　　)。
   A. 严格一致　　　　　　　　　　B. 可以稍有不同
   C. 可以抛开合同　　　　　　　　D. 可以超越合同
2. 对于信用证的修改,下列说法正确的是(　　)。
   A. 不允许修改
   B. 买卖双方均可以直接要求开证行修改
   C. 信用证有效期内,信用证的修改需经过各方当事人的同意,由买方向开证行提出修改申请
   D. 银行可以单方面修改信用证
3. 信用证具体内容的审核是由(　　)进行的。
   A. 通知行　　　　　　　　　　　B. 卖方
   C. 买方　　　　　　　　　　　　D. 议付行
4. 信用证修改后在(　　)生效。
   A. 卖方接受时　　　　　　　　　B. 银行发出修改时
   C. 自动　　　　　　　　　　　　D. 卖方可以默认
5. 信用证中英语"Date and place of expiry"(　　)。
   A. 表明信用证的到期日期和到期地点
   B. 表明信用证的到期地点一般在开证申请人所在地
   C. 表明可以推算出信用证的开立日期
   D. 表明信用证的到期日一般在交单期前面
6. 信用证中双到期是(　　)。
   A. 信用证的交单期和有效期同一天
   B. 信用证的开立日和交单日同一天
   C. 信用证的开立日和有效期同一天
   D. 信用证没有到期日

二、判断题

1. 信用证如果没有注明是否可撤销,则认为不可撤销。　　　　　　　　　(　　)
2. 信用证的开立时间越早越好。　　　　　　　　　　　　　　　　　　　(　　)

3. 信用证的到期日一般在交单日后 15 天。 （   ）
4. 信用证一般都要经过保兑。 （   ）
5. 信用证通知书一般由买方直接邮寄给卖方。 （   ）
6. 信用证的修改一般由卖方直接向开证行提出。 （   ）

第4章 商业发票与包装单据的缮制

知识目标：掌握发票、装箱单的分类及基本内容。
能力目标：能够缮制发票及装箱单。

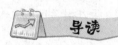

商业发票是单据中最早的单据，是缮制其他单据的基础单据，也是缮制过程中的第一张单据，因此，在缮制过程中一定要准确地缮制，发票出错会导致其他单据跟着出错。装箱单是对发票的重要补充，如租船订舱、报关、报检等手续均需要提供发票和装箱单。

4.1 发票的作用、种类和缮制概述

4.1.1 什么是商业发票

商业发票(Commercial Invoice)，简称为发票(Invoice)，是卖方(出口方)在发货时，向买方(进口方)开立的发货价目清单，是对所装运货物及整个交易的总说明，并凭以向买方收取货款、清算债权债务，也是进出口报关交税的依据。商业发票是一笔业务的全面反映，是进出口贸易结算中使用的最主要的单据之一。内容包括商品的名称、规格、价格、数量、金额、包装等，是进口商办理进口报关不可缺少的文件，因此商业发票是全套出口单据的核心，在单据制作过程中，其余单据均需参照商业发票缮制。

商业发票没有统一规定的格式，每个出具商业发票的单位都有自己的发票格式。虽然格式各有不同，但是，商业发票填制的项目大同小异。一般来说，商业发票应该具备以下主要内容。

(1) 首文部分：发票的名称、发票号码、合同号码、发票的出票日期和地点，以及船名、装运港、卸货港、发货人、收货人等。

(2) 文本部分：主要包括唛头、商品名称、货物数量、规格、单价、总价、毛重、净重等内容。

(3) 结文部分：发票的结文一般包括信用证中加注的特别条款或文句，签字盖章。有些国家规定，写在签署人签字以下的文字内容无效。因此，应该特别注意，发票的各项内容应该列在签字之上。

4.1.2 发票的分类

发票的种类主要包括：商业发票、形式发票、海关发票、领事发票和厂商发票等。

1. 商业发票(Commercial Invoice)

出口商于货物运出时开给进口商作为进货记账或结算货款和报关缴税的凭证。

2. 形式发票(Proforma Invoice)

形式发票也称预开发票，是出口商应进口商的请求出具的，供其向本国贸易或外汇管理当局等部门申请进口或批准给予支付外汇之用的非正式的参考性发票。

形式发票只是一张报价单或意向书，没有法律效力，不能用于托收和议付。其所标注的单价与商业发票一致，数量可以不一致。

3. 海关发票(Customs Invoice)

海关发票，是出口商根据进口国海关规定的特定格式填制的，供进口商凭以报关用的一种特殊发票。

海关发票的作用如下。

(1) 供进口国海关核定货物的原产国，以便根据国别政策对进口商品采取不同的进口税率和决定是否允许进口。

(2) 供进口国海关掌握进口商品在出口国国内市场的价格情况，以核定商品的成本价值，确定进口商品是否属低价倾销，以便征收反倾销税。

(3) 是进口国海关对进口货物进行统计、海关估价和征税的依据。

4. 领事发票(Consular Invoice)

领事发票又称签证发票，是按某些国家法令规定，出口商对其国家输入货物时必须取得进口国在出口国或其邻近地区的领事签证的、作为装运单据一部分和货物进口报关的前提条件之一的特殊发票。

5. 厂商发票

厂商发票是由出口商品的制造厂商提供的，以其本国货币计算价格的，用以证明出口货物在本国国内市场出厂价格的发票。主要是为了供进口国海关进行估价之用，以确定该出口商品是否有低价倾销行为，并据此核定税率。

4.1.3 商业发票的作用

1. 可供进口商了解和掌握装运货物的全面情况

发票是一笔交易的全面叙述，详细列明了该装运货物的货物名称、商品规格、装运数量、价格条款、商品单价、商品总值等全面情况。进口商可以依据出口商提供的发票，核对签订合同的项目，了解和掌握合同的履约情况，并进行验收。

2. 作为进口商记账、进口报关、海关统计和报关纳税的依据

发票是销售货物的凭证，对进口商来说，需要根据发票逐笔登记记账，按时结算货款。同时进口商在清关时需要向当地海关当局递交出口商发票，海关凭以作为核算税金、验关放行和统计的凭证之一。

3. 出口商凭以发票的内容,逐笔登记入账

在货物装运前,出口商需要向海关递交商业发票,作为报关发票,海关凭以核算税金,并作为验关放行和统计的凭证之一。

4. 在不用汇票的情况下,发票可以代替汇票作为付款依据

在即期付款不出具汇票的情况下,发票可作为买方支付货款的根据,替代汇票进行核算。在光票付款的方式下,因为没有货运单据跟随,也经常跟随发票,商业发票起着证实装运货物和交易情况的作用。另外,一旦发生保险索赔,发票可以作为货物价值的证明等。

4.1.4 商业发票的缮制

商业发票样单如下所示。

商业发票样单

SHANGHAI TOOLS MANUFACTURE CO., LTD.

NO.3188 JINZHANG ROAD, SHANGHAI, CHINA

COMMERCIAL INVOICE

To:			Invoice No.:	
			Invoice Date:	
			S/C No.:	
From:			To:	
Marks and Numbers	Number and kind of package Description of goods	Quantity	Unit Price	Amount
	TOTAL:			
SAY TOTAL:				
				Sign

商业发票的基本内容如下。

(1) 出口商名称和地址(Exporter's Name and Address)。

(2) 商业发票须载明"商业发票"(Commercial Invoice)字样;具体缮制的时候要根据信用证中的要求缮制,信用证中若用的是"Invoice",则发票名称就用"Invoice"。

(3) 收货人名称和地址(Consignee's Name and Address)。

(4) 发票编号(Invoice Number)。

(5) 发票签发日期(Date Of Issue)。

特别提示

在全套单据中,发票是签发日最早的单据。它只要不早于合同的签订日期,不迟于提单的签发日期即可。

(6) 合同或订单号码(Contract Number or Order Number)。

(7) 起运及目的地(From…To…)起讫地要填上货物自装运地(港)至目的地(港)的地名,有转运情况应予以表示。这些内容应与提单上的相关部分一致,如果货物需要转运则注明转运地。

例如: From Qingdao To New York W/T Shanghai.

(8) 唛头及件数(Marks and Numbers):发票中的唛头应与信用证规定的唛头相一致;如果没有唛头,可以打上 N/M(No Mark)。

(9) 包装种类、数量及货物描述(Number and Kind of Package Description of Goods):最大包装的数量及包装种类,货物的描述。

特别提示

商业发票的货物描述部分要与信用证严格相符,一般情况下可以直接将信用证的相关内容复制、粘贴过来,若信用证用的是统称,则需要详细列明名品、规格、型号。如是托收方式下,发票对货物的描述内容可参照合同的规定结合实际情况进行填制。

(10) 数量(Quantity),商品的数量。数量必须反映货物的实际装运数量,做到单证一致。

(11) 价格及价格条件(Unit Price and Price Term)。

(12) 总金额(Amount);在信用证支付方式下,发票的金额应与信用证规定相符,在有佣金、折扣的交易中,应在发票的总值中列明扣除佣金或折扣的若干百分比。除非信用证另有规定,发票金额不能超过信用证规定的最高金额。

如:来证要求"From Each Invoice 8 Percent Commission Must Be Deducted",总额为"USD30,000.00 FOBC8 Dalian",则填在价格栏中的金额的计算如下

FOBC8 Dalian USD30,000.00

   -C8 USD2,400.00

  FOB Dalian USD27,600.00

如果信用证内没有扣除佣金的规定,但金额正好是减去佣金后的净额,则发票应显示减去的佣金,否则发票金额会超过信用证金额。

(13) 声明文句。信用证要求在发票内特别加列的如船名、原产地、进口许可证号码等声明文句,制单时必须一一详列。常用的声明文句如下所示。

① 证明所到货物与合同或订单所列货物相符。

如:We certify that the goods named have been supplied in conformity with Order No.123.

兹证明本发票所列货物与第 123 号合同相符。

② 证明原产地。

如:We hereby certify that the above mentioned goods are of Chinese Origin.

特此证明上述货物的原产地为中国。

(14) 出单人签字盖章(Signature)。商业发票只能由信用证中规定的受益人出具。除非信用证另有规定，如果是用影印、电脑处理或者复写方法制作出来的发票，应该在作为正本的发票上注明"正本"(Original)的字样，并且由出单人签字。

如果信用证没有规定发票一定要签字盖章，发票可以不签字盖章；但用于报关、报检等手续方面的发票需要签字盖章。

在商业发票正中下方，通常印有"错漏当查"(E & O.E.)，即"Errors and Omissions Excepted"(错误和遗漏除外)，表示发票的制作者在发票一旦出现差错时，可以纠正。但如果发票上有证明文句，例如：We hereby certify that the contents of invoice herein are true and correct.则不能印有"错漏当查"(E & O.E.)的字样。

4.1.5 信用证中的发票条款举例

(1) SIGNED ORIGINAL COMMERCIAL INVOICE IN TRIPLICATE SHOWING A DEDUCTION OF USD500.00 BEING COMMISSION, FOB VALUE AND FREIGHT CHARGES.

签名的正本的商业发票一式3份，显示扣除了500美元佣金，FOB价值及运费。

(2) MANUALLY SIGNED COMMERCIAL INVOICE IN 4 FOLDS INDICATING ISSUING BANK NAME, L/C NO. AND CONTRACT NO.5188.

手签的商业发票4份，显示开证行名称、信用证号及合同号5188。

(3) SIGNED COMMERCIAL INVOICE IN TWO COPIES, SHOWING MERCHANDISE TO BE OF CHINESE ORIGIN AND CERTIFIED BY COMPETENT AUTHORITY.

签名的商业发票两份复印件，显示商品是中国原产且由相关官方机构证明。

(4) SIGNED COMMERCIAL INVOICE IN DUPLICATE SHOWING A DEDUCTION OF USD200.00 BEING COMMISSION.

签名的商业发票一式2份，显示扣除了200美元佣金。

4.2 包装单据的作用及缮制方法

4.2.1 什么是包装单据

1. 包装单据的定义

国际贸易中的货物买卖数量较大，花色品种繁多，无法在商业发票上一一列明，必须使用包装单据加以说明。包装单据(Packing Documents)是记载或描述商品包装情况的单据，是对商业发票内容的重要补充，是买方收货时核对货物的品种、花色、尺寸、规格和海关验收的主要依据。

2. 包装单据的作用

(1) 是出口商缮制商业发票及其他单据时计量和计价的基础资料。

(2) 是进口商清点货物数量、重量以及进行销售的依据。

(3) 是海关、公证或商检机构查验货物的参考资料。

3. 包装单据的种类

包装单据包括装箱单(Packing List)、规格单(Specification List)、重量单/磅码单(Weight list/Memo)、尺码单(Measurement List)、中性包装单(Neutral Packing List)、包装声明(Packing Declaration)、包装说明(Packing Specification)、包装提要(Packing Summary)、重量证书(Weight Certificate)、花色搭配单(Assortment List)等。

4.2.2 包装单据的缮制

包装单据样单如下所示。

包装单据样单

SHENZHEN TOOLS MANUFACTURE CO., LTD.

NO.3188 JINZHANG ROAD, SHENZHEN, CHINA

PACKING LIST

To: Invoice No.:
                                        Invoice Date:

From: To:

Marks and Numbers	Number and kind of package Description of goods	Quantity	Package	G.W	N.W	Meas.
	TOTAL:					

SAY TOTAL:

缮制包装单的注意事项如下。

(1) 名称应与信用证规定一致。

(2) 包装单的出单日期不得早于发票的日期,可以与发票同一天。

(3) 应列明货物单件的毛重、净重,以及总的毛重、净重,且数字必须与其他单据相符。

(4) 一般不应显示货物的单价和总价。

(5) 信用证的特殊规定必须在单据中充分体现出来。如信用证规定:每件装一袋、每打装一盒、每20打装一箱,则必须注明以下事项。

PACKING: EACH PIECE IN A BAG, EACH DOZEN IN A CARTON BOX, THEN 20 DOZENS IN A CARTON.

4.2.3 信用证中包装单据条款举例

(1) PACKING LIST IN DUPLICATE ISSUED BY BENEFICIARY INDICATING QUANTITY, GROSS WEIGHT, NET WEIGHT AND MEASUREMENT OF EACH PACKAGE.

由受益人开立的装箱单 2 份,显示数量、毛重、净重及每一箱的体积。

(2) PACKING LIST IN FOUR COPIES SHOWING THE TOTAL GROSS WEIGHT,TOTAL NET WEIGHT,NUMBERS OF PACKAGES.

装箱单 4 份副本,显示总毛重、总净重及包装数量。

(3) DETAILED PACKING LIST IN QUADRUPLICATE SHOWING THE CONTENTS AND QUANTITY OF EACH CASES.

详细的装箱单 4 份,显示每箱的内容及数量。

(4) DETAILED WEIGHT AND MEASUREMENT LIST SHOWING THE DETAIL OF COLORS, SIZES AND QUANTITIES IN EACH CARTON AND ALSO NET WEIGHT AND GROSS WEIGHT.

详细的重量单和尺码单,显示每箱详细的颜色、尺寸、数量、净重和毛重。

(5) PACKING LIST IN TRIPLICATE ISSUED BY BENEFICIARY INDICATING QUANTITY, GROSS AND NET WEIGHT OF EACH PACKAGE/CONTAINER.

由受益人开立的装箱单一式 3 份,显示每箱的数量、毛重、净重。

本 章 小 结

(1) 商业发票是整批货物的价目清单,往往是缮制其他单据的基础和依据,因此,必须严格按照要求缮制商业发票。缮制发票的过程中应尤其注意信用证中的特别要求,如要求增加证明文句、要求手签等特殊要求。

(2) 形式发票没有法律效力,一般是开给外汇管制严格的国家的进口方,用于申请外汇,因此不能用于托收和议付。

(3) 每个国家的海关发票均有不同的样式,要根据不同的要求缮制,海关发票主要是便于海关核定原产国和确定是否有倾销,因此,在填价格时不应低于国内的价格,且不能与其他单据的内容相冲突。

(4) 包装单据是发票的重要补充,主要用于说明包装情况,在信用证没有特别规定的情况下一般应显示每箱的毛重和净重,可以不显示价格。

练 习 题

一、单项选择题

1. 结汇单据中最重要的、能了解一笔交易全貌的单据是( )。
   A. 保险单　　　　　　　　　　　　B. 产地证
   C. 发票　　　　　　　　　　　　　D. 汇票

2. 包装单据一般不应显示货物的(　　)。
　　A. 品名　　　　　　　　　　　　　B. 单价、总金额
　　C. 包装件数　　　　　　　　　　　D. 规格
3. 商业发票的日期应(　　)。
　　A. 早于装箱单　　　　　　　　　　B. 晚于装箱单
　　C. 是同一天　　　　　　　　　　　D. 没关系
4. 预开发票(　　)。
　　A. 等同于正式发票　　　　　　　　B. 有法律效力
　　C. 无法律效力　　　　　　　　　　D. 必需的单据
5. 海关发票(　　)。
　　A. 有统一的样式　　　　　　　　　B. 每笔业务都需要
　　C. 是出口国海关规定的　　　　　　D. 用以核定有无倾销
6. 厂商发票(　　)。
　　A. 是出口方开立的　　　　　　　　B. 是制造商开立的
　　C. 是进口商开立的　　　　　　　　D. 是官方单据

二、判断题

1. 装箱单上面一般应显示金额。　　　　　　　　　　　　　　　　　(　　)
2. 装箱单日期不得早于发票日期。　　　　　　　　　　　　　　　　(　　)
3. 发票是核心单据，均需盖章。　　　　　　　　　　　　　　　　　(　　)
4. 形式发票可以代替正式发票。　　　　　　　　　　　　　　　　　(　　)
5. 每个国家都要求提供海关发票。　　　　　　　　　　　　　　　　(　　)
6. 厂商发票主要用于核定出厂价，看是否有倾销。　　　　　　　　　(　　)

第5章 资金单据的缮制

知识目标：掌握汇票、本票、支票的基本内容。
能力目标：能够缮制汇票。

汇票是国际贸易中应用最多的一种票据，它不仅能作为结算工具，也能作为信贷工具，充分应用汇票将有利于整个资金的周转，因此必须能够正确地缮制汇票，以便及时安全地收回货款。

5.1 汇票及其缮制方法

5.1.1 汇票的定义及使用流程

1. 什么是汇票

汇票(Draft)是出票人签发的，委托付款人在见票时或者在指定日期无条件支付确定的金额给收款人或者持票人的票据。

汇票的基本当事人有出票人、受票人及受款人。其中，出票人(Drawer)通常是出口人；受票人(Drawee)通常是汇票的付款人，通常是进口人或者指定的银行；受款人(Payee)：即规定可领取金额的人。

在信用证项下的国际结算业务中，即期付款有时不一定需要汇票，可以用发票代替。而对于远期付款，汇票一般都是必要的，因付款人须凭汇票承兑，并承担到期付款的责任。而持票人必要时可凭承兑的汇票贴现或经背书转让。

2. 汇票的流转程序

汇票的流转一般包括 5 个程序：出票→提示→承兑→背书→付款等。

1) 出票(Draw 或 Issue)
出票包括两个动作：一是写成汇票(Draw)，即在汇票上写明有关内容，并签名；二是交付(Deliver)，将汇票交付给收款人，只有经过交付，才真正建立了债权，完成了出票手续。也有出票人为避免持票人对其追索责任，在出票时加注"WITHOUT RECOURSE TO DRAWER"(对出票人不得追索)的词句。

2) 提示(Presentation)

提示是指持票人将汇票提交付款人，要求付款和承兑的行为。付款人看到汇票叫作见票(Sight)，如系即期汇票，付款人见票后立即付款；如系远期汇票，付款人见票后办理承兑手续，到期立即付款。

3) 承兑(Acceptance)

承兑是指付款人对远期汇票表示承担到期付款责任的行为。付款人在汇票正面写上"承兑"(Accepted)字样，注明承兑的日期，并由付款人签名。付款人承兑后，就叫作承兑人。承兑人有在远期汇票到期时承担立即付款的责任。

　例如：ACCEPTED
　　　　SEP.03,2003
　　　　XXXXX(SIGNED)

4) 付款(Payment)

付款即期汇票，在持票人提示时，付款人即付款，无需经过承兑手续；远期汇票，在规定的时效、规定的地点向付款人作付款提示时，先承兑，到期再付款。在汇票的付款人向持票人做正当付款后，付款人一般均要求收款的持票人在背面签字，注上"付讫"(Paid)字样，并收回汇票，从而结束汇票上所反映的债权、债务关系。

5) 背书(Endorsement)

票据包括汇票是可流通转让的证券。根据我国《票据法》规定，除非出票人在汇票上记载"不得转让"外，汇票的收款人可以以记名背书的方式转让汇票权利。即在汇票背面签上自己的名字，并记载被背书人的名称，然后把汇票交给被背书人即受让人，受让人成为持票人，是票据的债权人。受让人有权以背书方式再行转让汇票的权利。

在汇票经过不止一次转让时，背书必须连续，即被背书人和背书人名字前后一致。对受让人来说，所有以前的背书人和出票人都是他的前手(Prior Parties)；对背书人来说，所有他转让以后的受让人都是他的"后手"，前手对后手承担承兑和付款的责任。

6) 贴现(Discount)

贴现即远期汇票经承兑后，尚未到期，持票人背书后，由银行或贴现公司作为受让人，从票面金额中扣减按贴现率结算的贴息后，将余款付给持票人。

贴现后余额的计算公式是：贴现后余额=票面金额-(票面金额×贴现率×日数/360)-有关费用。

对于持票人来说，通常用汇票进行贴现也是一种融资渠道。而且一般贴现不要抵押品，成本相对比较低，手续简单、方便。票据贴现被广泛地应用于进出口贸易中，因此，汇票也成了一种常用的信贷工具。

7) 拒付(Dishonour)

拒付又叫"退票",有以下几种情况。

(1) 持票人提示汇票要求付款时,遭到付款人拒绝付款(Dishonour by non-payment)。

(2) 持票人提示汇票要求承兑时,遭到拒绝承兑(Dishonour by non-acceptance)。

(3) 付款人避而不见、破产或死亡等,以致付款已事实上不可能时,均称为"拒付"。

8) 追索(Recourse)

持票人在汇票被拒付时,对其前手(背书人、出票人)有行使请求偿还汇票金额及费用的权利(包括利息及做成"拒付通知"、"拒付证书"的公证费用等)的权利,这种行为被称为追索。

汇票遭到拒付,持票人可以向任何一个前手追索,持票人必须按规定向前手作拒付通知(Notice of Dishonour)。前手背书人再通知他的前手,一直通知到出票人。如汇票已经经过承兑,则出票人还可以向承兑人要求付款。

5.1.2 汇票的缮制

汇票样单如下所示。

```
                            汇票样单
                        BILL OF EXCHANGE

Drawn under _____    L/C NO. _____

Dated _____  Payable with interest@ _____ % _____

NO. _____    Exchange for _____    Shanghai _____ (Date)

At _____  Sight_____  Of this FIRST of Exchange (Second of Exchange being 

Unpaid) Pay to the order of

To: _____

                                                    (Authorized Signature)
```

汇票的具体内容如下。

1. 出票依据

出票依据(Drawn Under)表明汇票起源于交易是允许的。

信用证方式下,一般内容有三项:即开证行名称、信用证号码和开证日期。出票依据是说明开证行在一定的期限内对汇票的金额履行保证付款责任的法律根据,是信用证项下汇票不可缺少的重要内容之一。

托收方式下则可以填 For collection 或空白不填。

2. 信用证号码

此栏填写信用证号码(L/C No.),托收方式下则空白不填。

3. 开证日期

开证日期(Date of issuance)栏应正确填上信用证开立的日期，托收方式下则空白不填。

4. 年息

年息(Payable with interest)一栏由结汇银行填写，用以清算企业与银行间的利息费用。

5. 号码

一般填商业发票的号码(No.)，以核对发票与汇票中相同及相关内容，或者填汇票本身的顺序编号。

6. 小写金额

小写金额(Exchange for)由货币符号和阿拉伯数字组成，例如：USD1,005.30。

 特别提示

信用证没有特别规定，其金额应与发票金额一致。无证托收的汇票金额和发票金额一般均应一致；如信用证金额规定汇票金额为发票金额的百分之几，例如97%，那么发票金额应为100%，汇票金额为97%，其差额3%一般理解为佣金；如信用证规定部分信用证付款，部分托收，应各分做两套汇票，发票金额是两套汇票相加的和。

7. 汇票交单日期和地点

一般是提交议付行的日期和地点(Date and address)，往往由议付行填写。

 特别提示

该日期不能迟于信用证的有效期，也不得早于各单据的出单日期。

8. 汇票期限

汇票期限(At…sight)如为即期汇票，在At与sight之间输入"***"符号；如为远期汇票，则应按信用证上规定的时间填制。不需要sight时可以划去。托收项下则应在At前面注明托收方式，是D/P还是D/A。

例如：

(1) At "30 days after" sight，出票日后三十天付款。

(2) At "45 days after" B/L sight，提单日后四十五天付款。

(3) D/P At "60 days after" sight，见票后六十天付款。

9. 受款人

受款人(Payee)又称收款人，收款人一般是汇票的抬头人，是出票人指定的接受票款的当事人。有的是以出口商或以其所指定的第三者为受款人。在国际票据市场上，汇票的抬头人通常有以下三种写法。

1) 记名式抬头(DEMONSTRATIVE ORDER)

即在受款人栏目中填写："付给×××人的指定人"(PAY TO THE ORDER OF ×××)，这种类型的抬头是最普遍使用的一种。

2) 限制性抬头(RESTRICTIVE ORDER)

即在受款人栏目中填写"仅付给×××人"(PAY TO ××× ONLY)或"限付给×××人，不许转让"(PAY TO ××× ONLY，NOT TRANSFERABLE)。

3) 持票人抬头(PAYABLE TO BEARER)

即在受款人栏目中填写"付给持票人"(PAY TO BEARER)。

在信用证方式下，按照信用证的要求填写，一般都是以银行指示为抬头。

例如：来证规定由中国银行指定或其他议付行，或来证对汇票受款人未做明确规定。通常汇票的受款人应打上"PAY TO THE ORDER OF BANK OF CHINA"(由中国银行指定)。

托收方式下：受款人填托收行。

10. 付款人及付款地点(To)

汇票的付款人即汇票的受票人，也称致票人。在汇票中表示为"此致×××"。

凡是要求开立汇票的信用证，信用证内一般都指定了付款人，按照信用证要求填写。如果信用证没有指定付款人，一般做成开证行为付款人。

托收项下付款人是买方，付款地点填买方的地址。

汇票的缮制首先要注意是信用证项下还是托收项下，看清楚再根据不同的情况填写。计算汇票的时间，不包括见票日、出票日等，即常说的"算尾不算头"。

5.1.3 信用证中汇票条款举例

信用证付款的方式下，汇票的缮制应严格按照信用证的具体要求，信用证中汇票条款列举如下。

(1) Credit available with any bank in China，by negotiation，against presentation of beneficiary's drafts at sight，drawn on us in duplicate.

信用证在中国任何银行均可以议付，条件是要求受益人出具以开证行为付款人的即期汇票。

(2) Draft at 60 days sight from the date of presentation at your counter.

出具在议付行起算 60 天到期的远期汇票。

(3) Drafts to be drawn at 30 days after sight on us for 100% of invoice value.

出具我行为付款人的金额为 100%发票金额的见票后 30 天付款的远期汇票。

5.2 本票和支票

5.2.1 本票

本票(Promissory Notes)是一个人向另一个人签发的，保证即期或定期或在可以确定的将来的时间，对某人或其指定人或持票人支付一定金额的无条件的书面承诺。

本票的基本要素如图5.1所示。

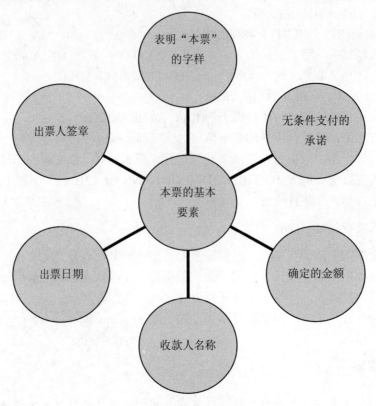

图5.1 本票的基本要素

本票必须记载收款人名称，否则本票无效。我国不存在无记名本票和指示本票，只有记名本票。

5.2.2 支票

支票(check)是出票人签发，委托办理支票存款业务的银行或者其他金融机构在见票时无条件支付确定的金额给收款人或持票人的票据。

支票的基本要素包括以下几个方面。

(1) "支票"字样。

(2) 无条件支付命令。

(3) 出票日期及出票地点(未载明出票地点者，出票人名字旁的地点视为出票地)。

(4) 出票人签字。

(5) 付款银行名称及地址(未载明付款地点者，付款银行所在地视为付款地点)。

(6) 付款人。

(7) 确定的付款金额。

本章小结

(1) 汇票正常情况下的使用流程包括：出票、提示、承兑、付款。远期汇票需要承兑，即期汇票不需要承兑。

(2) 汇票的缮制过程中，一定要清楚金额的填写方式，金额的填写不能涂改，应严格按照信用证的要求填写，托收方式下则与发票的金额相同。

(3) 信用证项下汇票的付款人一般要填开证行或信用证指定的其他银行，不能填开证申请人。

(4) 汇票的样式有多种，但大致内容是一致的。

(5) 汇票一经承兑不能止付。

(6) 本票、支票的基本要素要非常清楚，缺一则无效。支票常会由于出票人的原因而止付，因此在国际贸易交易中用得不多。

练 习 题

一、单项选择题

1．汇票有即期和远期之分，在承兑交单业务中(　　)。
　　A．只使用远期汇票，不使用即期汇票
　　B．只使用即期汇票，不使用远期汇票
　　C．既使用远期汇票，又使用即期汇票
　　D．以上答案都不对

2．如付款方式为 L/C 和 D/P 即期各半，为收汇安全起见，应在合同中规定(　　)。
　　A．开两张汇票，各随付一套等价的货运单据
　　B．开两张汇票，L/C 下为光票，全套货运单据随付在托收汇票下
　　C．开两张汇票，托收项下为光票，全套货运单据随付在 L/C 汇票项下
　　D．均采用光票托收

3．承兑是(　　)对远期汇票表示承担到期付款责任的行为。
　　A．付款人　　　　　　　　　　　　B．收款人
　　C．出口方　　　　　　　　　　　　D．议付行

4．一张汇票见票日为 2 月 28 日，见票后 1 个月付款，则其到期日为(　　)。
　　A．4 月 1 日　　　　　　　　　　　B．3 月 31 日
　　C．4 月 2 日　　　　　　　　　　　D．4 月 3 日

5．收款人将汇票提交(　　)要求付款或承兑的行为叫作提示。
　　A．付款人　　　　　　　　　　　　B．收款人
　　C．出口商　　　　　　　　　　　　D．议付行

6．国际贸易中使用的票据主要有本票、支票、汇票，其中(　　)使用得最多。
　　A．汇票　　　　　　　　　　　　　B．支票
　　C．本票　　　　　　　　　　　　　D．旅行支票

二、判断题

1. 出票，即票据的签发，指由出票人写成汇票并在汇票上签字的行为。（　）
2. 根据我国《票据法》，承兑附有条件的，视为拒付。（　）
3. 汇票可以作为支付工具也可以作为信贷工具。（　）
4. 我国《票据法》规定，若大小写金额不一致，以大写金额为准。（　）
5. 所有的汇票都要经过承兑。（　）
6. 汇票的金额一定要与发票一致，否则无效。（　）

第6章 国际货物运输与保险单证

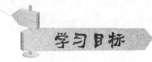

知识目标：了解运输单据和保险单据的种类，熟悉海运提单、海运单、空运单等运输单据和保险单的作用，掌握缮制提单和保险单的填报规范和注意事项。

能力目标：能根据合同和信用证的要求选择并出具合适的运输和保险单据，会缮制提单和保险单，以完成进出口货物运输和保险工作。

国际货物运输和保险是进出口业务中的重要环节，是完成全部进出口业务的必经步骤。运输单据和保险单据是办理运输和投保工作的主要凭证，其中运输单据是货物运输合同的证明，证明货物已由承运人接收或装船，具有物权凭证的作用。在国际货物运输中，提单是最具特色、最完整的运输单据。保险单是保险合同证明，是获得保险公司理赔的依据。运输单据和保险单据是结汇的重要单据。

6.1 运输单据与保险单据概述

6.1.1 运输单据的作用和种类

运输单据是托运人委托装运、交付货物后，由承运人或其代理签发的、证明收到货物并且证明货物已经装船或已经发运或已由承运人接受监管的单据。运输单据是证明货物已交承运人接管或已装上运输工具或已发运的书面凭证，某些运输单据还具有物权凭证的作用。在凭单交货的交易中，运输单据则是卖方凭以证明已履行交货责任的主要依据，因此，在货款结算中，运输单据是非常重要的单据之一。

根据国际贸易货物运输的不同方式，运输单据主要包括以下几种。

1. 海洋运输单据

海洋运输单据主要包括：海运提单(Ocean Bill of Lading)、租船提单(Carter Bill of Lading)、不可转让海运单(Non-negotiable Sea Waybill)。其中海运提单是由承运人、船长或代理人签发，证明已收到指定的货物，并允诺将货物运至指定目的地交收货人的书面凭证，具有货物收据、运输合同证明、物权凭证的作用。不可转让海运单是海上运输合同的证明和货物收据，不是物权凭证，不能凭以提货，不能背书转让。租船运输是一种无固定船期、航线的不定期船运输，根据船东和承租人双方签订租船合同来实施运输。而由船方根据租船合同签发的提单就是租船合约提单。这类提单不能作为一个完整的独立文件，它受租船合同条款的约束，是否代表物权凭证完全取决于租船合同所订立的内容。租船合约提单只有在信用证允许使用的情况下才能使用。

2. 航空运输单据

航空运输单据是货物通过航空方式运输时，由航空公司或其代理人在接管货物后签发的一种货运单据。主要包括：航空主运单(Master Air Waybill，MAWB)、航空分运单(House Air Waybill，HAWB)。航空运输单据不是货权凭证，不能凭以提货，不能背书转让。

3. 陆路运输单据

陆路运输单据是当采用公路、铁路或内陆水运开展进出口业务时，由承运人或它们的代理人签发的单据。主要包括：公路联运运单(Through Road Waybill)、铁路联运运单(Through Rail Waybill)和承运货物收据(Cargo Receipt)。这些单据都不是物权凭证，也不能转让。

4. 邮政运输单据

邮政运输单据是由快递机构签发给托运人的运输单据。邮政收据是盖有邮戳的，由邮局签发的运输单据。主要包括：邮包收据(Post Receipt)、邮寄证明(Certificate of Posting)和快递收据(Courier Receipt)。

5. 联合运输单据

联合运输单据是指必须至少使用两种不同的运输方式，将货物从一国境内接管货物的地点运至另一国指定交付的地点。主要包括：多式联运单据(Multimodal Transport Documents，MTD)、多式联运提单(Combined Transport B/L, CTBL)。多式联运可以由陆海、陆空、海空组成，其单据可以分为可流通形式和不可流通两种形式，可流通形式的第一程必须是海运，此时多式联运单据具有物权凭证的作用，可以作为提货依据。而不可流通形式的第一程一般是陆/空运输，此时单据既不能背书转让，也不能作为提货依据。

6.1.2 保险单的作用和种类

由于国际货物运输上有运输路线较长、风险较大的物点，出口商将货物运抵进口商需经过长途运输，中途多次搬运有可能受到自然灾害、意外事故或外来因素导致的货损。为了减少风险，避免损失，需要对货物投保运输险，由保险公司承担货物运输途中的损失赔偿。

保险单据是保险人与被保险人之间订立保险合同的证明文件，它反映了保险人与被保险人之间的权利和义务关系，也是保险人的承保证明。当发生保险责任范围内的损失时，它又是保险索赔和理赔的主要依据。保险单据经过背书后，可以随货物所有权的转移而进行转让。

目前，在保险实务中，我国绝大多数企业采用中国人民保险公司出具的海洋货物运输保险单，也有部分企业采用英国伦敦保险业协会海运货物保险险别。在国际贸易中，是否使用保险单取决于信用证的规定。在确定以FOB、CFR价格成交时，出口商无须提交保险单；在以 CIF 价格成交时，出口商须办理保险手续，填写保险单。

目前，在我国进出口业务中应用的保险单据主要有：保险单、保险凭证、联合保险凭证、保险批单和预约保险单。

1. 保险单

保险单(Insurance Policy)俗称大保单，是使用最广泛的一种保险单据。保险单上一般须载明当事人的名称和地址，保险标的的名称、数量或重量、唛头、运输工具、保险险别、保险责任起讫时间和地点，保险人签章，赔款偿付地点以及经保险人与被保险人双方约定的其他事项等内容。保险单背面载明的保险人与被保险人之间权利和义务等方面的保险条款，也是保险单的重要内容。

2. 保险凭证

保险凭证(Insurance Certificate)俗称小保单，是一种简化的保险合同。这种凭证除背面不载明保险人和被保险人双方的权利和义务等保险条款外，其他内容与保险单相同。保险凭证与大保单具有相同的法律效力。

3. 联合保险凭证

联合保险凭证(Combined Insurance Certificate)是一种更为简化的保险单据，它是由保险公司在商业发票上加盖保险章，并且注明保险号码、险别和金额等内容，以此作为保险的凭证(这种单据不可转让)。

4. 保险批单

保险单出立后，投保人如需补充、变更其内容，可根据保险公司的规定，向保险公司提出申请，经同意后即另出一种凭证，注明更改或补充的内容，这种凭证被称为保险批单(Endorsement)。保险单一经批改，保险公司即按批改后的内容承担责任，其批改内容如涉及保险金额增加和保险责任范围扩大，保险公司只有在证实货物未发生出险事故的情况下才同意办理。批单原则上须粘贴在保险单上，并加盖骑缝章，作为保险单不可分割的一部分。

5. 预约保险单

预约保险单(Open Policy)是一种长期性的货物运输保险合同。合同中规定了承保范围、险别、费率、责任赔款处理等项目。凡属于合同约定的运输货物，在合同有效期内自动承保。预约保险单的优点是减少了逐笔签订保险合同的手续，并可以防止因漏保或迟保而造成的无法弥补的损失。保险公司一般对使用预约保险单的投保人提供更优惠的保险费用，因而也吸引了不少投保人。预约保险单往往与保险通知书、保险声明书(Insurance Declaration)一起使用。如果进口商和保险公司订有长期的预约保险单，每当货物装船后，由出口商将货物装船的详细情况包括品名、数量、重量、金额、运输工具、运输日期，以及列明在信用证中的预约保险单号码直接通知保险公司和进口商，并以此作为正式保险单失效的标志。出口商的书面证明(受益人证明或通知副本)将作为议付单据向银行提交。

6.2 运输单据的缮制概述

6.2.1 海运提单的缮制

1. 海运提单的性质、作用和种类

1) 海运提单的性质和作用

海运提单(以下简称提单)是托运人向银行办理议付、结汇的主要单据之一,在运输业务的联系、费用的结算和对外索赔中都具有重要的作用。提单从本质上讲是货物的收据、物权凭证以及承运人与托运人之间所订运输合同的证明。具体地说,其主要作用如下。

(1) 提单是承运人已经按照提单所列内容收到货物的证明。

(2) 提单是收取费用的依据,运输途中可凭此来办理各种相关事宜。

(3) 提单持有人凭提单可以在目的港的轮船公司提货,也可以在装货船舶到达目的港之前,通过合法转让海运提单而转移物权,或以此向银行办理抵押货款。

(4) 提单是划分承运人和托运人之间权利和义务的重要依据,也是提单持有人进行索赔的重要依据。

2) 海运提单的种类

(1) 已装船提单(Shipped B/L or On Board B/L):指货物已经装上指定船只的提单。提单内注有"Shipped on Board"字样,并注明装货船名和装船日期。除集装箱运输或多式联运所使用的运输单据外,必须提供已装船提单,才能凭以结汇和提货。

(2) 备运提单(Received for Shipment B/L):指表明货物已收妥但尚未装船的提单。提单内注有"Received for Shipment"字样,提单中只有签单日期没有装运日期,一般不能凭以结汇和提货。待货物装上船后,提单应加装船批注,从而构成已装船提单。

(3) 清洁提单(Clean B/L):指在提单签发时未被加注任何货损或包装不良之类批注的提单。结汇时如无特殊规定必须提供这种提单。

(4) 不清洁提单(Foul B/L):这种提单上被加注有货物或包装缺陷的批语,如无特殊规定一般不能凭以结汇。习惯上,托运人为取得清洁提单结汇,往往向承运人或其代理人出具保函,以换取清洁提单。

(5) 指示提单(Order B/L)这种提单在"收货人"栏内填写"凭指示"(To order)或"凭×××指示"(To order of ×××),指示提单可以通过背书的方法转让给他人提货。

(6) 记名提单(Straight B/L):指由托运人指定收货人的提单。这种提单在收货人栏内填写具体的收货人名称。托运人不得在记名提单上背书转让,但指定收货人可以转让。由于记名提单失去了它代表货物所有权转让流通的便利,银行也不愿接受记名提单作议付的凭证,因此,一般只有运输贵重物品或展览品时采用。

(7) 不记名提单(Blank B/L, Open B/L or Bearer B/L):指在收货人栏内只填交与持有人(To Bearer)的提单。这种提单不需背书即可转让。但是一旦提单遗失或被盗,货物就很容易被人提走,而且极易引起纠纷。所以这种提单在实务中应避免使用。

(8) 直达提单(Direct B/L): 指在运输过程中直接将货物从启运港运至目的港中间不转船的提单，或称直运提单。如信用证规定不许转船，必须提供这种提单，银行才能给予结汇。

(9) 转船提单(Transshipment B/L): 指货物自启运港装船后必须在中途港口改换另一条船才能将货物运至目的港，按此条件签发的包括全程运输的提单。只有信用证规定允许转船的情况下才能提供这种提单。

(10) 联运提单(Through B/L): 指货物在运输过程中须经两种或两种以上运输方式(例如海陆、海空、海海等)才能从启运港运至目的地，托运人只需在启运港办理一次手续即可得到一份包括全程的提单。这种提单的货物承运人只负责本段运输，并负责将货物移交给下段运输的承运人。如果是海海联运提单则与转船提单相同。

(11) 联合运输提单(Combined Transport B/L): 又称集装箱提单；是(集装箱)联合运输经营人签发给托运人包括全程运输的提单。全程运输可以是一种运输方式，也可以包括多种运输方式。联合运输提单与联运提单的区别在于联合运输提单是联合运输经营人签发，他对全程运输负责，但他本人并不一定承担运输，而联运提单的签发人必须是货物承运人或其代理人，他只对本段运输负责；联合运输提单第一程不一定是海运，所以不一定要注船名和装船日，而联运提单的第一程必须是海运，且必须注船名和装船日。

(12) 运输行提单(House B/L；Groupage B/L): 指由运输代理行以自己的名义签发的提单。这种提单只是运输行收到货物的收据，不可转让，也不能作为向承运人提货的凭证。银行通常不接受这种单据。

(13) 租船合约提单(Charter Party B/L): 指由承运人根据租船合同签发的提单。这种提单通常注明"一切条款、条件和免责事项按照×年×日的租船合同"(All terms and conditions as per charter party dated ××.)。

(14) 海运单(Sea Way Bill): 又称不可转让的海运单(Non-Negotiable B/L)，是承运人签发的用以证明海上运输合同以及货物已由承运人接管装载的凭据，是一种不可转让的运输单证。海运单的出现适应了 EDI 技术在国际贸易中的广泛使用，便于进口人及时提货，手续简便、节约费用，在一定程度上还可以防止有人以假单据行骗。

2. 海运提单的内容及缮制方法

1) 海运提单的内容

海运提单的内容分为正面内容和背面条款两部分，其中背面条款是印制好的固定内容。

国际公约和各国国内立法均对海运提单需要记载的内容作出了明确规定，以保证提单的效力。根据《中华人民共和国海商法》的规定，提单的主要内容包括以下几个方面。

(1) 货物的品名、标志、包装和件数、数量和体积以及运输危险货物时对危险性质的说明。
(2) 承运人的名称和营业地点。
(3) 船舶的名称。
(4) 托运人的名称。
(5) 收货人的名称。
(6) 装货港和在装货港接收货物的日期。

(7) 卸货港。

(8) 多式联运提单还要增加接收货物的地点和交付货物的地点。

(9) 提单的签发日期、地点和份数。

(10) 运费的支付。

(11) 承运人或者其代表的签字。

印刷在提单背面的条款通常是根据国际公约、各国法律和承运人规则而印制，对于托运人和承运人双方都有约束。不同的提单印制不同的条款，但基本相似，主要有以下条款。

(1) 首要条款(Paramount clause)。首要条款是明确提单所适用的法律的条款。

(2) 定义条款(Definition clause)。定义条款是对与提单有关的术语的含义和范围作出明确规定的条款。

(3) 承运人责任条款(Carrier's liability clause)。承运人责任条款是用以明确承运人承运货物过程中应承担的责任的条款。由于提单的首要条款规定了提单所适用的法律，而有关提单的国际公约或各国的法律规定了承运人的责任，所以，凡是列为首要条款或类似首要条款的提单都可以不再以明示条款将承运人的责任列于条款之中。

(4) 承运人责任期间条款(Carrier's period of responsibility clause)。承运人责任期间条款是用以明确承运人对货物运输承担责任的开始和终止时间的条款。《中华人民共和国海商法》第四十六条规定："承运人对集装箱装运的货物的责任期间，是指从装货港接收货物时起至卸货港交付货物时止，货物处于承运人掌管之下的全部期间。承运人对非集装箱装运的货物的责任期间，是指从货物装上船时起至卸下船时止，货物处于承运人掌管之下的全部期间。"另外，该条款还规定了承运人可以就非集装箱装运的货物在装船前和卸船后所承担的责任达成任何协议。

(5) 承运人赔偿责任限制条款(Limit of liability clause)。承运人赔偿责任限制条款是用以明确承运人对货物的损坏和灭失负有赔偿责任应支付赔偿金时，承运人对每件或每单位货物支付的最高赔偿金额的条款。

(6) 特定货物条款。特定货物条款是用以明确承运人在运输一些特定货物时应承担的责任和享有的权利，或为减轻或免除某些责任而作出规定的条款。在运输一些具有特殊性质或对运输和保管有特殊要求的货物时，就会在提单中找到类似的条款，如舱面货(Deck cargo)、危险货物(Dangerous goods)、冷藏货物(Refrigerated goods)、木材(Timber)、钢铁(Iron and steel)、重大件(Heavy lifts and awkward)等特定货物条款。

此外，提单背面还列有分立契约、赔偿与抗辩、免责事项，承运人的运价表，索赔通知与时效，承运人的集装箱，托运人的集装箱，货方的责任，运费与费用，承运人检查货物，留置权，通知与交付，货主装运的整箱货，共同海损与救助，互有过失碰撞责任，管辖权，新杰森条款(New Jason Clause)等。

海运提单样单如下所示。

海运提单样单

Booking No.		B/L NO.
1. Shipper Insert Name, Address and Phone		**CSC CONTAINER LINES** TLX: 33057 CSC CN FAX: +86(021) 4545 ××××
2. Consignee Insert Name, Address and Phone		**ORIGINAL** Port-to-Port or Combined Transport **BILL OF LADING**

3. Notify Party Insert Name, Address and Phone
(it is agreed that no responsibility shall attach to the Carrier or his agents for failure to notify)
		RECEIVED in external apparent good order and condition except as otherwise noted. The total number of packages or units stuffed in the container, the description of the goods and the weights shown in the Bill of Lading are furnished by the Merchants, and which the carrier has no reasonable means of checking and is not a part of this Bill of Lading contract. The carrier has issued the number of Bills of Lading stated below, all of this tenor and date, one of the original Bill of Lading must be surrendered and endorsed or signed against the delivery of the shipment and whereupon any other original Bills of Lading shall be void. The Merchants agree to be bound by the terms and conditions of this Bill of Lading as if each had personally signed this Bill of Lading.
		  SEE clause 4 on the back of this Bill of Lading (Terms continued on the back hereof, please read carefully).
		  *Applicable Only When Document Used as a Combined Transport Bill of Lading.

4. Combined Transport * Pre-carriage by	5. Combined Transport* Place of Receipt	
6. Ocean Vessel Voy. No.	7. Port of Loading	
8. Port of Discharge	9. Combined Transport* Place of Delivery	

Marks & Nos. Container Seal No.	No. of Containers or Packages	Description of Goods (If Dangerous Goods, See Clause 20)	Gross Weight (kg)	Measurement (m^3)
		Description of Contents for Shipper's Use Only (Not part of This B/L Contract)	Shippers load stow and count	

10. Total Number of Containers and /or Packages (in words)
    Subject to Clause 7 Limitation

11. Freight & Charges	Revenue tons	Rate	Per	Prepaid	Collect
Declared Value Charge					
Ex. Rate: Prepaid at		Payable at		Place and Date of Issue	
Total Prepaid		No. of Original B(s)/L		Signed for the Carrier	

Laden on Board the Vessel

Date

2) 海运提单的缮制方法

提单的内容是否符合要求，尤其是符合信用证的要求，直接关系到出口商的安全收汇问题。因此，提单的填制应当按照合同或信用证的要求，并符合有关法律或国际惯例的规定。提单的主要项目及填写规范如下。

(1) Shipper：托运人，通常填出口商的公司名称和地址。若信用证有特别的规定，则按信用证规定填写。根据《UCP600》规定，除非信用证另有规定外，银行将接受表明以信用证受益人以外的第三者作为托运人或发货人的运输单据。

(2) Consignee：收货人，这一栏是提单的"抬头"，必须严格按有关规定填写，制作记名抬头、不记名抬头或指示抬头。

(3) Notify Party：通知方，一般为进口商或其代理人，并写明其详细地址及电挂、电传、电话号，以便船舶到港后，承运人及时与其联系，做好报关提货准备。如果来证指定了被通知人，则按规定填写。

(4) Pre-carriage by：前程运输方式，如在海运以前还有第一程运输，填写第一程运输工具的名称。

(5) Place of Receipt：收货地点，指第一程运输时，货物装上运输工具的地点。

(6) Ocean Vessel Voy. No.：填载货船舶的名称和航次。如需转船运输，还须注明第二程船船名。

(7) Port of Loading：装货港，填写实际装船港口的名称。如果信用证上装货港的规定比较笼统(如"China")，在制作提单时，由于装货港已经确定，则应把具体的港口名称填上。

(8) Port of Discharge：填写卸货港的名称。如果是直达运输，卸货港就是最后的目的港。

(9) Place of Delivery：交货地，有些货物在卸货港卸下后还要使用其他运输工具运往内陆地点，则填写该票货物最终交付的地点名称。

(10) Marks & Nos.：运输标志。一般情况下，运输标志只有一个，有时也会有两个或更多，制单时照样打上。当运输标志过多以至提单上无法打全时，此栏在缮制时留空，由托运人提供打印好的唛头纸一式数份，并粘贴在此处。若该票货物没有运输标志，则在该栏注明"N/M"字样。

(11) Nos. and Kinds of Pkgs.：填写包装的材料和货物包装后的总件数。如货物为散装货或裸装货，应填上"In bulk"(散装)或"In bundle"(捆装)或"Nude cargo"(裸装)。

(12) Description of Goods：货物的描述，简称为"货描"。一般应与合同或信用证上的所列货名相同。提单上的货物名称，根据《UCP600》的规定，允许使用统称，而不必列出详细规格，但应注意不能与来证规定的货物名称有抵触。

(13) Gross Weight：毛重，填写货物装箱后的总重量，以千克(kg)为计量单位，并保留一位小数。

(14) Measurement：尺码，填写货物装箱后的总体积，以立方米(m^3)为计量单位，并保留三位小数。

(15) Total Number of Containers or Packages(in words)：用大写列明集装箱或包装的总件数，标准写法是：Say…Only，如 Say one hundred and twenty cartons only。

(16) Freight Charges：运费和费用，此栏填写"运费预付"(Freight Prepaid)或"运费到付"(Freight to Collect)的情况。运费的具体金额一般可不填写，除非信用证规定需列明该项费用金额。

(17) NO. of Original B/L：正本提单的份数，应按信用证的要求签发。如果来证要求提供"Full set B/L"，一般签发1份或1份以上的正本提单。填写时，用英文数字表示，如"Two"或"Three"。

(18) Loading on Board the Vessel Date：货物装船日期，填写货物实际装船完毕的日期。

(19) Place and Date of Issue：提单签发地点和日期，签发地点应填货物实际装船的港口名称，签发日期应与装船日期相同，即货物装船完毕的日期。

(20) Signed for the Carrier：承运人签字，提单只有经承运人签字后方为有效。若由承运人代理代签时，必须注明"As Agent"字样。

(21) B/L NO.：提单号码，由船公司编制提供。

3. 海运提单的应用

1) 提单的确认

提单的确认包括提单内容的确认和提单签发人、签发日期、签发地点、签发份数的确认。在信用证项下，提单的确认应严格做到"单单相符、单证相符、单货相符"，并符合《UCP600》有关运输单据的规定。

提单确认有以下两个环节。

(1) 托运人在报关后开船前的确认。托运人在报关后将提单的每一项内容按照托运单输入规定格式的电子提单中，然后打印成纸质"提单确认样张"。将此样张传真或电子传送给委托人，在载货船舶起航之前进行书面核对，及时修改，并将修改后的"提单确认样张"保存在电脑规定的文档中。

(2) 当货物装上船离境后的确认。将已经委托人确认后的"提单确认样张"打印在承运人规定格式的提单上，持凭有承运人签收的"场站收据"或持凭有EDI系统显示海关"已放关和货已装运"的装运记载，交由承运人盖章并签发正本提单。取得提单后应再核对承运人签发的日期、地点、份数，使签发的提单同时符合信用证要求和《UCP600》中对签单人的有关规定。

2) 提单的背书

提单是"物权凭证"，不论是记名提单、不记名提单，还是指示提单，收货人在持凭提单换取提货单时都要在提单上载有提货意思的表示。通常由收货人在提单背面上盖章、签字。

按国际惯例，记名提单不得转让；不记名提单无须背书即可转让，此单提货时的盖章、签字仅仅是记载提货的表示；指示提单必须经过记名背书或空白背书才可以转让，此单提货时的盖章、签字才是真正意义上提单的背书。背书的形式有如下几种。

(1) 记名背书。记名背书是指背书人在提单背面写明被背书人(受让人)的名称，并由背书人签名的背书形式。经过记名背书的提单成为记名提单性质的指示提单。

(2) 不记名背书。不记名背书也称为空白背书，是指背书人在提单背面由自己签名但不记载任何受让人的背书形式。经过空白背书的提单成为不记名提单性质的指示提单。

(3) 指示背书。指示背书是指背书人在提单背面写明"凭×××指示"的字样，同时由背书人签名的背书形式。经过指示背书的指示提单还可以继续进行背书，但背书必须连续。

3) 提单的更改

在实际业务中，有时货物已经装船，提单也已签发，但由于某种原因，托运人或订舱人提出更改提单内容的要求。

一般来说，涉及提单更改的内容主要有：发货人、收货人和被通知人的更改，货物名称、件数、重量和尺码的更改，货物包装形式变更运输，标志更改，卸货港的变更运费，支付形式的更改，运输条款的变更等。

托运人提出更改提单内容，应注意以下事项。

(1) 对已签发的正本提单要求更改的，应尽量赶在船舶开航之前办理，以减少因更改提单产生的费用和手续。

(2) 若在船舶开航后，需要更改提单内容的，必须提供正式的书面申请和保函及银行担保，并填写"提单更改单"，经船公司或部门领导确认后方可办理。修改后的提单必须明确通知船公司和中转港代理或卸货港代理。

(3) 因提单的更改而需要重新签发提单的，托运人或订舱人应交还原先已签发的全套正本提单。

(4) 对于提单缮制过程中出现的个别字母差错，该字母的差错不影响该词或语句含义的，签单人可以加盖更正章予以更正。但每一份提单的更改最多为三处，否则必须重新缮制并签发。此外，船公司对手签提单的更改是从严掌握的。

4)《UCP600》对海运提单的相关规定

(1) 无论其称谓如何，必须包含以下几个要素。

① 显示承运人名称并由下列人员签署。

a．承运人或承运人的具名代理或代表，船长或船长的具名代理或代表。

b．承运人、船长或代理的任何签字必须分别表明承运人、船长或代理的身份。

c．代理的签字必须显示其是否作为承运人或船长的代理或代表签署提单。

② 通过下述方式表明货物已在信用证规定的装运港装载上具名船只。

a．预先印就的措辞，或

b．注明货物已装运日期的装船批注。

提单的出单日期将被视为装运日期，除非提单包含注明装运日期的装船批注，在此情况下，装船批注中显示的日期将被视为装运日期。

如果提单包含"预期船"字样或类似有关限定船只的词语，装上具名船只必须由注明装运日期以及实际装运船只名称的装船批注来证实。

③ 注明装运从信用证中规定的装运港至卸货港。如果提单未注明以信用证中规定的装货港作为装运港，或包含"预期"或类似有关限定装货港的标注者，则需要提供注明信用证中规定的装货港、装运日期以及船名的装船批注。即使提单上注明印就的"已装船"或"已装具名船只"措辞，本规定仍然适用。

④ 系仅有的一份正本提单，或者，如果出具了多份正本，应是提单中显示的全套正本份数。

⑤ 包含承运条件须参阅包含承运条件条款及条件的某一出处(简式或背面空白的提单)者，银行对此类承运条件的条款及条件内容不予审核。

⑥ 未注明运输单据受租船合约约束。

(2) 就本条款而言，转运意指在信用证规定的装货港到卸货港之间的海运过程中，将货物从一艘船卸下再装上另外一艘船的运输。

(3) 只要同一提单包括运输全程，则提单可以注明货物将被转运或可被转运。银行可以接受注明将要发生或可能发生转运的提单。即使信用证禁止转运，只要提单上证实有关货物已由集装箱、拖车或子母船运输，银行仍可接受注明将要发生或可能发生转运的提单。

(4) 对于提单包含的声明承运人保留转运权利的条款，银行将不予置理。

5) 倒签提单

倒签提单是指在货物装船完毕后，承运人或其代理人应托运人的要求，由承运人或其代理人签发提单，但提单上的签发日期早于该批货物实际装船完毕的日期，以符合信用证装运期的规定。这种倒填日期签发的提单称为倒签提单。

表面上倒签提单使得提单签发日期与信用证规定的装运期相吻合，方便了结汇，但它改变不了实际开航日期和抵达日期的真实情况。一旦这种倒签日期预先没有征得收货人同意而被发现，后果是严重的。承运人的这种倒签提单行为虽然是在托运人的正式请求下进行，但也要承担由此而带来的风险和责任。

6) 过期提单

过期提单是指出口商取得提单后未能及时到银行，或过了银行规定的交单期限未议付的提单，习惯上也称为滞期提单。

按照《UCP600》规定，凡超过发运日期21个日历日后提交的提单为过期提单，但在任何情况下都不得迟于信用证的截止日。如信用证效期或信用证规定的交单期早于此限期，则以此效期或规定的交单期为最后期限。

一般银行不接受过期提单，但过期提单并非无效提单，提单持有人仍然可持凭要求承运人交付货物。

7) 预借提单

由于信用证发运日和截止日都将到期而货物因故尚未装船，或已开始装船尚未完毕，在这种情况下，托运人为了交单结汇往往向承运人或其代理人提出预先签发并借到"已装船提单"，这种行为称为预借，借得的提单称为预借提单。

预借提单必然是倒签提单，承运人承担的风险比倒签提单更大。按照许多国家的规定，承运人签发预借提单将丧失享受责任限制和免责的权利。

8) 电子提单

电子提单(Electronic Bill Of Lading)是为适应EDI需要而设计的非书面化提单，每个环节包括签发、通知、放货，都是以电子报文和回执确认的方式进行。承运人在接收发货人货物后给予发货人一个收到货物的电子报文，该报文中除了纸质提单的正面全部内容外，还包括一个传输电讯报文的"密码"，发货人收到后必须确认该项收讯，承运人或其代理人根据该项确认认可发货人为提单持有人。如果提单持有人要求承运人放货或指定收货人或向另一方转让货物，都必须用含有该"密码"的电讯报文通知承运人或其代理人。

电子提单转让时由原持有人向承运人发出通知并指明受让人的名称和详细地址，承运人据以向受让人发出电讯回执，以示同意。如受让人电讯确认接受转让，承运人销毁"原密码"，并向新收货人发出一个"新密码"，并已确认。电子提单每经过一次转让，都须换一个新密码。

电子提单的所有电讯都通过EDI程序处理，其电子数据等同于书面形式。在承运人交货之前的任何时间，提单持有人都有权索要书面提单或保持电子提单。

9) 电放提单

在货物装船完毕，承运人或其代理人已经签发了提单或已将提单交给了托运人，应托运人的要求，承运人或其代理人收回全套正本提单，并以电传、传真、电子文件、电报等形式通知其在卸货港代理将货交给提单收货人。这种操作方式称为"电放"，这种方式下的提单称为"电放提单"。在实际业务中，主要有以下两种电放提单形式。

(1) 承运人或其代理人在每张正本提单上加盖"电放(Surrendered)或(Telex Release

Original B/L)"字样的图章,并将盖章后的提单发送给承运人卸货港代理,凭以放货。

(2) 承运人或其代理人收回全套正本提单,出具一张"息放电文"并发送给其卸货港代理,凭以放货。

值得注意的是,对于不记名提单或记名提单中收货人通信方式不详细者,以及运费未结清和提单正本份数不齐全者,承运人或其代理人不接受电放。

6.2.2 其他运输单据缮制方法的简要介绍

1. 不可转让的海运单

不可转让海运单是海上运输合同的证明和货物收据,它不是物权凭证,不可背书转让。从作用上看,提单是承运人收到托运人货物的收据;是承运人与托运人之间运输合同契约的证明;是收货人在货物到达地提取货物的物权凭证。作为物权凭证,海运提单是可以转让的运输单据。而海运单据不是物权凭证,不可以背书转让。从内容上看,提单有正反两面内容,而海运单仅有正面内容。提单的背面一般印有各种条款,受国际规则《海牙规则》、《海牙-维斯比规则》、《汉堡规则》等制约。提单中托运人是运输契约的关系人,有权对承运人提出任何主张。但是不可转让的海运单背面一般没有任何条款,海运单中的托运人无权对承运人提出任何主张。

如果信用证没有表示可接受不可转让海运单时,银行不能接受。不可转让的海运单的正面内容与提单基本一致,其主要内容和缮制规范不再赘述。

目前,不可转让海运单在货运代理公司的拼箱业务中或跨国总公司与其子公司,或与其相关公司间采用汇付、托收结汇方式时使用较多,对于贸易双方交往悠久、彼此信任、关系密切的业务,货物价值低、数量少,或样品的业务和出口商已收到买方部分或全部货款的业务,也常采用海运单。

2. 航空运单

航空运单是航空运输公司及其代理人(即承运人)签发给托运人表示已收妥货物并接受托运的货物收据。航空运单也是承运人与托运人之间签订的运输契约,不仅应有承运人或其代理人签字,还必须有托运人签字。航空运单还可作为核收运费的依据和海关查验放行的基本单据。但是它不同于提单,不能凭以提取货物,也不能背书转让,并且必须做成记名抬头。

航空运单正本一式三份,分三种不同的颜色:蓝色的交托运人,绿色的承运人留存,粉红色的随货同行,在目的地交收货人。副本至少六份,有需要还可增加份数,分别发给代理人、目的港,第一、第二、第三承运人和用做提货收据。副本除提货收据为黄色,其余均为白色。

航空运单与海运提单类似也有正面、背面条款之分,不同的航空公司也会有自己独特的航空运单格式。但各航空公司所使用的航空运单大多借鉴 IATA(IATA 系"International Air Transport Association"的简写)所推荐的标准格式,差别不大,在此介绍一下主要的栏目内容。

1) 货运单号码

货运单号码(Air Waybill Number)应清晰地印在货运单的左右上角及右下角。编号的前三位是 IATA 统一编制的航空公司代码,如我国的国际航空公司的代码就是 999,后面的数码是由航空公司填入的货运单序号及检验号。

2) 始发站机场

需填写 IATA 统一制定的始发站机场(Airport of Departure)三字代码(如果始发地机场名称不明确,可填制机场所在城市的 IATA 三字代码)。

3) 托运人栏

托运人栏(Shippers Name and Address)填写托运人姓名(名称)、地址、国家(或国家两字代号)以及托运人的电话、传真、电传号码等联络方法。信用证方式下必须与受益人名称地址一致。

4) 发货人账号(Shippers Account Number)

此栏不需填写,除非承运人需要。

5) 收货人姓名、住址(Consignee's Name and Address)

应填写收货人姓名(名称)、地址、所在国家(或国家两字代号)以及收货人的电话、传真、电传号码等联络方法。与海运提单不同,因为航空运单不可转让,所以"凭指示"之类的字样不得出现。

6) 收货人账号(Consignee's Account Number)

同 4)一样只在必要时填写。

7) 承运人代理的名称和所在城市(Issuing Carder's Agent Name And City)

若运单由承运人的代理人签发,本栏填写实际代理人的名称及城市名;如果运单直接由承运人本人签发时,此栏可不填。

8) 代理人的 IATA 代号(Agent's IATA Code)

代理人的国际航协代号:一般可不填。

9) 代理人账号(Account Number)

本栏一般不需填写,除非承运人需要。

10) 始发站机场及所要求的航线(Airport of Departure and Requested Muting)

此栏填制与 2)(即第 2 栏)中一致的始发站机场或所在城市的名称即可。

11) 运输路线和目的站(Muting and Destination)

(1) 至(第一承运人)To(By First Carrier)。如无转运,填制目的站机场名称;如需转运,填第一个转运点的 IATA 三字代码;By First Carrier,填制第一承运人的全称或 IATA 两字代码。

(2) 至(第二承运人)To(By Second Carrier)。填制目的站机场或第二个转运点的 IATA 三字代码;By Second Carrier,填制第二承运人的全称或代码,以此类推。

12) 财务说明(Accounting Information)

此栏填制与费用结算有关的事项。货物到达目的站无法交付收货人而需退运的,应将原始货运单号码填入新货运单的本栏内。

13) 货币(Currency)

填制始发国的 ISO(国际标准化组织)货币代码。

14) 运费代号(CHGS code)

表明支付方式,一般不需填写。

15) 运费及声明价值费(WT/VAL,Weight Charge/Valuation Charge)

WT/VAL 航空运费(根据货物计费重量乘以适用的运价收取的运费)和声明价值费。声明价值费是指下面 16)项向承运人申报价值时,必须与运费一起交付声明价值费。若该栏费用是预付,则在 PPD 栏(Prepaid)栏内打"×";若是待付,则在 COLL(Collect)内打"×",此栏应注意与 12)项保持一致。

16) 其他费用(Other)

在始发站的其他费用预付和到付。

17) 供运输用声明价值(Declared Value for Carriage)

在此栏填入发货人要求的用于运输的声明价值，一般可按发票金额填列。如果发货人不要求声明价值，则填入"NVD(No value declared．无申报价值)"。

18) 海关声明价值(Declared Value for Customs)

此栏所填价值是提供给海关的征税依据。当以出口货物报关单或商业发票作为征税标准时，本栏可空白不填或填"AS PER INV．"；如果货物系样品等数量少且无商业价值，可填"NCV"(No Customs Valuation)，表明没有商业价值。

19) 目的地机场(Airport of Destination)

填写最终目的地机场的全称。

20) 航班及日期(Flight/Date)

本栏一般不需填写，除非参加运输各有关承运人需要。

21) 保险金额(Amount of Insurance)

只有在航空公司提供代保险业务而客户也有此需要时才填写。

22) 运输处理注意事项(Handling Information)

可在本栏填写需要注明的内容，如被通知人、飞机随带的有关商业单据名称、包装情况、发货人对货物在途时的某些特别指示、对第二承运人的要求等。

23) 货物件数和运价组合点(No．of pieces，Rate Combination Point)

填入货物包装件数，如 10 包即填"10"。如果使用非公布直达运价计算运费时，在件数的下面还应打印运价组合点城市的 IATA 三字代码。

24) 毛重

适用于运价的货物实际毛重(Gross Weight)(以千克为单位时可保留至小数后一位)。

25) 重量单位(kg/lb)

以千克为单位用代号"K"；以磅为单位用代号"L"。

26)运价等级(Rate Class)

针对不同的航空运价共有十种代码。

(1) M——最低运费(Minimum Charge)。

(2) N——45 千克以下(或 100 千克以下)货物适用的普通货物运价(Normal Rate)。

(3) Q——45 千克以上货物适用的普通货物运价(Quantity Rate)。

(4) C——指定商品运价(Specific Commodity Rates)。

(5) R——等级货物附减运价(Class Rate Reduction)。

(6) S——等级货物附加运价(Class Rate Surcharge)。

(7) U——集装化设备基本运费或运价(Unit Load Device Basic Charge or Rate)。

(8) E——集装化设备附加运价(Unit Load Device Additional Rate)。

(9) X——集装化设备附加说明(Unit Load Device Additional Information)。

(10) Y——集装化设备折扣(Unit Load Device Discount)。

27) 商品代码(Commodity Item No.)

在使用特种运价时需要在此栏填写商品代码。使用指定商品运价时，该栏打印指定商品品名代号；使用等级货物运价时，此栏打印附加或附减的比例(百分比)；如果是集装货物，打印集装货物运价等级。

28) 计费重量(Chargeable Weight)

此栏填写航空公司据以计算运费的计费重量,该重量可以与货物毛重相同也可以不同。

29) 运价(Rate/Charge)

填写该货物适用的费率。

30) 运费总额

填写收运费的总额(Total),即计费重量与适用费率的乘积。

31) 货物的品名、数量,含尺码或体积(Nature and Quantity of Goods incl. Dimensions or Volume)

填合同或信用证中规定的货物的名称和数量(数量指尺码或体积)。尺码应以厘米或英寸为单位,尺寸分别以货物最长、最宽、最高边为基础;体积则是上述三边的乘积,单位为立方厘米或立方英寸。

32) 计重运费,预付或待付(Weight Charge,Prepaid/Collect)

在对应的"预付"或"到付"栏内填写按重量计算的运费额。

33) 声明价值费、税费(Valuation Charge、Tax)

声明价值费和适用的税款与货物计重运费一起必须全部预付或到付。

34) 其他费用(Other Charges)

指除运费和声明价值附加费以外的其他费用。根据 IATA 规则,各项费用分别用三个英文字母表示。其中,前两个字母是某项费用的代码,第三个字母是 C 或 A,分别表示费用应支付给承运人(Carrier)或货运代理人(Agent)。

35) 代理人收取的其他费用

预付或到付由代理人收取的其他费用(Total Other Charges Due Agent)。

36) 承运人收取的其他费用(Total Other Charges Due Carrier)

预付或到付由承运人收取的其他费用。

37) 预付费用总额/到付费用总额(Total Prepaid/Total Collect)

指预付或到付的运费及其他费用总额。

38) 托运人签字栏(Signature of Shipper or His Agent)

打印托运人名称并令其在本栏内签字或盖章。

39) 承运人填写栏

一般填写三方面内容,包括:签发本运单的日期、地点和承运人或代理人签字。签发运单的日期也就是本批货物的装运日期,如果信用证规定运单必须注明实际起飞日期,则以该所注的实际起飞日期作为装运日期,本栏的日期不得晚于信用证规定的装运日期。签发运单的地点指飞机场或装运地城市的全称或缩写。承运人或其代理人签字,和提单一样需表明签字人的身份。如果是承运人签字,需加注"As Carrier";如果是代理人签字,需加注"As Agent"。

3. 铁路运单

铁路运单是铁路运输合同的证明,是承运人收到货物的证据和交货凭证,其主要内容包括以下几个方面。

1) 单据名称(Title)

根据《UCP600》规定,铁路运单,无论名称如何,必须表明承运人名称,并由承运人或其具名代理人签署，或者由承运人或其具名代理人的签字、印戳或批注表明货物收讫，并表明信用证规定的发运地和目的地，银行可以接受。

2) 发货地和目的地(Place of Receipt and Place of Delivery)

根据《UCP600》规定，铁路运单，必须表明信用证规定的发运地和目的地。

3) 收货人(Consignee)

如果信用证没有特殊规定，这类单据必须制成记名抬头，不允许指示抬头或空白抬头。

4) 转运条款(Transshipment Terms)

公路、铁路或内陆水运中的转运，是指从信用证规定的发运、发送或运送地点到目的地之间的运输过程。在同一运输方式中从一运输工具卸下再装上另一运输工具的行为。

根据《UCP600》规定，只要全程运输由同一运输单据涵盖，铁路运单可以注明货物将要或可能被转运。即使信用证禁止转运，注明将要或者可能发生转运的铁路运单仍可接受。

5) 正本

根据《UCP600》规定，铁路运输单据必须看似为开给发货人或托运人的正本(Original)，或没有任何标记表明单据开给何人。注明"第二联"的铁路运输单据将被作为正本接受。无论是否注明正本字样，铁路或内陆水运单据都被作为正本接受。如运输单据上未注明出具的正本数量、提交的份数即视为全套正本。

6) 出具日期和发运日期(Issuing Date and Shipment Date)

根据《UCP600》规定，铁路运单的出具日期将被视为发运日期，除非运输单据上盖有带日期的收货印戳，或注明了收货日期或发运日期。

7) 签发或证实(Sign or Authenticate)

根据《UCP600》规定，铁路运单，表明承运人名称并由以下人员签署。

(1) 承运人或其具名代理人，或承运人或其具名代理人以签字、印戳或批注表明货物收讫。

(2) 承运人或其具名代理人的收货签字、印戳或批注必须标明其承运人或代理人的身份。代理人的收货签字、印戳或批注必须标明其代理人系代表承运人签字或行事。

8) 更正处

铁路运单的更正处(Correction)必须有承运人或其具名代理人的证实或小签。

4. 公路运单

公路运单是公路运输合同的证明，是承运人收到货物的初步证据和交货凭证，其主要内容包括以下几个方面。

1) 单据名称

根据《UCP600》规定，公路运单，无论名称如何，必须表明承运人名称，并由承运人或其具名代理人签署，或者由承运人或其具名代理人的签字、印戳或批注表明货物收讫，并表明信用证规定的发运地和目的地，银行都接受。

2) 发货地和目的地

根据《UCP600》规定，公路运单，必须表明信用证规定的发运地和目的地。

3) 收货人

如果信用证没有特殊规定，这类单据必须制成记名抬头，不允许指示抬头或空白抬头。

4) 转运条款

根据《UCP600》规定，只要全程运输由同一运输单据涵盖，公路运单可以注明货物将要或可能被转运。即使信用证禁止转运，注明将要或者可能发生转运的公路运单仍可接受。

5) 正本

根据《UCP600》规定，公路运输单据必须看似为开给发货人或托运人的正本(Original)，或没有任何标记表明单据开给何人。注明"第二联"的公路运输单据将被作为正本接受。无论是否注明正本数量，公路或内陆水运单据都被作为正本接受。如运输单据上未注明出具的正本数量，提交的份数即视为全套正本。

6) 出具日期和发运日期

根据《UCP600》规定，公路运单的出具日期将被视为发运日期，除非运输单据上盖有带日期的收货印戳，或注明了收货日期或发运日期。

7) 签发或证实

根据《UCP600》规定，公路运单，表明承运人名称并由以下人员签署。

(1) 承运人或其具名代理人，或承运人或其具名代理人以签字、印戳或批注表明货物收讫。

(2) 承运人或其具名代理人的收货签字、印戳或批注，必须标明其承运人或代理人的身份。代理人的收货签字、印戳或批注必须标明其代理人系代表承运人签字或行事。

8) 更正处

公路运单的更正处必须有承运人或其具名代理人的证实或小签。

5. 国际多式联运单证

在世界经济迅猛发展的今天，国际贸易方式、货物交接方式、交接时间、交接地点、交接者和费用结算方式等方面都随之发生了许多变化，一直占据主要地位的海运方式随之也被注入了许多新的联合运输内容，包括海空联运、海铁联运、空陆联运、陆海联运等多种国际联运方式。

国际多式联运是指按照国际多式联运合同，以两种或两种以上不同的运输方式，由多式联运经营人将货物从一国境内接管货物的地点运至另一国境内指定交付货物的地点。

多式联运单据(Multimodal Transport Document)是涵盖至少两种不同运输方式，由多式联运经营人或其具名代理人签发，用于证明多式联运合同货物已由多式联运经营人接管并承运，以及多式联运经营人据以保证交付货物的运输单据。多式联运单据内容和缮制要求包括以下几个方面。

1) 单据名称

根据《UCP600》规定，涵盖至少两种不同运输方式的运输单据(多式或联合运输单据)，无论名称如何，表明承运人名称并由承运人、船长或其具名代理人签署的，表明货物已被发送、接管或已装运的运输单据，都是多式联运单据。

2) 收货地和目的地

根据《UCP600》规定，通过事先印就的文字，或者表明货物已经被发送、接管或装运日期的印戳或批注，都表明货物已经在信用证规定的地点发送、接管或已装运。因此，有时单据上的收货地或目的地不同于装货港、起运机场、装货地点或卸货港、目的地机场，它是具

体的地名。

根据《UCP600》规定，即使多式联运单据另外还载明了一个不同的发送、接管或发运地点或最终目的地，或者该运输单据载有"预期的"或类似的关于船只、装货港或卸货港的限定语，只要表明信用证规定的发送、接管或发运地点，以及最终目的地，仍可接受。

3) 预期船只和预期港口(Intended Vessel and Intended Port)

在多式联运单据中允许载有"预期船只"、"预期装货港"或"预期卸货港"，或类似于关于船只、装货港或卸货港的限定语，只要表明信用证规定的发送、接管或发运地点，以及最终目的地，可接受。无须像海运提单那样加注已装船批注和船名或港口名。

4) 转运条款

多式联运的转运是指从信用证规定的发送、接管或者发运地点至最终目的地的运输过程中，从某一运输工具上卸下货物并装上另一运输工具的行为(无论其是否为不同的运输方式)。

根据《UCP600》，运输单据可以表明货物将要或可能被转运，只要全程运输由同一运输单据涵盖。即使信用证禁止转运，注明将要或者可能发生转运的运输单据仍可接受。

5) 承运条款

根据《UCP600》，载有承运条款(Shipment Terms)和条件，或提示承运条款和条件参见别处(简式/背面空白的运输单据)，银行将不审核承运条款和条件的内容。

6) 出具日期和发运日期

根据《UCP600》，多式联运单据的出具日期将被视为发送、接管或装运的日期，也即发运的日期。然而如单据以印戳或批注的方式表明了发送、接管或装运日期，该日期将被视为发运日期。

7) 签发或证实

根据《UCP600》，多式联运单据，必须表明承运人名称并由以下人员签署或证实。

(1) 承运人或其具名代理人，或船长或其具名代理人。

(2) 承运人、船长或代理人的任何签字，必须标明其承运人、船长或代理人的身份。代理人签字必须表明其系代表承运人还是船长签字。

8) 更正处

多式联运单据的更正处必须有承运人、船长或其具名代理人的证实或小签。

6. 邮政单据

国际邮政货物运输单据主要有包括：邮政收据、邮寄证明和专递收据。

邮政收据(Post Receipt)是邮政运输的主要单据，它是邮政部门收到寄件人的邮件后所签发注有寄发日期的货物收据，也是收件人凭以提取邮件的凭证；邮寄证明(Certificate of Posting)是邮局出具的证明文件，据此证明邮包确已寄出或单据确已寄发，并作为邮寄日期的证明；专递收据(Courier Receipt)是特快专递机构收到寄件人的邮件后签发的凭证。

在实际业务中，邮政部门或快递机构按寄发物件的不同，分别签发内容不完全相同的邮政收据或快递收据，并根据货主要求出具邮寄证明。在填写和使用邮政收据或快递收据时，应注意以下事项。

(1) 由于邮政收据和快递收据不是货物所有权凭证，不能流通转让，也不能凭以提取邮寄物件，所以，邮政收据和快递收据的抬头一律做成记名抬头。

(2) 邮政收据和快递收据的收件人通常为进口商。在信用证业务下,有时规定收件人做成进口地开证行。凡信用证有具体要求的,则按信用证要求填写。

(3) 若信用证要求提供邮政收据或快递收据,并规定交货期,那么,邮局或快递机构的日戳所载明的日期即为出口商的实际交货日期,该日期不得迟于信用证规定的最迟交货期。

(4) 当交货数量较多而将其分包寄发时,按《UCP600》规定:货物经邮寄或专递发运,含有一份以上快递收据、邮政收据或邮寄证明的交单,如果单据看似由同一快递或邮政机构在同一地点和日期加盖印戳或签字并且表明同一目的地,将不视为分批装运。

6.3 保险单据的缮制概述

1. 保险单的内容

目前,世界各国保险公司签发的海上货物运输保险单,并无统一格式,但其内容基本一致。我国进出口业务中使用的中国人民保险公司的保险单,它通常由正面内容和反面内容两部分组成。

保险单正面内容大致包括以下三个方面。

(1) 当事人建立保险关系的文字证明:保险人根据被保险人的要求,由被保险人交付约定的保险费,按照本保险单条件承保货物运输险。

(2) 被保险货物及相关运输情况:包括货物名称、唛头标记、包装及数量、保险金额,载货船名航次、启运港、卸货港、开航日期等。

(3) 保险人承保范围及赔偿责任文句:承保险别、赔款偿付地点,以及被保险货物遭遇风险可凭本保险单及有关证件给付赔款的声明。

保险单背面内容主要列明保险条款,它是保险单的重要内容,是确立保险人与被保险人之间权利义务关系的依据。内容包括:三种基本险别的责任范围和除外责任、责任起讫、被保险人的义务、索赔期限等。

保险单样单如下所示。

保险单样单

中国人民保险公司保险单

The People's Insurance Company of China Insurance Policy

发票号(Invoice No.)　　　　　　　　保单号次 Policy No.

合同号(Contract No.)　　　　　　　信用证号(L/C No.)

被保险人(Insured):

At the request of: _____

中国人民保险公司(以下简称本公司)根据被保险人的要求,由被保险人向本公司交付约定的保险费,按照本保险单承保险别和背面所列条款与下列特款承保下述货物运输保险,特立本保险单。

This policy of insurance witnesses that the People's Insurance Company of China(hereinafter called "the company")at the request of insured,and in consideration of the agreed premium paid to the company by the insured undertakes. To insure the under mentioned goods in transportation subject to the conditions of this policy,as per the clauses printed overleaf and other special clauses attached hereon.

标记 Marks & Nos.	数量及包装 Quantity	保险货物项目 Description of Goods	保险金额 Amount Insured

总保险金额 Total Amount Insured: _____

保费 _____ 启运日期: _____ 装载运输工具: _____
Premium_____ Date of Commencement_____ Per Conveyance: _____

自 _____ 经 _____ 至 _____
From_____ Via_____ To_____

承保险别: Conditions:

所保货物，如发生保险单项下可能引起索赔的损失或损坏，应立即通知本公司下述代理人查勘。如有索赔应向本公司提交保险单正本(共两份正本)及有关文件。如一份正本已用于索赔，其余正本自动失效。

In the event of loss damage which may result in a claim under this policy, immediate notice must be given to the company agent as mentioned hereunder claims. If any, one of the original policy which has been issued in two originals together with relevant documents shall be surrendered to the company. If the original policy has been accomplished, the others to be void.

赔款偿付地点 Insurance Agent: _____

Claim Payable at _____

出单日期 _____   中国人民保险公司上海市分公司
Issuing Date_____   The People's Insurance Company of China
                                        Shanghai Branch

2. 保险单的缮制

1) 被保险人

在出口业务中，通常买卖双方对货物的权利随单据的转移而转移，保险单中的可保利益(即货物)也随卖方转移给买方。因此，运输保险索赔几乎是由买方进行的，保险业务中的投保人和被保险人(Insured)的区别被单据转让掩盖了。按照习惯，人们在被保险人一栏中填出口公司的名称，一般为信用证的受益人。

2) 标记(Marks & Nos．)

唛头一栏填写货物的装运标志。

保险单据上的标记(Marks)应与发票上的完全一致。如果信用证对标记作出规定，也应与信用证的规定完全一致。如果信用证上未注明"Showing Marks and Nos."，标记的写法为"As per Invoice NO…Or as per B/L NO．…"；如果信用证上注明"Showing Marks and Nos．"，就要按照提单上的具体标记打印；如果信用证上规定"No Marks"，那么标记上就写"N/M"。

3) 数量

数量(Quantity)一栏填写商品的外包装标明的数量和种类。

4) 保险货物的项目

保险货物(Description of Goods)一栏填写商品的名称，可以用总称。

5) 保险金额

保险金额(Amount Insured)应按信用证规定的金额及加成率投保。如果信用证对此未做规定，一般是按发票金额加一成(即110%的发票金额)填写，但允许不按这个比例而按双方商定的比例计算填制，如允许加两成或更多。保险单上的保险金额应按"进一取整"的方法填写。例如，当保险金额计算为 USD11 324.12 时，那么在保险单据上应当填入 USD11 325。

6) 保险金额的总额

保险金额的总额(Total Amount Insured)一栏填写保险金额的大写形式，计价货币也应以全称形式填入。保险金额使用的货币应与信用证使用的货币一致。

7) 保费

保费(Premium)一栏已由保险公司在印刷保险单时填入"as arranged"字样，在填写保险单时无需填写。

8) 费率

费率(Rate)一栏基本上不需要由出口公司填写，保险公司已经在该栏目中印有"As Arranged"字样。

9) 运输工具

运输工具一栏填写装载船舶的名称，当运输需要两次完成时，本栏应分别填写第一航程的船名和第二航程的船名，例如，"WUYUEHUA/SHENLONG"。

10) 开航日期

开航日期一栏有三种填写方法：第一，填写提单签发日；第二，填写"As per B/L"；第三，填写单据签发前5天的任何一日。

11) 装运港和目的港

装运港和目的港一栏应填写起运地港口的名称和目的地港口的名称。该栏按照下列方法填写：from 装运港 to 目的港 via 转运港。

12) 承保险别(Conditions)

出口公司在制单时，只需在副本上填写承保险别一栏的内容。当全套保险单填好交给保险公司审核、确认时，才由保险公司把承保险别的详细内容加注在正本保险单上。

13) 单据份数

我国的保险公司出具的保险单据是一套五份，由三份副本、一份副联和一份正本构成。当信用证有规定时一律按照规定填写；当信用证没有特别说明时，出口公司一般提交一套保险单据，即正本一份、副本一份。

14) 理赔地点

如果买方指定了代理人，则理赔代理人必须在货物到达的目的港口的所在国内，那么这一栏填写目的地的名称，币种要与投保时的币种相同。

15) 签发日期

签发日期一栏填写保险单的签发日期。

特别提示

保险单的投保日期不得迟于提单的日期。

16) 投保地点(含理赔用货币)

投保地一栏填写装运港口的名称，理赔用货币加注在地点后如：NEWYORK IN USD。

3. 有关保险单据的若干规定

《UCP600》对信用证项下保险单据做了如下规定。

(1) 保险单据，例如保险单或预约保险项下的保险证明书或者声明书，必须看似由保险公司或承保人或其代理人或代表出具并签署。代理人或代表的签字必须标明其系代表保险公司或承保人签字。

(2) 如果保险单据表明其以多份正本出具，所有正本均须提交。

(3) 暂保单将不被接受。

(4) 可以接受保险单代替预约保险项下的保险证明书或声明书。

(5) 保险单据日期不得晚于发运日期，除非保险单据表明保险责任不迟于发运日生效。

(6) 保险单据必须表明投保金额并以与信用证相同的货币表示。信用证对于投保金额为货物价值、发票金额或类似金额的某一比例的要求，将被视为对最低保额的要求。

如果信用证对投保金额未作规定，投保金额须至少为货物的 CIF 或 CIP 价格的 110%。

如果从单据中不能确定 CIF 或者 CIP 价格，投保金额必须基于要求承付或议付的金额，或者基于发票上显示的货物总值来计算，二者之中取金额较高者。

保险单据须标明承保的风险区间至少涵盖从信用证规定的货物监管地或发运地开始到卸货地或最终目的地为止。

(7) 信用证应规定所需投保的险别及附加险(如有的话)。如果信用证使用诸如"通常风险"或"惯常风险"等含义不确切的用语，则无论是否有漏保之风险，保险单据将被照样接受。

(8) 当信用证规定投保"一切险"时，如保险单据载有任何"一切险"批注或条款，无论是否有"一切险"标题，均将被接受，即使其声明任何风险除外。

(9) 保险单据可以援引任何除外责任条款。

(10) 保险单据可以注明受免赔率或免赔额(减除额)约束。

本 章 小 结

(1) 运输单据和保险单据是办理运输和投保工作的主要凭证，其中运输单据是货物运输合同的证明，证明货物已由承运人接收或装船，具有物权凭证的作用。在国际货物运输中，提单是最具特色、最完整的运输单据。

(2) 保险单是保险合同证明，是获得保险公司理赔的依据。

练 习 题

一、单项选择题

1. 我国 A 公司以海运 CIF 贸易术语进口一批货物，国外卖方提交的海运提单上有关"运费支付"一栏应填写(　　)。
   - A. Freight Collect
   - B. Freight as Arranged
   - C. Freight Prepaid
   - D. Freight Payable at Destination

2. 经过背书才能转让的提单是(　　)
   - A. 指示提单
   - B. 转船提单
   - C. 记名提单
   - D. 不记名提单

3. 一票货物于 2009 年 4 月 10 日开始装船，并于同月 12 日全部装上船，同日船舶开航。如果在同月 11 日，应托运人要求，承运人签发已装船提单，则此提单被称为(　　)。
   - A. 倒签提单
   - B. 顺签提单
   - C. 预借提单
   - D. 备运提单

4. 不可转让海运单是(　　)。
   - A. 物权证书
   - B. 有价证券
   - C. 货物收据和海运合同的证明
   - D. 流通证券

5. 海运提单和多式联运提单的签发人分别是(　　)。
   - A. 船公司、船公司
   - B. 货运代理、船公司
   - C. 船公司、多式联运经营人
   - D. 承运人、货运代理

6. 根据《UCP600》的规定，保险单据应由(　　)签署。
   - A. 投保人
   - B. 保险公司或其代理人
   - C. 被保险人
   - D. 受益人

二、判断题

1. 国外开来信用证规定的装运期限为"after 12th May 2009"，则正本提单的装运日期应理解为在 2009 年 5 月 12 日或以后。(　　)

2. 装运期就是交货期。(　　)

3. 海运提单只有签发日期而没有已装船日期，按惯例，提单的签发日期可视为装船日期。如果海运提单上批注有已装船日期，则该批注的日期不得早于海运提单的签发日期。(　　)

4. 来证对提单没有特殊要求，有关提单的信用证条款如下："FULL SET OF CLEAN ON BOARD BILL OF LADING MADE OUT TO OUR ORDER, MARKED FREIGHT PREPAID NOTIFY APPLICANT."如果正本提单上没有特别标明开证人的名称和地址，则正本提单的被通知人应填写为"APPLICANT"。(　　)

5. 海运提单、铁路运单和航空运单都属于物权凭证，均可通过背书进行转让。(　　)

6. 多式联运提单必须在货物装上运输工具后签发。(　　)

第7章 官方单证的缮制

学习目标

知识目标： 掌握产地证的作用，报检、报关、出口收汇核销的流程。
能力目标： 能够缮制普通原产地证、普惠制产地证、报检单、报关单、出口收汇核销单。

产地证、报检、报关、出口收汇核销，是进出口业务中不可少的环节，报检单、报关单、出口收汇核销单缮制的好坏，直接关系到报检、报关、收汇核销能否成功，直接影响装运、交货的时间，这些环节如果出了问题则会导致整个交易的难以进行，严重的可能导致违约，因此，要能够清楚地了解整个报检、报关、出口收汇核销的流程，并能够正确地缮制相关的单据。

7.1 进出口许可证的缮制

7.1.1 什么是进出口许可证

进出口货物许可证是国家管理货物出境的法律凭证，包括法律、行政法规规定的各种具有许可进口或出口性质的证明、文件。它有以下三层含义。

(1) 进出口货物许可证是国家机关签发的具有法律效力的文件。进出口货物许可证是国家批准特定企业、单位进出口货物的文件。因此，进出口货物许可证不得买卖、转让、伪造和变卖。

(2) 进出口货物许可证是批准进出口特定货物的文件。

(3) 进出口货物许可证是一种证明文件。因此，凡实行进出口配额许可证管理和进出口许可证管理的商品，各类进出口企业应在进出口前按规定向指定的发证机构申领进出口许可证，海关凭进出口许可证接受和办理通关手续。

在我国，对于法律规定需要进出口许可证的产品，必须先拿到进出口许可证，海关才给予报关。

7.1.2 办理进出口许可证的流程

1. 申请

即由申领单位或个人(以下简称"领证人")向发证机关提出书面申请。同时也须向发证机关交验有关证件或材料——外贸公司凭合同正本(或复印件)，非外贸单位凭主管部门(厅、局级)的批准件。

2. 审核、填表

发证机关收到上述有关申请材料后进行审核。经同意后，由领证人按规定要求填写《中华人民共和国出口许可证申请表》。

3. 输入电脑

填好的出口许可证申请表，由申请单位加盖公章后送交发证机关，经审核符合要求的，由发证机关将申请表各项内容输入电脑。

4. 发证

发证机关在申请表送交后的三个工作日内，签发《中华人民共和国出口许可证》，一式四联，将第一、二、三联交领证人，凭以向海关办理货物出口报关和银行结汇手续。同时，收取一定的办证费用。

7.1.3 进出口许可证的缮制概述

出口许可证样单如下所示。

出口许可证样单 中华人民共和国出口许可证 EXPORT LICENCE OF THE PEOPLE'S REPUBLIC OF CHINA　　A 类	
申请单位　　　　编码 Exporter	出口许可证编号 License No.
发货单位　　　　编码 Consigner	许可证有效期 Validity
贸易方式 Terms of Trade	输往国家(地区) Country of Destination
合同号 Contract No.	收款方式 Terms of Payment
出运口岸 Port of shipment	运输方式 Means of Transport
唛头——包装件数 Marks & umbers ——Number of Packages	
商品名称 Description of Commodity	商品编码 Commodity No.

(续)

商品规格、型号 Specification	单位 Unit	数量 Quantity	单价 Unit Price	总值 Amount	总值折美元 Amount in USD
总计 Total					
备注 Supplementary Details			发证机关盖章 Issuing Authority's Stamp		
			发证日期 Signature Date		
商务部监制			本证不得涂改，不得转让		

出口许可证的具体内容如下。

1. 申请单位(Exporter)名称及编码

应填写有出口经营权的各类进出口企业的全称或有出口经营权的代理公司全称；若为非外贸单位经批准出口货物，此栏应填写该单位全称；编码按发证机关编定的电脑代码填写，共8位，无电脑数码的，填8个"0"。

2. 发货单位(Consigner)名称及编码

发货人一般与出口商是一致的，此栏一般填写出口公司的全称及统一编制的编码，与第一栏内容基本相同。

3. 出口许可证编号(License No.)

编号由发证机关统一排定。

4. 许可证有效期(Validity)

应填写许可证的到期日。
(1) 对实行"一批一证"制的许可证有效期从发证之日算起，最长不超过3个月。
(2) 对不实行"一批一证"制的许可证有效期发证之日算起，最长不超过6个月。
(3) 对超过有效期的许可证，最长可展期两个月，但须经发证机关批准并盖章。
(4) 出口指标应在有效年度内使用，跨年度指标视同作废。

5. 贸易方式(Terms of Trade)

该栏填写范围包括：一般贸易、边境贸易、协定贸易、易货贸易、补偿贸易、进料加工、来料加工、转口贸易、期货贸易、工程承包、外资企业进口、非贸易和租赁出口。出口单位根据实际情况，选填其中一种方式。

6. 合同号(Contract No.)

合同号是指申领许可证、报关及结汇时所用出口合同的编码。该栏应填写当次出口所凭借的成交合同号码，号码长度在 20 个(含 20 个)英文字母或阿拉伯数字之内。

7. 出运口岸(Port of Shipment)

此栏应填写海关验放货物允许出口的边境口岸，即装运港或出境口岸。此栏填写应明确、具体，且最多填写 3 个口岸。

8. 输往国家(地区)(Country of Destination)

此栏填写货物实际运达或买断的目的国家(地区)。本栏只能填写一个具体国家(地区)的准确全称，不能填写抵达的具体城市或港口全称。

9. 收款方式(Terms of Payment)

根据合同上的付款方式填写。

10. 运输方式(Means of Transport)

货物通关外运的方式可填写海上运输、铁路运输、公路运输、航空运输、邮政运输、自带等。

11. 唛头——包装件数(Marks & Numbers—Number of Packages)

此栏应按照发票内容填写。若为散装货物，此栏可不填写；若无唛头，则填写 N/M。

12. 商品名称及商品编码(Description of Commodity & Commodity No.)

此栏应按外经贸部发布的出口许可证管理商品名录的标准名称和统一编码填写。对不属于名录中的出口商品，商品名称填写"其他"，编码填写"9999"。

13. 规格等级(Specification)

此栏用于对出口商品作具体说明，包括具体品种、规格、等级等，出口货物必须与此栏说明的品种、规格或等级相一致。一份许可证该栏的填写数量最多不能超过 4 个，否则应另行填写出口许可证申请表。

14. 单位(Unit)

此栏应填写货物的计量单位。通常一次外运的货物作为一批，因此，商品计量单位栏常填写为"批"。

15. 数量(Quantity)

此栏填写出口许可证允许出口商品的多少，应填写实际出运数量。此栏允许保留一位小数，为数超出一位的，应四舍五入。计量单位为"批"的，数量填为"1"。

16. 单价(Unit Price)

此栏按合同成交单价填写，是与计量单位相一致的单位价格。计量单位为"批"的，此栏应填写商品价值的总金额，整体上将该商品作为单位商品对待。

17. 总值(Amount)

此栏为商品数量与单价的乘积，应与发票上列明的总值一致，小数部分应四舍五入取整。

18. 总值折美元(Amount in USD)

此栏填写由签证机关根据国家公布的外汇牌价将商品总值折算为美元的金额。

19. 总计(Total)

将各项目的合计数分别填入对应栏目。

20. 备注(Supplementary Details)

此栏为补充说明栏，填写以上各栏未尽事宜、需特别说明内容或需强调内容。非一批一证的需在此注明。

21. 发证机关盖章及发证日期(Issuing Authority's Stamp & Signature Date)

由发证机关盖章并填写发证日期。

7.2 原产地证书的缮制

原产地证明书是证明商品原产地，即货物的生产或制造地的一种证明文件，是商品进入国际贸易领域的"经济国籍"，是进口国对货物确定税率待遇、进行贸易统计、实行数量限制(如配额、许可证等)和控制从特定国家进口(如反倾销税、反补贴税)的主要依据之一。

原产地证明书一般有三大类：第一类是一般原产地证明书，第二类是普惠制原产地证明书，第三类是某些专业性原产地证明书。

本节先对一般原产地说明书做详细的介绍。

1. 一般原产地证

一般原产地证，即通常说的(Certificate of Origin，CO)，是原产地证的一种，其是用以证明有关出口货物生产地、制造地的一种证明文件，是在国际贸易行为中证明货物"原籍"的证书。在特定情况下进口国据此对进口货物给予不同的关税待遇。

在我国，凡符合《中华人民共和国进出口货物原产地条例》规定的出口产品均可申请办理一般原产地证明书。一般原产地证可以向中华人民共和国检验检疫局(CIQ)、中国国际贸易促进委员会(CCPIT)申请。

在国际贸易中，进口国要求出口国出具货物的原产地证明，已成为国际惯例，因此，一般原产地证是进行国际贸易的一项重要证明文件，归纳起来，具有以下几方面的作用。

(1) 确定产品关税待遇，提高市场竞争力的重要工具。现在世界上大多数国家，对从不同国家进口的商品，均使用不同的税率，而关税方面的差别待遇是根据货物的原产地决定的，一般原产地则是各国海关据以征收关税和实施差别待遇的有效凭证。

(2) 证明产品内在品质或结汇的依据。在国际贸易中，一般原产地还起到证明商品内在品质、提高商品竞争力的作用。

(3) 进行贸易统计的依据。

各国海关都承担对进出口货物进行统计的职责，原产地证则是海关用来对进口货物进行统计的重要依据。

(4) 货物进口国实行有差别的数量控制，进行贸易管理的工具。

2. 一般原产地证明书的缮制

一般原产地证明书样单如下所示。

第7章 官方单证的缮制

<table>
<tr><td colspan="2" align="center">一般原产地证明书
ORIGINAL</td></tr>
<tr><td>1. Exporter

2. Consignee</td><td>Certificate No.

Certificate of Origin
Of
The People's Republic of China</td></tr>
<tr><td>3. Means of transport and route

4. Country/region of destination</td><td>5. For certifying authority use only</td></tr>
<tr><td colspan="2">

6. Marks and numbers	7. Number and kind of packages; description of goods	8. H.S.Code	9. Quantity	10. Number and date of invoices

</td></tr>
<tr><td>11. Declaration by the exporter

    The undersigned hereby declares that the above details and statements are correct, that all the goods were produced in China and that they comply with the Rules of origin of the People's Republic of China.

Place and date, signature and stamp of authorized signatory</td><td>12. Certification

    It is hereby certified that the declaration by the exporter is correct.

Place and date, signature and stamp of certifying authority</td></tr>
</table>

一般原产地证明书的具体内容如下。

产地证书的编号(Certificate No.)栏不得留空，否则证书无效。

1) 出口方(Exporter)

填写出口公司的详细地址、名称和国家(地区)名。若经其他国家或地区，需填写转口商名称时，可在出口商后面填英文 VIA，然后再填写转口商名称、地址和国家。

2) 收货方(Consignee)

填写最终收货人名称、地址和国家(地区)名。若需填写转口商名称时，可在收货人后面加填英文 VIA，然后再写转口商名称、地址、国家。

3) 运输方式和路线(Means of transport and route)

填写装运港、目的港、运输方式。若经转运，还应注明转运地。

例如：通过海运，由上海港经香港转运至汉堡港，应填为
FROM SHANGHAI TO HAMBURG BY VESSEL VIA HONGKONG.

4) 目的地国家(地区)(Country/region of destination)

填写目的地国家(地区)。一般应与最终收货人或最终目的港(地)国别相一致，不能填写中间商国家名称。

5) 签证机构用栏(For certifying authority use only)

由签证机构在签发后发证、补发证书或加注其他声明时使用。证书申领单位应将此栏留空。一般情况下，该栏不填。

6) 运输标志(Marks and numbers)

填写唛头。应按信用证、合同及发票上所列唛头，填写完整图案、文字标记及包装号码。货物如无唛头，应填写"无唛头"(No Mark)字样。此栏不得空留，本栏目填写不够，可填写在第8、9栏内的空白处填写。

7) 商品描述、包装数量及种类(Number and kind of packages；description of goods)商品名称要填写具体名称，不得用概括性表述，例如服装、食品(Garment、food)等。包装数量及种类要按具体单位填写，应与信用证及其他单据严格一致。包装数量必须用英文和阿拉伯数字同时表示，如货物为散装，在商品名称后加注"散装"(In bulk)字样。有时信用证要求在所有单据上加注合同号码、信用证号等，可加注在此栏内。本栏的末行要打上表示结束的符号(**************)，以防增添内容。

8) 商品编码(H.S.Code)

此栏要求填写 HS 编码，应与报关单一致。若同一证书包含有几种商品，则应将相应的税目号全部填写。此栏不得空留。

9) 数量(Quantity)

此栏要求填写出口货物的数量及商品的计量单位。如果只有毛重，则需注明是"G.W."。

10) 发票号码及日期(Number and date of invoics)

填写商业发票号码及日期。此栏不得空留，为避免对月份、日期的误解，月份一律用英文表述。

例如 2011 年 3 月 15 日，则为：MARCH 15，2011。

11) 出口方声明(Declaration by the exporter)

填写出口人的名称、申报地点及日期，由在签证机构注册的人员签名，并加盖有中英文的印章。

12) 由签证机构签字、盖章(Certification)

填写签证地点、日期。签证机构签证人经审核后在此栏(正本)签名，并盖签证印章。

7.3 普惠制产地证的缮制

7.3.1 什么是普惠制产地证

普惠制产地证(form a or gsp form a)是根据发达国家给予发展中国家的一种关税优惠制度

——普遍优惠制，签发的一种优惠性原产地证。采用的是格式 A，证书颜色为绿色。目前给我国普惠制的国家有欧盟 27 国(英国、法国、德国、意大利、荷兰、比利时、丹麦、卢森堡、希腊、爱尔兰、葡萄牙、西班牙、瑞典、芬兰、奥地利、马耳他、塞浦路斯、波兰、匈牙利、捷克、斯洛伐克、斯洛文尼亚、爱沙尼亚、拉脱维亚、立陶宛、保加利亚、罗马尼亚)，以及挪威、瑞士、日本、加拿大、澳大利亚、新西兰、俄罗斯、乌克兰、白俄罗斯、哈萨克斯坦、土耳其、列支敦士登(共 39 个国家)。

普惠制要求达到以下两个条件，才能享受普遍优惠制。

1. 原产地标准

原产地标准是各给惠国分别对原产品概念所下的定义。原产地标准把原产品分为两大类：完全原产产品和含有进口成分的原产产品。

完全原产产品是指全部使用本国产的原材料或零部件，完全由受惠国生产、制造的产品。

含有进口成分的原产产品是指全部或部分使用进口(包括原产地不明)原料或零部件生产、制造的产品，这些原料或零部件在受惠国经过充分加工和制作，其性质和特征达到了"实质性改造"。

2. 直运规则

指受惠国原产品必须从该受惠国直接运往给惠国，其目的是保证运至给惠国的产品就是出口受惠国发运的原产品，避免在途经第三国时可能进行的再加工和被换包。

7.3.2 普惠制产地证的缮制概述

普惠制产地证样单如下所示。

普惠制产地证样单

1. Goods consigned from (Exporter's business name, address, country)	Reference No.
	GENERALIZED SYSTEM OF PREFERENCES CERTIFICATE OF ORIGIN
2. Goods consigned to (Consignee's name, address, country)	Issued in _____ (country) See Notes overleaf
3. Means of transport and route (as far as known)	4. For official use

(续)

5. Item number	6. Marks and numbers of packages	7. Number and kind of packages; description of goods	8. Origin criterion (see Notes overleaf)	9. Gross weight or other quantity	10. Number and date of invoices

11. Certification It is hereby certified, on the basis of control carried out, that the declaration by the exporter is correct. -- Place and date, signature and stamp of certifying authority	12. Declaration by the exporter The undersigned hereby declares that the above details and statements are correct, that all the goods were. 　　　　produced in_____ 　　　　　　　　　　　　(country) and that they comply with the origin requirements specified for those goods in the Generalized System of Preferences for goods exported to _____ Place and date, signature and stamp of authorized signatory

普惠制产地证的基本内容如下。

1. 出口方(Goods consigned from)

填写出口公司的详细地址、名称和国家(地区)名。若经其他国家或地区,需填写转口商名称时,可在出口商后面填英文 VIA,然后再填写转口商名称、地址和国家。

2. 收货方(Goods consigned to)

填写最终收货人名称、地址和国家(地区)名。若需填写转口商名称时,可在收货人后面加填英文 VIA,然后再写转口商名称、地址、国家。

3. 运输方式和路线(Means of transport and route)

填写装运港、目的港、运输方式。若经转运,还应注明转运地。

4. 签证机构用(For official use)

一般情况下此栏空白。

5. 商品顺序号(Item number)

按照商品品名顺序:"1"、"2"、"3"、"4"、"5"等,以此类推,不能只写最大的号。单项商品此栏填"1",也可以留空。

6. 唛头及包装号(Marks and numbers of packages)

此栏应与货物外包装和发票唛头一致。如无唛头应填"N/M"或"NO MARK"。

7. 包装数量及种类,商品的名称(Number and kind of packages; description of goods)

商品名称要填写具体名称,不得用概括性表述,例如服装(Garment)、食品(Food)等。包装数量及种类要按具体单位填写,应与信用证及其他单据严格一致。包装数量必须用英文和阿拉伯数字同时表示,如货物为散装,在商品名称后加注"散装"(In bulk)字样。有时信用证要求在所有单据上加注合同号码、信用证号等,可加注在此栏内。本栏的末行要打上表示结束的符号(**************),以防添加内容。

8. 完全原产"P"(Origin criterion)

不完全原产需根据不同的国别要求填写,具体如下。

加拿大:在两个或以上受惠国内加工"G",利用给惠国成分填"F",原产地标准——非原产成分的价值未超过产品出厂价的40%。

日本、挪威、瑞士、欧盟27国、土耳其:"W"和产品的四位HS品目号。

俄罗斯、白俄罗斯、乌克兰、哈萨克斯坦、捷克、斯洛伐克:在我国增值"Y"和非原产成分占产品FOB百分比,对在其他受惠国和我国生产的并在我国完成最后工序,"PK"原产地标准,非原产成分的价值未超过产品离岸价的50%。

输往澳大利亚、新西兰:此栏留空,原产地标准——非原产成分的价值未超过工厂成本价的50%。

此栏是普惠制产地证最重要的一栏,各国往往只看这一栏的填写是否正确来断定是否给予普遍优惠制。

9. 毛重或其他(Gross weight or other quantity)

以商品正常计量单位填,如"只"、"件"、"打"等。以重量计算的则填毛重,只有净重的,填净重,但要标上"N.W."或"net weight"字样。

10. 发票号码及日期(Number and date of invoices)

参照"一般原产地证明书"的具体内容。

11. 签证当局的证明(Certification)

此栏填写签证当局的签证地点、日期。如有企业异地签证必须填写签证所在地的签证地点。

12. 出口商声明(Declaration by the exporter)

此栏填写最终进口国名称,进口国必须与第三栏目的港国别保持一致。申请单位手签人员在此栏右下角签字，此栏盖单位中英文对照印章，不得出现除单位名外任何字样。

 特别提示

申请日期必须早于签证日期、晚于发票日期，极特殊情况下此三日期可以是同一天。

7.4 报检单的缮制

7.4.1 检验检疫的基本内容

1. 什么是检验检疫

在我国专门设置了出入境检验检疫机构，对出入境的货物、人员、交通工具、集装箱、行李邮包携带物等进行检验检疫，以保障人员、动植物安全卫生和商品的质量。

凡列入《商检机构实施检验的进出口商品种类表》(简称《种类表》)的进出口商品和其他法律、法规规定须经检验的进出口商品，必须经过出入境检验检疫部门或其指定的检验机构检验。法律法规规定须经检验检疫机构检验的进口商品的收货人，必须向卸货口岸或到达站的检验检疫机构办理进口商品登记；法律法规规定须经检验检疫机构检验的出口商品的发货人，应在规定地点和期限向检验检验机构报验。进出口商品检验包括品质检验、安全卫生、数量鉴定、重量鉴定等。

 特别提示

规定进口商品应检验未检验的，不准销售、使用；出口商品未经检验合格的，不准出口。

2. 需要申报报检的单位

(1) 有进出口经营权的国内企业。
(2) 入境货物收货人或其代理人。
(3) 出境货物生产企业或代理人。
(4) 中外合资、中外合作和外商独资企业。
(5) 国外企业、商社常驻中国代表机构等。
(6) 其他对外贸易关系人。

3. 检验检疫的流程

1) 报验(Application for Inspection)

指进出口商向商检机构申请检验，填写报验申请单，同时提交合同、信用证、成交样品及其他必要的资料。

 特别提示

出口报验的时间，一般在发运前7~10天。对于鲜货应在发运前3~7天。

2) 抽样(Sampling)

抽样时,按规定的方法和一定的比例,在货物不同部位抽取一定数量的、能代表全批货物质量的样品(标本),供检验之用。

3) 检验(Inspection)

接受报验后,研究检验项目,确定检验内容,仔细审核合同对品质、包装的规定,弄清检验依据,确定检验标准、方法,然后对抽样进行检验。

4) 签证(Visa)

出口方面,凡列入《种类表》内的出口货物,经检验合格后,签发出境货物通关单。

4. 报检须提供的单证

受理入境货物报检时,要求报检人填写报检单,提供外贸合同、发票、提单、装箱单以及入境货物通知单等单证;实施安全质量许可、卫生检疫注册的应提交有关证明文件复印件,并在报检单上注明文件号。

7.4.2 报检单的缮制概述

出境货物报检单样单如下。

出境货物报检单样单

中华人民共和国出入境检验检疫
出境货物报检单

报检单位 (加盖公章)				*编号		
报检单位登记号		联系人	电话	报检日期	年 月	日
发货人	(中文)					
	(外文)					
收货人	(中文)					
	(外文)					
货物名称(中/外文)	H.S.编码	产地	数/重量	货物总值	包装种类及数量	

运输工具名称号码		贸易方式		货物存放地点	
合同号		信用证号		用途	
发货日期		输往国家(地区)		许可证/审批号	
起运地		到达口岸		生产单位注册号	
集装箱规格、数量及号码					
合同、信用证订立的检验检疫条款或特殊要求		标记及号码		随附单据(划"√"或补填)	
				□合同	□包装性能结果单
				□信用证	□许可/审批文件
				□发票	□
				□换证凭单	□
				□装箱单	□
				□厂检单	□

(续)

需要证单名称(划"√"或补填)				*检验检疫费	
□品质证书	__正__副	□植物检疫证书	__正__副	总金额	
□重量证书	__正__副	□熏蒸/消毒证书	__正__副	(人民币元)	
□数量证书	__正__副	□出境货物换证凭单	__正__副	计费人	
□兽医卫生证书	__正__副	□			
□健康证书	__正__副	□		收费人	
□卫生证书	__正__副	□			
□动物卫生证书	__正__副	□			
报检人郑重声明： 1. 本人被授权报检。 2. 上列填写内容正确属实，货物无伪造或冒用他人的厂名、标志、认证标志，并承担货物质量责任。 签名：				领取证单	
				日期	
				签名	

注：有"*"号栏由出入境检验检疫机关填写　　◆国家出入境检验检疫局制

[1-2 (2000.1.1)]

报检单内容具体如下。

(1) 联系人：指报检人员姓名。

(2) 电话：指报检人员的联系电话。

(3) 报检日期：指报检当天的日期。

(4) 发货人：按合同、信用证中所列卖方名称填写，并录入其在检验检疫机构的注册代码。

(5) 收货人：按合同、信用证中所列买方名称填写。

(6) 货物名称：按合同、信用证上所列名称及规格填写。

(7) H.S.编码：按《协调商品名称及编码制度》中所列编码填写。以当年海关公布的商品税则编码分类为准，目前为10位。

(8) 产地：填写省、市、县名。

(9) 数/重量：按实际申请检验检疫数/重量填写。

(10) 货物总值：按合同或发票所列货物总值填写，需注明币种。

(11) 包装种类及数量：包装材料的种类和包装数量。

(12) 运输工具名称号码：运输工具的名称和号码。

(13) 合同号、信用证号：根据对外贸易合同填写，或填订单、形式发票的号码。

(14) 贸易方式：该批货物进口的贸易方式。

(15) 货物存放地点：注明具体地点、厂库。

(16) 发货日期：实际发货日期。

(17) 输往国家或地区：出口货物最终的销售国家或地区。

(18) 许可证/审批号：须办理出境许可证或审批的货物应填写有关许可证号或审批号。

(19) 生产单位注册号：出入境检验检疫机构签发的卫生注册证书号或加工厂注册号码等。

(20) 起运地：货物最后离境的口岸及所在地(申报换证凭条的应录入出境的具体口岸名称。

(21) 到达口岸：货物的入境口岸。

(22) 集装箱规格、数量及号码：货物若以集装箱运输应填写集装箱的规格、数量及号码。

(23) 合同订立的特殊条款以及其他要求：在合同中订立的有关检验检疫的特殊条款及其他要求应填入此栏。

(24) 标记及号码：货物的标记号码，应与合同、发票等有关外贸单据保持一致。若没有标记号码则填"N/M"。

(25) 用途：从以下9个选项中选择：① 种用或繁殖；②食用；③奶用；④观赏或演艺；⑤ 伴侣动物；⑥试验；⑦药用；⑧饲用；⑨其他。

(26) 随附单据：报检时随附的单据种类画"√"或补填。

(27) 签名：由持有《报检员证》的报检人员手签。

(28) 检验检疫费：由检验检疫机构计费人员核定费用后填写。

(29) 领取证单：报检人在领取证单时填写领证日期及领证人姓名。

7.5 报关单的缮制

7.5.1 报关的基本内容

1. 什么是报关

报关是指进出口货物收发货人，进出境运输工具负责人，进出境物品所有人或者他们的代理人向海关办理货物、物品或运输工具进出境手续及相关海关事务的过程，包括向海关申报、交验单据证件，并接受海关的监管和检查等。报关是履行海关进出境手续的必要环节之一。

按照法律规定，所有进出境运输工具、货物、物品都需要办理报关手续。报关的具体范围如下。

1) 进出境运输工具

进出境运输工具是指用以载用人员、货物、物品进出境，并在国际间运营的各种境内或境外船舶、车辆、航空器和驮畜等。

2) 进出境货物

进出境货物是指一般进出口货物、保税货物、暂准进出境货物、特定减免税货物，过境、转运和通用及其他进出境货物。

3) 进出境物品

进出境物品是指进出境的行李物品、邮递物品和其他物品。以进出境人员携带、托运等方式进出境的物品为行李物品，以邮递方式进出境的物品为邮递物品，其他物品主要包括享有外交特权和豁免的外国机构或者人员的公务用品和自用物品等。

2. 报关期限

报关期限是指货物运到口岸后，法律规定收货人或其代理人向海关报关的时间限制。根据《海关法》规定，出口货物应在货物装入运输工具的24小时之前，向海关报关。进口货物的报关期限为自运输工具申报进境之日起14日内，由收货人或其代理人向海关报关。超过期限报关的，由海关征收滞报金。

3. 报关需提交的单据

进出口商向海关报关时，需提交以下单据。

(1) 进出口货物报关单。一般进口货物应填写一式两份；需要由海关核销的货物，如加工贸易货物和保税货物等，应填写专用报关单一式三份；货物出口后需国内退税的，应另填一份退税专用报关单。

(2) 商业发票一份，对货物出口委托国外销售，结算方式是待货物销售后按实销金额向出口单位结汇的，出口报关时可准予免交。

(3) 陆运单、空运单和海运进口的提货单及海运出口的装货单。海关在审单和验货后，在正本货运单上签章放行退还报关单，凭此提货或装运货物。

(4) 货物装箱单一份。散装货物或单一品种且包装内容一致的件装货物可免交。

(5) 出口收汇核销单。一切出口货物报关时，应交验外汇管理部门加盖"监督收汇"章的出口收汇核销单，并将核销编号填在每张出口报关单的右上角处。

(6) 海关认为必要时，还应交验贸易合同、货物产地证书等。

(7) 其他有关单据。

4. 通关的流程

通关的基本程序为：申报、查验、征税、放行。

1) 申报

出口货物的发货人根据出口合同的规定，按时、按质、按量备齐出口货物后，准备向海关办理报关手续，或委托专业(代理)报关公司办理报关手续。

2) 查验

查验是指海关在接受报关单位的申报并已经审核的申报单位为依据，通过对出口货物进行实际的核查，以确定其报关单证申报的内容是否与实际进出口的货物相符的一种监管方式。

3) 征税

根据《海关法》的有关规定，进出口的货物除国家另有规定外，均应征收关税。关税由海关依照海关进出口税则征收。

4) 放行

对于一般出口货物，在发货人或其代理人如实向海关申报，并如数缴纳应缴税款和有关税费后，海关在出口装货单上盖"海关放行"章出口货物的发货人凭此装船起运出境。

签发出口退税报关单：海关放行后，在浅黄色的出口退税专用报关单上加盖"验讫"章和已向税务机关备案的海关审核出口退税负责人的签章，并退还报关单位。

5. 报关单的分类

报关单有以下四种分类。

1) 报关单录入凭单

报关单录入凭单指申报单位按海关规定的格式填写的凭单，用做报关单预录入的依据(可将现行报关单放大后使用)。

2) 预录入报关单

预录入报关单指预录入公司录入、打印，并联网将录入数据传送到海关，由申报单位向海关申报的报关单。

3) EDI 报关单

EDI 报关单指申报单位采用 EDI 方式向海关申报的电子报文形式的报关单及事后打印、补交备核的书面报关单。

4) 报关单证明联

报关单证明联指海关在核实货物实际入、出境后按报关单格式提供的证明，用做企业向税务、外汇管理部门办结有关手续的证明文件。

7.5.2 报关单的缮制概述

出口货物报关单样单如下。

出口货物报关单样单

中华人民共和国海关出口货物报关单

预录入编号			海关编号		
出口口岸		备案号	出口日期		申报日期
经营单位		运输方式	运输工具名称		提运单号
发货单位		贸易方式	征免性质		结汇方式
许可证号		运抵国家(地区)	指运港		境内货源地
批准文号		成交方式	运费	保费	杂费
合同协议号		件数	包装种类	毛重(千克)	净重(千克)
集装箱号		随附单据			生产厂家
标记唛码及备注					

项号	商品编号	商品名称、规格型号	数量及单位	最终目的国家(地区)单价	总价	币制	征免

税费征收情况				
录入员	录入单位	兹声明以上申报无讹并承担法律责任	海关审单批注及放行日期(签章)	
报关员			审单	审价
单位地址		申报单位(签章)	征税	统计
邮编	电话	填制日期	查验	放行

报关单的基本内容如下。

1. 预录入编号

预录入编号指申报单位或预录入单位对该单位填制录入的报关单的编号,用于该单位与海关之间引用其申报后尚未批准放行的报关单。

报关单录入凭单的编号规则由申报单位自行决定。预录入报关单及EDI报关单的预录入编号由接受申报的海关决定编号规则,计算机自动打印。

2. 海关编号

海关编号指海关接受申报时给予报关单的编号。海关编号由各海关在接受申报环节确定。

3. 进口口岸/出口口岸

本栏目应根据货物实际进(出)口的口岸海关选择填报《关区代码表》中相应的口岸海关名称及代码。进出口口岸是指货物实际进(出)我国关境口岸海关的名称。没有实际进出境的货物,填报接受申报的海关名称及代码。

4. 备案号

备案号指进出口企业在海关办理加工贸易合同备案或征减、免、税审批备案等手续时,海关给予《进料加工登记手册》、《来料加工及中小型补偿贸易登记手册》、《外商投资企业履行产品出口合同进口料件及加工出口成品登记手册》(以下均简称《登记手册》)、《进出口货物征免税证明》(以下简称《征免税证明》)或其他有关备案审批文件的编号。备案号长度为12位,其中第1位是标记代码。备案号的标记代码必须与"贸易方式"及"征免性质"栏目相协调。

一份报关单只允许填报一个备案号。

5. 进口日期/出口日期

进口日期指运载所申报货物的运输工具申报进境的日期。本栏目填报的日期必须与相应的运输工具进境日期一致。

出口日期指运载所申报货物的运输工具办结出境手续的日期。本栏目供海关打印报关单证明联用。预录入报关单及EDI报关单均免于填报。

无实际进出境的报关单填报办理申报手续的日期。本栏目为6位数,顺序为年、月、日各两位,如20110909。

6. 申报日期

申报日期指海关接受进(出)口货物的收、发货人或其代理人申请办理货物进(出)口手续的日期——6位数,顺序为年、月、日各2位。预录入及EDI报关单填报向海关申报的日期,与实际情况不符时,由审单关员按实际日期修改批注。

7. 经营单位

经营单位指对外签订并执行进出口贸易合同的我国境内企业或单位。本栏目应填报经营单位名称及经营单位编码。经营单位编码为十位数字,指进出口企业在所在地主管海关办理注册登记手续时,海关给企业设置的注册登记编码。

8. 运输方式

运输方式指载运货物进出关境所使用的运输工具的分类。本栏目应根据实际运输方式按海关规定的《运输方式代码表》选择填报相应的运输方式。

9. 运输工具名称

运输工具名称指载运货物进出境的运输工具的名称或运输工具编号。

一份报关单只允许填报一个运输工具名称。

10. 提运单号

提运单号指进出口货物提单或运单的编号。无实际进出境的,本栏目为空。

一份报关单只允许填报一个提运单号,一票货物对应多个提运单时,应分单填报。

11. 收货单位/发货单位

本栏目应填报收、发货单位的中文名称或其海关注册编码。

收货单位指已知的进口货物在境内的最终消费、使用单位,如自行从境外进口货物的单位;委托有外贸进出口经营权的企业进口货物的单位。

发货单位指出口货物在境内的生产或销售单位,如自行出口货物的单位;委托有外贸进出口经营权的企业出口货物的单位。

12. 贸易方式(监管方式)

本栏目应根据实际情况,并按海关规定的《贸易方式代码表》选择填报相应的贸易方式简称或代码,贸易方式有:一般贸易、来料加工、进料加工等。

一份报关单只允许填报一种贸易方式。

13. 征免性质

征免性质指海关对进出口货物实施征、减、免税管理的性质类别。本栏目应按照海关核发的《征免税证明》中批注的征免性质填报,或根据实际情况按海关规定的《征免性质代码表》选择填报相应的征免性质简称或代码。

一份报关单只允许填报一种征免性质。

14. 征免比例/结汇方式

征免比例仅用于"非对口合同进料加工"贸易方式下(代码"0715")进口料、件的进口报关单,填报海关规定的实际应征税比率,例如5%填报5,15%填报15。

出口报关单应填报结汇方式,即出口货物的发货人或其代理人收结外汇的方式。本栏目应按海关规定的《结汇方式代码表》选择填报相应的结汇方式名称或代码。

15. 许可证号

应申领进(出)口许可证的货物,必须在此栏目填报外经贸部及其授权发证机关签发的进(出)口货物许可证的编号,不得为空。

一份报关单只允许填报一个许可证号。

16. 起运国(地区)/运抵国(地区)

本栏目应按海关规定的《国别(地区)代码表》选择填报相应的起运国(地区)或运抵国(地区)中文名称或代码。无实际进出境的货物,填"中国"(代码"142")。

起运国(地区)指进口货物起始发出的国家(地区),运抵国(地区)指出口货物直接运抵的国家(地区)。

对发生运输中转的货物,如中转地未发生任何商业性交易,则起运抵国(地区)不变,如中转地发生商业性交易,则以中转地作为起运/运抵国(地区)填报。

17. 装货港/指运港

本栏目应根据实际情况按海关规定的《港口航线代码表》选择填报相应的港口中文名称或代码。无实际进出境的货物,填"中国境内"(代码"0142")。

装货港指进出口货物在我国出境前的最后一个装运港。指运港指出口货物运往境外的最终目的港,最终目的港是不可预知的,可按尽可能预知的目的港填报。

18. 境内目的地/境内货源地

本栏目应根据进口货物的收货单位、出口货物生产厂家或发货单位所属国内地区,并按海关规定的《国内地区代码表》选择填报相应的国内地区名称或代码。

境内目的地指已知的进口货物在国内的消费、使用地或最终运抵地。境内货源地指出口货物在国内的产地或原始发货地。

19. 批准文号

出口报关单本栏目用于填报《出口收汇核销单》编号,进口报关单本栏目用于填报《进口付汇核销单》编号。

20. 成交方式

本栏目应根据实际成交价格条款并按海关规定的《成交方式代码表》选择填报相应的成交方式代码。无实际进出境的货物,进口填报 CIF 价,出口填报 FOB 价。

21. 运费

本栏目用于成交价格中不包含运费的进口货物或成交价格中含有运费的出口货物,应填报该份报关单所含全部货物的国际运输费用。可按运费单价、总价或运费率三种方式之一填报,同时注明运费标记,并按海关规定的《货币代码表》选择填报相应的币种代码。运保费合并计算的,运保费填报在本栏目。

运费标记"1"表示运费率,"2"表示每吨货物的运费单价,"3"表示运费总价。

例如:5%的运费率填报为 5;24 美元的运费单价填报为 502/24/2;7000 美元的运费总价填报为 502/7000/3。

22. 保费

本栏目用于成交价格中不包含保险费的进口货物或成交价格中含有保险费的出口货物,而且应填报该份报关单所含全部货物国际运输的保险费用。可按保险费总价或保险费率两种方式选其一填报,同时注明保险费标记,并按海关规定的《货币代码表》选择填报相应的币种代码。保险费标记"1"表示保险费率,"3"表示保险费总价。

例如,3‰的保险费率填报为 0.3;10 000 港元保险费总价填报为 110/10000/3。

如运保费是合并计算的,运保费且填报在运费栏目中。

23. 杂费

指成交价格以外的、应计入完税价格或应从完税价格中扣除的费用,如手续费、佣金、回扣等,可按杂费总价或杂费率两种方式之一填报,同时注明杂费标记,并按海关规定的《货币代码表》选择填报相应的币种代码。

应计入完税价格的杂费填报为正值或正率,应从完税价格中扣除的杂费填报为负值或负率。杂费标记"1"表示杂费率,"3"表示杂费总价。

例如:应计入完税价格的 1.5%的杂费率填报为 1.5,应从完税价格中扣除的 1%的回扣率填报为-1,应计入完税价格的 500 英镑杂费总价填报为 303/500/3。

24. 合同协议号

本栏目应填报进(出)口货物合同(协议)的全部字头和号码。

25. 件数

本栏目应填报有外包装的进(出)口货物的实际件数。本栏目不得填报为0，裸装货物填报为1。舱单件数为集装箱(TEU)的，填报集装箱个数；舱单件数为托盘的，填报托盘数。

26. 包装种类

本栏目应根据进(出)口货物的实际外包装种类，按海关规定的《包装种类代码表》选择填报相应的包装种类代码。

27. 毛重(千克)

本栏目填报进(出)货物实际毛重，计量单位为千克，不足一千克的填报为1。

28. 净重(千克)

本栏目填报进(出)口货物的实际净重，计量单位为千克，不足一千克的填报为1。

29. 集装箱号

本栏目用于填报和打印集装箱编号及数量。在多于一个集装箱的情况下，其余集装箱编号打印在备注栏或随附清单上。

集装箱数量四舍五入填报整数，非集装箱货物填报为0。

30. 随附单据

本栏目应按海关规定的《监管证件名称代码表》选择填报相应证件的代码，而不是填随进(出)口货物报关单一并向海关递交的单证或文件，如合同、发票、装箱单、许可证等必备的随附单证。

31. 用途/生产厂家

进口货物填报用途，应根据进口货物的实际用途按海关规定的《用途代码表》选择填报相应的用途代码，如"以产顶进"填报"13"。

生产厂家指出口货物的境内生产企业，本栏目供必要时手工填写。

32. 标记唛头及备注

略。

33. 项号

本栏目分两行填报及打印。

第一行打印报关单中的商品排列序号。

第二行专用于加工贸易等已备案的货物，填报和打印该项货物在《登记手册》中的项号。

34. 商品编号

指按海关规定的商品分类编码规则确定的进(出)口货物的商品编号。加工贸易《登记手册》中商品编号与实际商品编号不符的，应按实际商品编号填报。

35. 商品名称、规格型号

本栏目分两行填报及打印。第一行打印进(出)口货物规范的中文商品名称，第二行打印规格型号，必要时可加注原文。

商品名称及规格型号应据实填报，并与所提供的商业发票相符。商品名称应规范，规格型号应当足够详细。加工贸易等已备案的货物，本栏目填报录入的内容必须与备案登记中同项号下货物的名称与规格型号一致。

36. 数量及单位

指进(出)口商品的实际数量及计量单位。本栏目分三行填报及打印，具体填报要求如下。

(1) 进出口货物必须按海关法定计量单位填报。法定第一计量单位及数量，打印在本栏目第一行。

(2) 凡海关列明第二计量单位的，必须报明该商品第二计量单位及数量，打印在本栏目第二行。无第二计量单位的，本栏目第二行为空。

(3) 成交计量单位与海关法定计量单位不一致时，还需填报成交计量单位及数量，打印在商品名称、规格型号栏下方(第三行)。成交计量单位与海关法定计量单位一致时，本栏目第三行为空。

37. 原产国(地区)/最终目的国(地区)

本栏目应按海关规定的《国别(地区)代码表》选择填报相应的国家(地区)名称或代码。

原产国(地区)指进出口货物的生产、开采或加工制造国家(地区)。最终目的国(地区)指已知的出口货物的最终实际消费、使用或进一步加工制造国家(地区)。

7.6 出口收汇核销与出口退税

7.6.1 什么是出口收汇核销

出口收汇核销，是指国家外汇管理部门在每笔出口业务结束后，对出口是否安全、及时收取外汇以及其他有关业务情况进行监督管理的业务。

出口收汇核销程序包括以下几个方面。

1. 开户

出口单位初次申领出口收汇核销单前,应当凭相关材料到外汇局办理登记。

2. 申领核销单

在开展具体出口业务前,凭单位介绍信、出口开户单位印鉴卡到当地外汇管理部门申领经过外汇管理部门加盖"监督收汇"章的出口收汇核销单。

自领单之日起四个月以内报关有效,填写内容应与出口货物报关单上记载的有关内容一致。出口单位应当在失效之日起一个月内将未用的核销单退回外汇局注销。

3. 报关

出口单位持在有效期内、加盖出口单位公章的核销单和相关单据办理报关手续。

4. 送交存根

自报关之日起60天内,凭核销单及海关出具的贴有防伪标签、加盖海关"验讫"章的出口报关单、外贸发票到外汇局办理送交存根手续。

5. 核销

在收到外汇之日起 30 天内出口单位将银行确认货款已经收回的结汇水单和由海关退回的原核销单送外汇局,核销该笔收汇。

6. 退赔

若出口项下发生退赔,出口单位应向外汇局提供有关凭证,外汇局审核退赔外汇的真实性,审核无误后,出具"已冲减出口收汇核销证明"。银行凭此证明为出口单位办理退赔外汇的售付。

核销单发生全额退关、填错等情况的,出口单位应当在三个月内到外汇局办理核销单注销手续。

7.6.2 核销单的缮制

出口收汇核销单,系指由国家外汇管理局统一管理、各分支局核发,出口单位及金融机构填写,海关凭以受理报关、外汇管理部门凭以核销收汇的有顺序编号的重要凭证。分为存根联、正联、出口退税专用联三部分。

出口收汇核销单样单如下。

出口收汇核销的样单

出口收汇核销单 存根 (苏)编号： 出口单位： 单位编码： 出口币种总价： 收汇方式： 预计收款日期： 报关日期： 备注： 此单报关有效期截止到	出口收汇核销单 监制章 (苏)编号： 出口单位： 单位编码：	出口收汇核销单 监制章 (苏)编号： 出口单位： 单位编码：
	银行签注栏：类别 币种金额 日期 盖章 海关签注栏： 外汇局签注栏 　年　月　日(盖章)	货物名称 数量 币种总价 报关单编号： 外汇局签注栏 　年　月　日(盖章)

出口收汇核销单的具体内容如下。

1. 存根联

(1) 编号，与出口报关单的编号一致。
(2) 出口单位，填写领取核销单的单位的名称。
(3) 单位代码，填写领取核销单的单位在外汇管理局备案的号码。
(4) 出口币种总价，填写出口成交货物总价及使用币种。一般情况下，须与报关单一致。
(5) 收汇方式。按照合同填写，信用证、托收、汇付等。
(6) 预计收款日期。根据实际情况推算收款日期。

例如：信用证规定提单日期后 60 天付款，提单日期为 2011 年 8 月 1 日，则可推出预计收款日期为 2011 年 10 月 31 日。

(7) 报关日期，填写出口报关单右上角的出单日期。
(8) 备注。填写出口单位就该核销单项下需说明的事项。

【例 7-1】深圳甲进出口公司代广州乙进出口公司出口，收汇后，原币划转广州乙进出口公司，则该事项连同该受托公司的联系地址和电话应批注在备注栏内并加盖批注单位的公章。

(9) 有效期。自领单日起四个月。此栏由外汇管理局填。

2. 正联

(1) 出口单位，同存根联。

(2) 单位代码，同存根联。
(3) 银行签审，此栏由银行填写并由银行盖章。
(4) 海关签注栏。海关验放该核销单项下的出口货物后，在该栏目内加盖"放行"或"验讫"章，并填写放行日期。如遇退关，海关需在该栏目加盖有关更正章。
(5) 外汇管理局签注栏。由外汇管理部门将核销单、报关单、发票等配对审核无误后，在该栏内签注意见，并由核销人员签字，加盖"已核销"章。

3. 退税联

(1) 编号，同存根联。
(2) 出口单位，同存根联。
(3) 单位代码，同存根联。
(4) 货物名称，同报关单。
(5) 出口数量，同报关单。
(6) 币种总价，同存根联。
(7) 报关单编号，按报关单左上角号码填写。
(8) 外汇局签注栏，同正联。

每联中间需由出口单位加盖骑缝章。

7.6.3 出口退税

1. 什么是出口退税

出口货物退税(Export Rebates)，简称出口退税，其基本含义是指对出口货物退还其在国内生产和流通环节实际缴纳的产品税、增值税、营业税和特别消费税。出口货物退税制度，是一个国家税收的重要组成部分。出口退税主要是通过退还出口货物的国内已纳税款来平衡国内产品的税收负担，使本国产品以不含税成本进入国际市场，与国外产品在同等条件下进行竞争，从而增强竞争能力，扩大出口创汇。

2. 出口退税的特点

出口退税的特点包括以下几个方面。
(1) 它是一种收入退付行为：出口货物退(免)税作为一项具体的税收制度，它是在货物出口后，国家将出口货物已在国内征收的流转税退还给企业的一种收入退付或减免税收的行为。
(2) 它具有调节职能的单一性：我国对出口货物实行退(免)税，意在使企业的出口货物以不含税的价格参与国际市场竞争，这是提高企业产品竞争力的一项政策性措施。与其他税收制度鼓励与限制并存、收入与减免并存的双向调节职能比较，出口货物退(免)税具有调节职能单一性的特点。
(3) 它属间接税范畴内的一种国际惯例：世界上大多数国家对出口货物均实行"零税率"制度。为奉行出口货物间接税的"零税率"原则，有的国家实行免税制度，有的国家实行退税制度，其目的都是对出口货物退还或免征间接税，以使企业的出口产品能以不含间接的价格参与国际市场的竞争。

3. 出口退税的条件

出口退税必须满足以下几个条件。

(1) 必须是增值税、消费税征收范围内的货物。因为出口货物退(免)税只能对已经征收过增值税、消费税的货物退还或免征其已纳税额和应纳税额。未征收增值税、消费税的货物(包括国家规定免税的货物)不能退税,以充分体现"未征不退"的原则。

(2) 必须是报关离境出口的货物。所谓出口,即输出关口,它包括自营出口和委托代理出口两种形式。

(3) 必须是在财务上做出口销售处理的货物。出口货物只有在财务上做出销售处理后,才能办理退(免)税。对非贸易性的出口货物,如捐赠的礼品、在国内个人购买并自带出境的货物(另有规定者除外)、样品、展品、邮寄品等,因其一般在财务上不做销售处理,故按照现行规定不能退(免)税。

(4) 必须是已收汇并经核销的货物。按照现行规定,出口企业申请办理退(免)税的出口货物,必须是已收外汇并经外汇管理部门核销的货物。

生产企业(包括有进出口经营权的生产企业、委托外贸企业代理出口的生产企业、外商投资企业)申请办理出口货物退(免)税时必须增加一个条件,即申请退(免)税的货物必须是生产企业的自产货物或视同自产货物才能办理退(免)税。

4. 出口退税登记的一般程序

出口退税登记的一般程序如下。

(1) 有关证件的送验及登记表的领取。企业在取得有关部门批准其经营出口产品业务的文件和工商行政管理部门核发的工商登记证明后,应于 30 日内办理出口企业退税登记。

(2) 退税登记的申报和受理。企业领到"出口企业退税登记表"后,即按登记表及有关要求填写,加盖企业公章和有关人员印章后,连同出口产品经营权批准文件、工商登记证明等证明资料一起报送税务机关,税务机关经审核无误后,即受理登记。

(3) 填发出口退税登记证。税务机关接到企业的正式申请,经审核无误并按规定的程序批准后,核发给企业"出口退税登记"。

5. 出口退税附送材料

出口退税附送材料包括以下几个方面。

(1) 报关单。报关单是货物进口或出口时进出口企业向海关办理申报手续,以便海关凭此查验和验放而填具的单据。

(2) 出口销售发票。这是出口企业根据与出口购货方签订的销售合同填开的单证,是外商购货的主要凭证,也是出口企业财会部门凭此记账做出口产品销售收入的依据。

(3) 进货发票。提供进货发票主要是为了确定出口产品的供货单位、产品名称、计量单位、数量,是否是生产企业的销售价格,以便划分和计算确定其进货费用等。

(4) 结汇水单或收汇通知书。

(5) 属于生产企业直接出口或委托出口自制产品,凡以到岸价 CIF 结算的,还应附送出口货物运单和出口保险单。

(6) 有进料加工复出口产品业务的企业,还应向税务机关报送进口料件的合同编号、日期、进口料件名称、数量、复出口产品名称,进料成本金额和实纳各种税金额等。

(7) 产品征税证明。
(8) 出口收汇已核销证明。
(9) 与出口退税有关的其他材料。

本章小结

(1) 普惠制产地证从一定程度上来说是一种有价证券，因此在进行贸易的过程中应首先了解是否给以普惠制。如果有，应提前申请普惠制产地证，并认真缮制，尤其是第八栏，要根据各个国家不同的填写要求来填写。

(2) 我国实行先报检后报关，因此要弄清楚报检、报关需要准备哪些材料，备齐需要的材料，正确填写报检、报关单，提高报检、报关的速度，加快交货的时间，从而提前收汇。

(3) 报检单、报关单的缮制细节比较多，实践中企业往往会委托专业的报关行代理报关，这样能够提高报关的速度。

(4) 出口收汇核销是我国的一个重要制度，每笔出口多需要申领出口收汇核销单，先填制好出口收汇核销单再去报关，同时也要注意只有核销了才能办理出口退税业务，因此必须清楚地了解收汇核销的流程，尽可能早日得到退税。

练 习 题

一、单项选择题

1. 我国出口报关的期限是(　　)。
   A. 装运前 24 小时　　　　　　　　B. 装运前 48 小时
   C. 装运前 3 天　　　　　　　　　　D. 装运前 7 天

2. 我国出口报检的期限是(　　)。
   A. 装运前 2 天　　　　　　　　　　B. 装运前 5 天
   C. 装运前 7 天　　　　　　　　　　D. 装运前 10 天

3. 一般原产地证大多是由(　　)签发。
   A. 商检局　　　　　　　　　　　　B. 贸促会
   C. 海关　　　　　　　　　　　　　D. 政府

4. 出口收汇核销单是(　　)签发的。
   A. 外汇管理局　　　　　　　　　　B. 贸促会
   C. 商检局　　　　　　　　　　　　D. 海关

5. 《海关法》规定，若进口货物预期申报的，海关将征收滞报金(　　)。
   A. 5%　　　　　　　　　　　　　　B. 0.05%
   C. 0.5%　　　　　　　　　　　　　D. 0.005%

6. 如果报关企业受委托人的委托，向海关报关时发生伪报或瞒报的行为，由海关按照法律规定向(　　)追究责任。

A．委托人 B．报关企业
C．报关员 D．ABC 都有责任

二、判断题

1．在我国所有出口的商品都需要商检。 （ ）
2．一份报关单只能对应一个提运单号。 （ ）
3．我国履行的是先报关后报检。 （ ）
4．普惠制产地证必须在出运前 5 天申报，普通原产地证必须在出运前 3 天申报。（ ）
5．出口收汇核销单永久有效。 （ ）
6．一般情况下先领出口收汇核销单再去报关。 （ ）

第 8 章　附属单据的缮制

学习目标

知识目标：了解附属单据的含义和作用；熟悉进出口业务操作中使用的附属单据的种类、内容和填写要求；掌握附属单据的缮制和使用。

能力目标：能按照合同或信用证的要求，正确地选用附属单据；会缮制和使用附属单据。

附属单据是在进出口业务中，卖方应买方的要求出具的，在基本单据以外提供的单据，在单证业务中也称为辅助单据或补充单据。附属单据是根据合同及信用证有关条款规定而提供的，并不一定在每次交易中使用，为保证收汇安全，附属单据同基本单据一样，也必须注意保持本身的完整性以及与其他单据的一致性。

8.1　主要附属单据及作用

附属单据是在进出口业务中，卖方应买方的要求出具的，在基本单据以外提供的单据。在单证业务中也称为辅助单据或补充单据。这些单据是应进口方要求，并通过合同或信用证提出的。其作用是补充说明合同履行的相关情况，便于进口方办理进口或销售业务。附属单据形式上多种多样，事实上，只要进口方提出相关要求，出口方就应该设法满足，如果确实不能满足，则应与进口方协商，及时修改信用证，确保交单结汇的顺利完成。

进出口业务中常见的附属单据如下。

1. 装运通知

装运通知(Shipping Advice)是出口方应进口方的要求，在货物装船完毕后，及时通过传真方式或其他方式，向进口方或进口方指定的保险公司、报关公司发出的关于货物已装船的详细通知，以便进口商及时办理保险、申请进口许可和安排接收货物及办理清关等事宜。

没有特别规定时，装运通知应发给进口商(信用证项下，发给开证人)。在以 FOB、CFR 价格条件成交出口贸易合同下，发货人在货物装船完毕后向收货人发出装运通知则作为合同的一项要件。如货物的丢失、损害是由于发货人在货物装船完毕后没有向收货人发出装船通知，致使收货人未能及时投保，则该货物的丢失、损害由发货人负责赔偿。

2. 受益人证明

受益人证明(Beneficiary's Certificate)是一系列由受益人(出口方)出具的证明单据的统称，

其作用是证明受益人履行了合同或信用证的相关规定,如证明所交的货物的品质符合要求,证明运输包装的处理符合信用证规定,证明已经按要求寄单给开证申请人等。受益人证明无固定格式,只需在白纸上缮制打印即可。

常见的受益人证明有以下几种。

1) 寄单证明

寄单证明是根据信用证的规定,在货物装运前后的一定期限内,由发货人给信用证规定的收货人邮寄全套或部分副本单据,并单独出具寄单证明,或将寄单证明内容列明在发票内,作为向银行议付的单证。

2) 电抄本

电抄本是根据信用证的规定,在货物出运前后的一定期限内,由发货人按信用证规定的内容,用电报、电传通知信用证规定的收电人,并以电报、电传的副本或另行缮制的发电证明书,作为已发电的证明,交银行作为议付的单证。

3) 履约证明

履约证明是用来证实某件事实或某件货物符合成交合约或来自某产地的证明书,如交货品质证明,由发货人按信用证的规定,证明所交货物的品质。该证明可直接作为银行议付的单证。交货品质证明中所证明的内容一般在发票或其他单据中已表明,但信用证要求单独出具该证明书,表明开证人对货物品质的关切程度。又如生产过程证明,由生产厂家说明产品的生产过程,该证明可直接作为银行议付的单证。

要求受益人(出口方)出具证明条款举例如下。

【例 8-1】One copy of invoice and packing list should be sent direct to applicant immediately after shipment and beneficiary's to be effect is required.

该条款要求装运后立即将发票和装箱单副本寄给开证人,并出具受益人证明。

【例 8-2】One full set of non-negotiable documents should be sent to buyer by regd. Air-mail and certificate to this effect together with the relative postal receipt should be accompanied with the documents.

该条款要求提供寄送一套副本单据的证明,并要提供邮局的航空挂号收据。

【例 8-3】Certificate in duplicate issued by the beneficiary to the effect that l/3 original B/L. 1 invoice,one packing list have been sent by regd. Airmail to the above mentioned shipping agent with irrevocable instructions to reforward the goods up to Bujumbura to the order of ABC bank and notify buyer XYZ company.

该条款要求发货人除须出具上述寄单证明一式两份外,还须将证明内容的要求函告该运输代理行照办。

【例 8-4】Beneficiary's certificate stating that certificate of manufacturing process and of the ingredients issued by ×××, should be sent to ×××.

该条款要求出具受益人证明,说明该出口公司出口货物的生产过程,并提交其作为议付的单证。

【例 8-5】Beneficiary's declaration stating that the original of export license has been sent to applicant by express courier.

该条款要求受益人声明表明出口许可证的正本已通过快递方式寄给开证人。

【例 8-6】Beneficiary's certificate certifying that one full set of N/N copies of documents has

been sent to applicant by fax within 2 days after shipment date.

该条款要求出具受益人证明,证明一套不可议付的单据副本在装运日后两天内通过传真发送给开证人。

【例 8-7】Beneficiary's certificate certifying that all item must have "Made in China" label.

该条款要求出具受益人证明,证明所有项目都印有"中国制造"的标志。

3. 船公司证明

船公司证明(Shipping Company's Certificate)是进口方要求出口方提供的,由船公司或其代理人出具的用以说明载货船舶的船籍、船龄、船程等内容的证明文件。如阿拉伯国家来证要求我国相关企业提供装运船只的国籍及全部航程停靠港口的证明。

船公司证明种类较多,主要有船籍及航程证明、船龄证明、船级证明、快船证明、黑名单证明、进港证明、运费收据等。

1) 船籍证明与航程证明

阿拉伯中东国家和地区的进口商常要求提供这两类证明。船籍证明常与航程证明(Ship's Nationality Certificate & Itinerary Certificate)合并在一起。船籍证明用以说明载货船舶的国籍。航船路线证明用来说明载货舰船在航程中停靠的港口。有时买方出于政治原因,对装货船舶的国籍、船舶的航行路线、停靠港口予以限制,要求卖方仅装某些国家或不装某些国家的船舶,或不通过某些地区,并要求卖方提供相应证明。

2) 船龄证明

船龄证明用(Ship's Age Certificate)来说明载货船舶的船龄。一般 15 年以上的船为超龄船,许多保险公司不予承保。25 年以上的船为报废船。此外,有些国家规定船龄超过 15 年以上的船不准停泊卸货。买方为保障船只及货物在运输途中的安全,要求卖方不装超过 15 年船龄的老船,并提供相应的证明。

3) 班轮公会船只证明

有些来证规定货物必须装班轮公会船只时,可由船公司或代理出具班轮公会船只证明(Conference Line Certificate)。它可缮制在提单上,也可单独出具。如果无法装运在班轮公会船只上,则必须修改信用证条款。

4) 船级证明

船级证明(Ship's Classification Certificate)是用来说明载货船舶符合一定船级标准的证明。有时来证要求提供船公司或船只鉴定公司签发的船级证明,受益人应酌情办理,若无法提供,应及时提出修改信用证。

5) 集装箱船只证明

有时来证规定货物必须装运在集装箱船上。如果提单上能表示出是集装箱运输就不需提供证明,但是如果信用证条款有特别规定,则必须提供集装箱船只证明(Container Ship Certificate)。

6) 黑名单证明

黑名单证明(Black List Certificate)是用于说明载货船舶未被阿拉伯国家列入与以色列有来往船舶名单的证明。阿拉伯地区国家为了抵制以色列,常在来证中要求卖方提供此类证明。它的内容有时在船籍证明中已包含,不必单独出具。

7) 运费收据

运费收据(Freight Note)是船公司出具的用于说明运费支付情况的证明文件。通常买方请卖方代办运输时,国外进口方往往来证要求提供运费收据,以便了解已付运费的实际情况,并作为双方结算运费的依据。当国外来证要求提供 Freight Note，Freight Voucher，Invoice for Freight，Certificate from Shipping Company，Certifying Amount of freight paid 时，出口方应提供此项运费收据。

4. 贷记通知和借记通知

1) 贷记通知

信用证开足货款金额，但规定议付银行在议付时扣除佣金，在这种情况下，商业发票是货款金额，汇票是扣佣后的净额。这时，可出具扣佣通知书，也即贷记通知(Credit Note)。

信用证贷记通知条款有以下文句。

(1) At the time of negotiation，you will be paid less 3% of invoice value，being commission payable to the applicant and this should be shown on a separate credit note.

在议付时，扣除3%的信用证金额作为给开证申请人的佣金，该佣金须表示在一份单独的贷记通知上。

(2) The price quoted include a discount of 5% which must be shown on your final invoice，but is to be the subject of a separate credit note，the amount of which is to be deducted from your drafts.

信用证所列价格包括5%折扣在内，最后发票应开立未扣除5%折扣的价格，但须另出一份贷记通知，汇票金额则扣除此项折扣金额。

2) 借记通知

在日常业务中，有时有小额款项须向客户收取，例如，来证金额稍有不足，保险加成超过合同规定，保险责任扩展至内陆城市因而发生超保等，这些超过信用证金额应由客户负担的款项，如果要求修改信用证会影响卖方及时出运和结汇，利息损失也大于可收款项。因此，可缮制借记通知(Debit Note)单径向进口人索取，这样可避免改证或托收的繁琐手续和费用。

8.2 装船通知、受益人证明及船公司证明的缮制

1. 装船通知的缮制

装运通知的内容一般有订单或合同号、信用证号、商品名称和数量、总值、唛头、载货船舶名称、装运口岸、装运日期、船名及开航日期等。在实际业务中，应根据信用证的要求和对客户的习惯做法，将上述项目适当地列明在电文中。

进口商往往在信用证中要求提交单据中包括装运通知副本，此时单据上需要写明"装运通知"或信用证规定的名称。

一般而言，装运通知可以不签署，但如果信用证有规定，那么受益人必须在该通知上签字盖章。

装船通知的缮制说明如下。

(1) 出口方的名称和详细地址。

(2) 单据名称。应按信用证要求填写，若来证要求提供"Shipping Advise"、"Declaration of Shipment"、"Certified Copy of Telex"、"Copy of Fax"等，应按信用证表述缮制单据的名称。

(3) 装运通知抬头。通常为买方、买方指定的保险公司或开证行等。如果信用证没有规定抬头人，则填写信用证申请人(买方)。

(4) 日期。填写缮制装运通知的日期，应在信用证规定的出单时间范围内。一般与提单日期相同或比提单日期晚一天。

(5) 参考号码。一般可填信用证号码或发票号。如要求装运通知列明预约保单号码(Open Policy NO．或 Cover Note NO．)，可在此栏标注。

(6) 装运详情。应将装运的具体细节列明。

(7) 声明或证明文句。用于声明货物已装船的句子。如果信用证要求提供的单据是"Certified Copy of Telex"，则须有证实单据内容真实的文句。

(8) 签章。通常包括卖方或受益人(如出口公司)的名称，以及由法人代表或经办人签章。装船通知样单如下。

BEIJING INTERNATIONAL TRADE CORP.
N0.7 Baishiqiao Road，Beijing 100081，China，Tel/Fax：68××××
SHIPPING ADVISE
Date：SEP.01, 2011

To whom it may concern:
　　We are now advising you the details of our shipment dated Aug.30, 2011 as following:
L/C NO.001
Goods: one set of milling machine model 112
Value of shipment: USD 80,000.00
Date of shipment: Aug.30, 2011
Regards!
　　　　　　　　　　　　　　　　　　　　　　　　　　　　　　　　　×××××

---

2. 受益人证明的缮制

益人证明的内容一般包括：单据名称、出证日期与地点、抬头人、事由、证明文句、受益人名称及签章等。其缮制要点如下。

1) 单据名称

单据名称位于单据正上方，可根据来证要求确定具体名称。如"Beneficiary's Certificate"(受益人证明)、"Beneficiary's Statement"(受益人声明)或"Beneficiary's Declaration"(受益人申明)。

2) 出证日期

按照实际签发日期填写。一般而言，需与所证明的内容相匹配，根据需证实的内容而定，但必须在信用证规定的范围内。

3) 抬头人

类似这样的公开证明或申明，一般都填写笼统的抬头人，即"To whom it may Concern"(致有关当事人)。

4) 事由

一般填写发票号或合同号。

5) 证明内容

此项内容必须对应于信用证要求填写。

6) 受益人名称及签章

受益人证明一般不分正副本。若来证要求正本，可在单据名称正下方打上"Original"字样。受益人证明要求必须有受益人签章，才能生效。

受益人证明(寄单证明)举例如下。

Beneficiary's Certificate

S/C NO.　　L/C NO.　　Date

To whom it may concern:

　　This is to certify that each one sheet of original invoice and phytosanitary certificate have been sent to the applicant under the care of ship's master of the carrying vessel.

(Signed)Beneficiary

3. 船公司证明的缮制

船公司证明一般由以下六部分内容构成。

(1) 出证日期和地址：一般为签发提单的日期和地址。

(2) 船名和提单号：表明本次运输的运载船只及其提单号。

(3) 证明函标题：按照信用证要求提供不同种类的证明。如果信用证未限定标题，此项可以省略；若信用证内规定了是哪种证明函，则一定要加注标题。

(4) 抬头人：一般都填写笼统的抬头人"To whom it may concern"(致有关当事人)。

(5) 证明内容：按照信用证要求，根据实际作出相应证明。

(6) 出证人签章：应与提单签单人一致，通常为承运货物的船公司或其代理人，外轮代理公司或承担联运业务的外运公司等。

本 章 小 结

(1) 附属单据是在进出口业务中，卖方应买方的要求出具的、在基本单据以外提供的单据。

(2) 为保证收汇安全，附属单据同基本单据一样也必须注意保持本身的完整性以及与其他单据的一致性。

练 习 题

一、单项选择题

1. 下列各项中，不属于结汇单证的附属单据是(　　)。
　　A. 装船通知　　　　　　　　B. 提单
　　C. 出口商或受益人证明　　　D. 船公司证明

2. 进口方往往要求出口商出具(　　)年以下船龄的证明，因为该年限以上的船保险公司不予承保。
　　A. 15　　　　B. 20　　　　C. 25　　　　D. 30

3．按照国际贸易惯例，采用(　　)贸易术语时，合同的卖方尤其需要及时向买方发出装船通知。
   A．FOB　　　　B．DDP　　　　C．CIF　　　　D．CIP
4．受益人证明等附属单据上可显示(　　)，表示此单据与其他单据关联。
   A．进口付汇核销单号　　　　　B．发票号
   C．进口许可证号　　　　　　　D．出口收汇核销单号
5．制作受益人证明等附属单据时，必须注意(　　)。
   A．单据名称和出具人签署应符合信用证要求
   B．单据内容可以与其他单据相关内容不一致
   C．可以不签署
   D．应注明出单日
6．在日常业务中，用于向客户收取小额款项的附属单据是(　　)。
   A．装船通知　　B．提单　　　C．借记通知　　D．船公司证明

二、判断题

1．装船通知是在装运前向进口方说明货物即将装运情况的单据。　　　　　　(　　)
2．借记通知用以向进口方索取小额款项，又称为扣佣通知书。　　　　　　　(　　)
3．由于保险责任扩展至内陆城市因而发生超保的费用，可缮制贷记通知向进口方索取。
                                                                    (　　)
4．受益人证明可以由出口方出据，也可以由进口方出据。　　　　　　　　　(　　)
5．"One copy of invoice and packing list should be sent direct to applicant immediately after shipment and beneficiary's to be effect is required."该条款要求受益人出具寄样证明。(　　)
6．附属单据同基本单据一样，必须注意保持本身的完整性以及与其他单据的一致性。
                                                                    (　　)

第9章 单据审核的基本方法和审核要点

知识目标：了解单据审核的重要性；熟悉外贸单证审核的原则、依据和基本方法；掌握主要单据的审核要点和审单技巧。

能力目标：能根据合同和信用证完成单证审核；能迅速、准确地在合同中找到并正确理解与单据审核相关的内容；会对主要单证的内容进行审核和修改。

单据的审核是进口合同履行过程中的重要环节。进口单据不仅是进口人凭以付款、提货的依据，也是用于核对出口人所供货物是否与合同相符的凭证。因此，对开证行与进口人而言，做好进口单据的审核工作是十分重要的。

9.1 单据审核概述

单据不仅是进口商付款的依据，也是确认出口商是否正确完成其合同规定义务的凭证。因此，在合同履行的过程中，必须对单据进行认真、细致的审核，以确保圆满完成进出口工作。

如采用汇付和托收方式，进口企业负责对货物单据进行全面审核。如采用信用证支付方式，则由开证银行和进口企业共同对货物单据进行审核。通常是由开证行(这时为付款行)对单据进行初审，进口企业对单据进行复审，在单据符合信用证及合同规定的条件下，开证行和进口人履行付款责任。信用证项下银行审单一般包括两个环节，即首先由出口地银行收到受益人交来的单据进行审核，在单证相符、单单相符的基础上对受益人进行议付、承兑或承担延期付款责任；其次是开证行付款审单，指开证行对寄单行寄来的单据进行审核，以确定是否最终付款。

1. 审单的原则和依据

1) 审单的原则

审单的原则与制单的原则相同，即正确、完整。基本要求是单证一致、单单一致，只审单不审货，只凭信用证不过问合同。

(1) 单证一致，即按信用证规定提交的各种单据必须与信用证的规定严格一致。信用证的条款、具体要求，甚至文字措辞都要在所提示的单据中体现出来。信用证上所列的货物名称，单据上不能加以改动，或在文字上有增减。

(2) 单单一致。除单证要相符外，各种单据之间要一致，不能相互矛盾，否则，也属于不符点。根据《UCP600》规定，商业发票中货物的描述必须与信用证中的描述相一致，在一切其他单据中，货物描述可使用统称，但不得与信用证中货物的描述有抵触。

(3) 只审单不审货。信用证业务中，银行处理的只是单据，而不是货物，否则银行就不是银行，而是贸易行。银行审单是以单据表面上确定是否与信用证条款相符，即使所载货物与单据不符，开证行也必须履行付款义务。

根据《UCP600》规定，银行在审单时，要合理谨慎地审核信用证的所有单据。银行不审核信用证中未规定的单据。如收到这类单据，应退还给交单人或转递开证行并对此不承担责任。如信用证中列有某项条件，但未规定符合该条约的相应单据，银行将认为没有这样的条件，而不予理会。

2) 审单的依据

审核单据与缮制单据相同，都是以进出口合同、信用证以及有关商品的原始资料和国际惯例、国内有关管理规定等为主要依据。所以，在审核单据之前，首先要读懂合同和信用证条款，熟悉有关国际贸易惯例，尤其是《UCP600》。一般情况下，公司会准备一些固定的审核清单，以帮助单证员审单。进口地、出口地的银行经过长期以来的工作积累，也有比较成熟的审单制度。

在信用证项下，信用证条款是银行审单的唯一依据，其他诸如合同、往来函电、货物情况等，不能作为审单的依据。

2. 单据审核的基本方法

1) 开证行审单的一般过程

我国进口业务大多采用信用证付款方式，国外出口人将货物装运后，即将全套单据和汇票交出口地银行转寄我方进口地开证行或指定付款行收取货款。按照我国现行的做法，开证行收到国外寄来的全套单证后，应根据信用证条款全面地逐项地审核单据与信用证之间、单据与单据之间是否相符。开证行审单无误后，即交进口人进行复审，同时准备履行付款责任。为了减少不必要的风险，开证行的审核应严格进行，特别注意以下问题。

(1) 所收单据的种类、份数与信用证要求的是否相符，与议付行寄单回函中所列的是否相符。

(2) 汇票、发票上的金额是否一致，与信用证规定的最高金额相比是否超额，与议付行寄单回函所列金额是否一致。

(3) 所有单据中对货名、规格、数量、包装等的描述是否与信用证要求相符。

(4) 货运单据的出单日及内容是否与信用证相符。

(5) 核对货运单据、保险单据等其他单据的背书是否有效。

2) 进口企业审单的基本方法

进口企业收到开证行交来的全套货物单据和汇票后，应根据合同和信用证的规定认真审核单据。其基本方法称为"横纵审单法"，即横审法和纵审法，其主要目的是确定单据是否满足"单证一致、单单一致"的要求。

纵审法是指以商业发票为中心，将其他单据与之对照，审核单单是否一致。横审法是指以合同或信用证为依据，审核各种单据的内容是否符合合同或信用证要求，单据的种类和份数是否齐全，即单证(单)是否一致。

进口企业审单后，如没有提出异议，开证行即按即期汇票或远期汇票履行付款或承兑的义务，进口企业凭开证行的付款通知与收货单位进行结算。

9.2 主要单据的审核要点和审核技巧

1. 主要单据的审核要点

1) 汇票的审核要点

汇票属于资金单据，在国际贸易中信用证或 D/P、D/A 付款的汇票都属于跟单汇票，如是信用证项下汇票，除一般内容外，还应有信用证开证日期、开证行名称及信用证号码等出票依据。如果托收项下汇票，除一般内容外，通常也注明合同号码、商器名称、数量等，以说明开票依据，进口人审核时应注意金额、付款期、出票期、付款人、受款人、出票人等项目，要点如下。

(1) 汇票一般为正副本两份，要和信用证的规定一致。

(2) 金额的大小写要相符，支取的金额应与信用证规定相符(一般应为发票金额，除非信用证规定汇票按发票金额的百分之几开立)。

(3) 汇票付款人应为开证行。目前，我国银行开出的进口信用证基本上是不可撤销议付信用证。在信用证业务项下，汇票付款人应为开证行或开证行指定的付款行，而不应是开证申请人。

(4) 出票日期应在信用证的有效期限内。

(5) 出票条款(drawn clause)要正确，要与信用证规定注明的条款相一致。

(6) 出票人、抬头人(order party，受款人)及付款人(drawee)的名称和地址要正确无误。出票人通常为出口人，抬头人通常为议付行，付款人(或被出票人)为开证银行。

(7) 出票人应为信用证受益人和受让人，出票人名称应与信用证所载名称相符，并须经其负责人签章。

(8) 受款人为出票人指示抬头(pay to the order of drawer)，则应由出票人背书。

(9) 付款期限是否与信用证规定相符，即期汇票或远期汇票不可弄错，远期汇票须注意其期限。

汇票样单如下。

汇票样单

No. JW0104　　　　　　　　　　　　　　　　　　　　　　New York, April 30, 2010

Exchange for　　USD 100, 500.00

At <u>Sight</u> of this FIRST of Exchange (Second of the same tenor and date unpaid) pay to the order of <u>ABN BANK, NEW YORK (NEW YORK BRANCH)</u> the sum of <u>US DOLLARS ONE HUNDRED THOUSAND FIVE HUNDRED ONLY.</u>

Drawn under <u>BANK OF COMMUNICATIONS BEIJING (BEIJING BRANCH)</u>

L/C No.　<u>LCC0200102526</u>　Dated　<u>MARCH 15, 2010</u>

To　　BANK OF COMMUNICATIONS　　John Williams Agricultural Machinery Co., Ltd.
　　　BEIJING　　　　　　　　　　　　No. 75 Coastal Road, New York, NY10000
　　　(BEIJING BRANCH)　　　　　　　　　　　　　　　　USA

---

2) 商业发票的审核要点

商业发票是货运单据的中心。发票的记载必须与信用证规定完全相符。进口人在审核商业发票时应注意审核发票的名称、抬头、发票日期、相关号码(如合同号、信用证号)、商品描述(包括品名、单价、贸易术语)、发票金额以及信用证规定加注的特别内容等项目，要点如下。

(1) 发票的开票人应是信用证中规定的受益人(可转让信用证除外)，与汇票的出票人应为同一人。

(2) 发票的抬头人应是信用证开证申请人。

(3) 发票的开票日期不应迟于汇票的出票日期，也不应迟于信用证的议付有效期。

(4) 商品名称、数量、规格、单价、包装、价格条款、合同号码等及货物描述必须与信用证的规定相符，单价乘以数量必须与发票总金额相符。如发票分别记载每档费用金额，则FOB价、运费、保险费三档金额相加必须与发票总金额相符。

(5) 除非信用证另有规定，发票金额应与汇票金额一致，且不得超过信用证规定金额。

(6) 信用证所规定的信用证金额、单价及商品的数量单位(如磅、千克、码等)，其前面如有"about"、"circa"或类似意义字样者，允许有不超过10%的差额。

(7) 除非信用证另有规定，在所支付款项不超过信用证金额的条件下，货物数量准许有5%的增减幅度。但如信用证规定的数量以包装单位或个数计数，此项增减幅度则不适用。

(8) 信用证上若规定货物的单价并允许分批装运的，分批装运数量和所支取货款应与信用证总数量和总金额为同一比例。

(9) 唛头、号码、货名、装运日期、起运地等应与提单或其他单据相符。

(10) 如信用证中未特殊规定，发票上不得列入仓租、佣金、电报等额外费用，也不得列入其他与货物无关的费用。

(11) 发票上必须记载出票条款、合同号码及发票日期，份数必须与信用证要求相符，如是影印件或复写件，其中一份必须注明"正本"字样。发票如经过修改更正，应由出票人签章。

商业发票样单如下。

商业发票样单

John Williams Agricultural Machinery Co., LTD.

No.75 Coastal Road, Forest District, New York, NY10000, USA

Tel/Fax: +1-221-488×××

INVOICE ORIGINAL

No. CN1004

Date: 30/04/10

Messrs:
China ABC Trade Corp.
No.10 Fuchengmen Ave., Beijing 100037, China
Tel: +86-10-68××××, 68××××
Fax: +86-10-68××××

Contract No. : CN1004
LC No.: LCC0200102526

Item No.	Commodity & Specifications	Unit	Qnty.	Unit Price	Amount
1.	30 sets of John Williams Model-390 Mower	set	30	USD3,350.	USD100,500.
				CIF Xingang,China	

Total Value USD100,500.
SAY US DOLLAR ONE HUNDRED THOUSAND FIVE HUNDRED ONLY.

Packing: In Container(s)
Shipment From New York Seaport To Xingang, China

×××

3) 包装单据的审核要点

包装单据是出口商制作的用于说明所装运的货物的包装情况的明细单,是商业发票的补充说明,审核时应注意以下几个要点。

(1) 进口商的名称、地址等应与信用证相符。

(2) 货物的规格、数量、唛头等应与提单等其他单据一致。

(3) 数量、重量及尺码的小计与合计应与信用证、商业发票及提单相符。

包装单据样单如下。

包装单据样单

BEUING INTERNATIONAL TRADE CORP

No.7 Baishiqiao Road,Beijing100081,China,Tel/Fax:68××××

PACKING LIST

MESSRS.　　　　　　　　　　　　Reference No.001-P1

Invoice　　　　　　　　　　　　　No.99001

HAMME COMPANY,　　　　　　　Date　　No.AUG.30,1999

P.O.BOX31, HAMBURG, GERMANY　Contract No.99-001GE

SHIPMENT FROM　SHANGHAI　TO　HAMBURG PORT, GERMANY

Description	Quantity	N. W	G. W.	Measurement
ONE SET OF MILLING MACHINE MODEL 112	ONE SET	7,500	8,000	4
PACKED IN WOODEN CASE(S)				
L/C NO.001				

TOTAL: SAY IN ONE WOODEN CASE ONLY.

4) 海运提单的审核要点

提单是物权凭证,持单人可凭以提货,也是出口人凭以议付货款的最基本单据,进口人审核时应注意提单的抬头、通知人和发货人、价格条件、提单的日期、装船日期、装运港与卸货港名称、货物描述(如唛头、品名、重量、体积)等项目,要点如下。

(1) 提单应具备全套可转让提单并注明承运人的具体名称,经承运人或作为承运人的具名代理、船长或作为船长的具名代理签署。

(2) 提单上的文字如有更改时,应有提单签署人的签字,或有签发提单公司的签章。

(3) 提单的抬头人(consignee)如是"to order"或"to order of shipper",应经出口人(发货人)做成空白背书,信用证要求记名背书时,应做成记名背书。

(4) 提单的抬头人和被通知人的名称、地址应与信用证规定相符。

(5) 价格条件为CFR或CIF时,应有"freight prepaid"字样;若为FCA或FOB条件,应有"freight collect"字样。

(6) 提单的日期不得迟于信用证上规定的最迟装运日期。

(7) 提单向指定银行提示的刚明原则上不得迟于提单签发日后 21 天，信用证另有规定的服从信用证规定，但无论如何不得晚于信用证的有效期。

(8) 商品栏上不许记载信用证上未列明的商品。

(9) 装运港与卸货港名称应正确。

(10) 提单上不得有任何说明货物瑕疵的不良批注，也就是说，除非信用证特准，提单应为清洁提单。

(11) 除非信用证特准，不得货装舱面(on deck shipment)，如条款允许货装舱面时，应投保舱面险。

(12) 提单上所载件数、唛头、号码、重量及船名等，应与发票、包装单及重量单上所载完全相符。货物可用总名称描述，但不得与其他单据的货物名称有抵触。

(13) 提单上的发货人(shipper)原则上应为信用证的受益人，如以第三者为发货人，应以信用证特许者为限，或在转让信用证项下。

(14) 装船日期可以早于信用证日期，除非信用证另有规定。但该提单必须在信用证有效期内和信用证规定的交单期限内提交。

提单样单如下。

提单样单

Booking No.		B/L NO.
1. Shipper Insert Name, Address and Phone SHANGHAI TOOLS MANUFACTURE CO. 3188 JINZHANG ROAD, SHANGHAI, CHINA		**CSC CONTAINER LINES** TLX: 33057 CSC CN FAX: +86(021) 6545××××
2. Consignee Insert Name, Address and Phone TO THE ORDER OF PUSAN BANK		**ORIGINAL** Port-to-Port or Combined Transport **BILL OF LADING**
3. Notify Party Insert Name, Address and Phone (it is agreed that no responsibility shall attach to the Carrier or his agents for failure to notify) DAYU IMPORT & EXPORT TRADE COPORATION 564-8, SUNAM-DONG, NAM-KU PUSAN KOREA, TEL:(052)288-53××		RECEIVED in external apparent good order and condition except as otherwise noted. The total number of packages or units stuffed in the container, the description of the goods and the weights shown in the Bill of Lading are furnished by the Merchants, and which the carrier has no reasonable means of checking and is not a part of this Bill of Lading contract. The carrier has issued the number of Bills of Lading stated below, all of this tenor and date, one of the original Bill of Lading must be surrendered and endorsed or signed against the delivery of the shipment and whereupon any other original Bills of Lading shall be void. The Merchants agree to be bound by the terms and conditions of this Bill of Lading as if each had personally signed this Bill of Lading.
4. Combined Transport * Pre-carriage by	5. Combined Transport* Place of Receipt	SEE clause 4 on the back of this Bill of Lading (Terms continued on the back hereof, please read carefully)
6. Ocean Vessel Voy. No. DONGFANG VOY888	7. Port of Loading SHANGHAI	*Applicable Only When Document Used as a Combined Transport Bill of Lading

8. Port of Discharge PUSAN	9. Combined Transport* Place of Delivery			
Marks & Nos. Container. Seal No.	No. of containers or Packages	Description of Goods (If Dangerous Goods, See Clause20)	Gross Weight (kg)	Measurement (m³)
N/M	319 CTNS	DOUBLE OPEN AND SPANNER FREIGHT PREPAID	2,800	50
	Description of Contents for Shipper's Use Only (Not part of This B/L Contract)		Shippers load stow and count	
10. Total Number of containers and /or packages (in words) Subject to clause 7 Limitation				
11. Freight & Charges FREIGHT PREPAID Declared Value Charge	Revenue tons	Rate	Per	Prepaid	Collect
Ex. Rate:	Prepaid at		Payable at	Place and date of Issue SHANGHIA JUL.01, 2004	
	Total Prepaid		No. of Original B(s)/L THREE	Signed for the Carrier	

LADEN ON BOARD THE VESSEL

DONGFANG VOY. 888

DATE

JUL.01, 2004

5) 保险单的审核要点

在以 CIF 条件成交的国际贸易中,进口商必须对出口商所提供的货物运输保险单据进行审核,其审核内容主要有被保险人、商品描述、投保金额、出单日期、险别条款、赔付地点等,要点如下所述。

(1) 被保险人应符合信用证的规定,一般情况下为信用证的受益人。

(2) 包装件数、重量、唛头应与发票和提单相符。

(3) 保险金额的加成和币别应与信用证的规定相符,大小写金额必须一致。

(4) 运输工具、起讫地点、起运日期应与提单一致。

(5) 如转运,保险期限必须包括全程运输。

(6) 保险险别及适用的保险条款应与信用证规定一致。

(7) 如信用证未规定赔款地点和支付的币别，应以目的地或邻近地为赔款地点，以赔款地所在国货币支付。

(8) 保险单的出单日期不得迟于提单日期。

(9) 保险单正副本的份数须符合信用证的规定。

(10) 除信用证另有规定外，保险单应为可转让形式，由抬头人按信用证规定作背书。

保险单样单如下。

保险单样单

中国人民保险公司广州市分公司

The People's Insurance Company of China Guangzhou Branch

总公司设于北京	1949 年创立
Head Office Beijing	Established in 1949

货物运输保险单
CARGO TRANSPORTATION INSURANCE POLICY

发票号(INVOICE NO.) NM134	保单号次 PLC876
合同号(CONTRACT NO.) 05MP561009	POLICY NO.
信用证号(L/C NO.) T-027651	

被保险人：
INSURED: GUANGDONG MACHINERY IMPORT & EXPORT CORP.

中国人民保险公司(以下简称本公司)根据被保险人的要求，由被保险人向本公司交付约定的保险费，按照本保险单承保险别和背面所载条款与下列特款承保下述货物运输保险，特立本保险单。

THIS POLICY OF INSURANCE WITNESSES THAT THE PEOPLE'S INSURANCE COMPANY OF CHINA(HEREINAFTER CALLED "THE COMPANY") AT THE REQUEST OF THE INSURED AND IN CONSIDERATION OF THE AGREED PREMIUM PAID TO THE COMPANY BY THE INSURED, UNDERTAKES TO INSURE THE UNDERMENTIONED GOODS IN TRANSPORTATION SUBJECT TO THE CONDITIONS OF THIS OF THIS POLICY ASPER THE CLAUSES PRINTED OVERLEAF AND OTHER SPECIL CLAUSES ATTACHED HEREON.

标 记 MARKS&NOS.	包装及数量 QUANTITY	保险货物项目 DESCRIPTION OF GOODS	保险金额 AMOUNT INSURED
F.V. ART NO.=9099 ROTTERDAM NOS.:1-1000	1,000CTNS	STAINLESS SCOOP	USD126,720

总保险金额
TOTAL AMOUNT INSURED: SAY U.S.DOLLARS ONE HUNDRED AND TWENTY SIX THOUSAND SEVEN HUNDRED AND TWENTY ONLY

保费	起运日期	装载运输工具：
AS ARRANGED	DATE OF COMMENCEMENT: MAR.20, 2002	PER CONVEYANCE: Pessession V16
自	经	至
FROM: GUANGZHOU	VIA_____	TO ROTTERDAM

第9章 单据审核的基本方法和审核要点

承保险别：
CONDITIONS: FOR 110% INVOICE VALUE COVERING ALL RISKS AND WAR RISK AS PER OMCC OF CIC 1/1/1981

所保货物，如发生保险单项下可能引起索赔的损失或损坏，应立即通知本公司下述代理人查勘。如有索赔，应向本公司提交保单正本(本保险单共有 3 份正本)及有关文件。如一份正本已用于索赔，其余正本自动失效。

IN THE EVENT OF LOSS OR DAMAGE WITCH MAY RESULT IN A CLAIM UNDER THIS POLICY, IMMEDIATE NOTICE MUST BE GIVEN TO THE COMPANY'S AGENT AS MENTIONED HEREUNDER. CLAIMS, IF ANY,ONE OF THE ORIGINAL POLICY WHICH HAS BEEN ISSUED IN <u>THREE</u> ORIGINAL(S) TOGETHER WITH THE RELEVENT DOCUMENTS SHALL BE SURRENDERED TO THE COMPANY. IF ONE OF THE ORIGINAL POLICY HAS BEEN ACCOMPLISHED, THE OTHERS TO BE VOID.

中国人民保险公司广州市分公司
The People's Insurance Company of China Guangzhou Branch

赔款偿付地点
CLAIM PAYABLE AT: <u>ROTTERDAM IN USD</u>　　　　　×××

出单日期　　　　　　　　　　　　　　　　　　　　Authorized Signature
ISSUING DATE: <u>MAR.19, 2002</u>

地址(ADD)：中国广州××路××号　　　　电话（TEL）：(020)8652××××
地址(ADD)：邮编（POST CODE）：518000　　　传真（FAX）：(020)8440××××

2. 单据的审核技巧

要提高单据审核的效率，关键在于熟悉单据的格式和填写内容的规范要求。另外，如果对于经常出现的错误之处有一定的了解，则可以大大提高审单的速度和准确性。下面介绍主要单据的常见不符点之处。

1) 汇票的审核
(1) 出票日期迟于有效期。
(2) 汇票金额大于信用证金额。
(3) 汇票的付款期限与信用证规定不符。
(4) 汇票的出票人与信用证受益人名称不一致。
(5) 出票人未签字。
(6) 汇票的付款行不是信用证指定的银行。
(7) 收款人未背书或背书不正确。
(8) 更改汇票没有加盖更正章。
(9) 未按规定列明"出票条款"或"利息条款"。
(10) 漏列或错列信用证号码。
(11) 金额大小写不一致。
(12) 货币名称与发票或信用证不一致。
2) 商业发票的审核
(1) 该发票的开立人不是信用证的受益人。

(2) 买方称呼与信用证上的申请开证人不同。
(3) 货物数量与信用证不符或不在允许的增减幅度之内。
(4) 发票金额超支或不在允许的伸缩幅度之内。
(5) 单价未按信用证规定或不在允许的幅度之内，价格条件与信用证不符。
(6) 遗漏信用证要求、表明和证明的内容。
(7) 货物描述与信用证不符。
(8) 货物包装，注有"用过"、"旧货"、"重新装配"等字样。

3) 包装单据的审核
(1) 内容未按信用证要求填写。
(2) 所列包装方法与发票所列不符。
(3) 所列货物与发票不符。
(4) 所列货物、件数、质量、体积、数量等与其他单据不一致。
(5) 未注明每件包装的重量。
(6) 重量合计不准确。
(7) 船名、唛头与提单不一致。
(8) 未按信用证要求加列特别条款。
(9) 填写项目不全或有误。

4) 提单的审核
(1) 收货人、被通知人名称与信用证规定不符。
(2) 起运港或卸货港与信用证规定不符。
(3) 未按信用证"禁止转运"而转运。
(4) 提交不洁净提单。
(5) 所列货物与信用证不符。
(6) 没有"已装船"的批注，或"已装船"批注后未列日期或批注日期迟于信用证规定的日期。
(7) 未按信用规定，证明运费已付或到付。
(8) 有"货装甲板"的批注。
(9) 未按信用证规定的背书。
(10) 未提交全套有效的提单。
(11) 未注明承运人的名称。
(12) 承运人或船长的签字未表明身份。
(13) 承运人或船长的代理人签字时，未表明所代表的承运人的名称及身份。
(14) 包装件数、唛头与发票不一致。

5) 保险单的审核
(1) 并非由规定的保险公司或保险商出具。
(2) 保险货币或金额与信用证规定不符。
(3) 所列货物与信用证不符。
(4) 包装件数、唛头等与其他单据不一致。
(5) 起运港或卸货港与信用证规定不符。

(6) 被保险人即受益人未背书或背书不正确。
(7) 未按信用证规定列明险别。
(8) 未提供全套保险单据。
(9) 保单日期迟于提单日期。

9.3 单据提交时不符点的处理方法

信用证或合同及买方规定的单据，经进口商对照信用证的内容和其他单据的内容仔细审核无误后，进口商应按规定支付货款，取得单据，办理提货。在实际工作中，有时出现不符点(discrepancy)，导致受益人无法交单的情况出现。不符点是指受益人向银行提交的单据中包含有不符合信用证规定的内容，致使单证不符、单单不符或单据本身内容不完整。银行对有不符点的单据，往往拒绝议付。为避免这种情况的发生，我们可以采用以下几种方法。

1. 预审法

一般而言，运输单据是所有单据中最晚得到的，其他的单据，诸如商业发票、装箱单、原产地证书、检验证书、报关单等在货物发运之前，完全可以缮制完毕。可以将这些单据先送交银行审核，若发现不符点，如时间充裕，或货物尚未出运，应立即修改单据。如修改信用证，也可立即联系开证申请人改证，信用证未得到修改之前，受益人坚决不能发运货物。否则，会失去对货物的控制权。这种方法称为"预审法"。

2. 担保议付法

如果货物已装船，或虽然未装船但须赶船期，致使受益人无法提出改证，受益人可向银行出具担保书(Letter of Indemnity)，要求银行凭担保议付货款，如日后遭到开证行拒付，由受益人承担一切后果。这时候银行如接受，可不承担风险和责任。

银行一般可采用"表提法"和"电提法"与开证行联系，解决此事。所谓"表提"，是当议付行向开证行交单索汇时，在随附单据的面函(Covering Schedule)上指出不符点，并注明"凭保议付"字样，请求开证行与客户联系，决定是否接受(Please Contact Your Customer for Their Acceptance)。所谓"电提"，是议付行先向开证行拍发电报(电传/传真)指明不符点，征求开证行意见，如对方同意接受含有不符点的单据，再将单据寄出。

3. 信用证下托收法

出现了不符点，如这时货物已经发出，而议付行又不愿采用"表提"或"电提"时，或者虽采用了"电提"但开证行不接受，受益人只能改用托收的方式，委托银行寄单收款。值得注意的是，支付方式就由原来的信用证该为托收，银行不承担第一性的付款责任，风险也改为商业风险。此时应特别注意以下几点。

(1) 如货物未被提走，应立即联系进口商，要求其履行合同，尽快付款。
(2) 如货物被以担保的形式提走，应与承运人联系，以货主的身份控制正本提单，迫使进口商付款赎单。
(3) 如货物被以正本提单提走，意味着开证行已接受单据，应要求议付行敦促开证行立即付款。

(4) 如进口商不赎单,或者开证行退单,应立即在进口国联系一个代理(An Agent in Case of Need)将提单背书转让给代理,请其代为提货,再酌情处理。

总而言之,要想尽一切办法,将损失减少到最小限度,避免由于缺乏责任心、工作怠慢而丧失对货物的最佳处理时机,使公司受到不应有的损失。要重视对货物的掌控,尽量创造条件,变被动为主动,运用各种国际惯例和有关法律,有时甚至不要怕打官司,以维护自身的利益。

本章小结

进口单据不仅是进口人凭以付款、提货的依据,也是用于核对出口人所供货物是否与合同相符的凭证。因此,对开证行与进口人而言,做好进口单据的审核工作是十分重要的。

练 习 题

一、单项选择题

1. 进口商审核单据时,在单证相符的同时,还必须保证单单相符,其中在单据中处于中心地位的单据是( )。

   A. 汇票　　　　　　　　　　　　　B. 商业发票
   C. 保险单　　　　　　　　　　　　D. 提单

2. 进口货物单据的审核,是进口合同履行过程中的一个重要环节。如采用信用证支付方式,一般审核单据的工作( )。

   A. 只由开证行审核即可
   B. 只由进口商审核即可
   C. 只由议付行审核即可
   D. 由开证行和进口商共同对货物单据进行审核

3. 审核信用证的要点,不包括( )。

   A. 是否与开证申请书一致　　　　　B. 信用证条款与买卖合同是否一致
   C. 是否加列了对卖方不利的条款　　D. 是否有境外有效期
   E. 是否存在软条款

4. 审核进口单据的依据为( )。

   A. 开证申请书　　　　　　　　　　B. 合同及《UCP600》的有关规定
   C. 进口许可证　　　　　　　　　　D. 托收指示书

5. 按照我国现行的做法,开证行收到国外寄来的全套单证以后,应根据信用证条款全面、逐项审核的事项是( )。

   A. 单据与信用证之间是否相符
   C. 单据是否符合审证人的经验
   B. 单据是否符合货物的实际情况
   D. 单据与开证申请书之间是否相符

6．提单是物权凭证，持单人可凭以提货。进口人审核提单时应注意的要点有(   )。
   A．提单应具备全套可转让提单并注明承运人的具体名称，并由受益人签署
   B．提单上的文字如有更改，应有提单签署人的签字，或有签发提单的公司的签章
   C．提单的日期应迟于信用证上规定的最迟装运日期
   D．提单向指定银行提示的日期原则上不得迟于提单签发日后 15 天，信用证另有规定的从信用证规定，但无论如何不得晚于信用证的有效期

二、判断题

1．审单的原则与制单的原则相同，即正确、完整。基本要求是单证一致、单单一致，只审单不审货，只凭信用证不过问合同。   (   )

2．单证一致，即按信用证规定提交的各种单据必须与信用证的规定严格一致。信用证的条款、具体要求，甚至文字措辞都要在所提示的单据中体现出来。信用证上所列的货物名称，单据上不能加以改动，或在文字上有增减。   (   )

3．审核单据与缮制单据相同，都是以进出口合同、信用证以及有关商品的原始资料和国际惯例、国内的有关管理规定等为主要依据。   (   )

4．汇票中金额的记载大小写如果出现不同，一般以小写为准。   (   )

5．商业发票的抬头人一般是收款方。   (   )

6．提单表面虽记载有货物的不良批注，但并不影响交单。   (   )

第三篇

进出口单证操作练习及解答

第10章 信用证审核练习及解答

第一套：请根据合同内容审核信用证，指出不符之处并提出修改意见。

销售合意：

SALES CONTRACT

THE SELLER:

GUANGHUA INDUSTRIAL PRODUCTS TRADING CORP.   NO.: YH10039

62 JIANGXI ROAD, QINGDAO, P.R. CHINA   DATE: DEC. 1, 2010

THE BUYER: QINGDAO, CHINA

JEVAN TRADING CO.

15 MARVI BLGH, MARRIO ROAD P.O.BOX 4666, KARACHI-78000

This sales contract is made by and between the Seller and the Buyer, whereby the Seller agree to sell and the Buyer agree to buy the under mentioned goods according to the terms and conditions stipulated below:

Commodity & Specification	Quantity	Price Terms	
		Unit price	Amount
CARDHOLDER DYED COW LEATHER		FOB QINGDAO	
BlACK	5,000PCS	USD1.45/PC	USD 7,250.00
BROWN	8,000PCS	USD1.50/PC	USD 12,000.00
			USD 19,250.00

Total amount: U. S. DOLLARS NINETEEN THOUSAND TWO HUNDRED AND FIFIY ONLY

Packing: 1 PC/POLYBAG, 500PCS/CTN

Shipping Mark:

JEVAN

KARACHI

NOS. 1-26

Time of Shipment: DURING JAN. 2011 BY SEA

Loading Port and Destination: FROM QINGDAO TO KARACHI

Partial Shipment and Transshipment: ALLOWED

Insurance: TO BE EFFECTED BY THE BUYER

Terms of Payment:

THE BUYER SHALL OPEN THROUGH A BANK ACCEPTABLE TO THE SELLER AN IRREVOCABLE SIGHT LETTER OF CREDIT TO REACH THE SELLER 30 DAYS BEFORE THE MONTH OF SHIPMENT, AND TO REMAIN VALID FOR NEGOTIATION IN CHINA UNTIL THE 15 DAYS AFTER THE FORESAID TIME OF SHIPMENT.

信用证条款：

ISSUE OF DOCUMENTARY CREDIT

27: SEQUENCE OF TOTAL: 1/1
40A: FORM OF DOC，CREDIT: IRREVOCABLE
20: DOC. CREDIT NUMBER: 103CD137273
31C: DATE OF ISSUE: 101215
40E: APPLICABLE RULES: UCP LATEST VERSION
31D: DATE AND PLACE OF EXPIRY: DATE 110202 PLACE IN PAKISTAN
51D: APPLICANT BANK: HABIB BANK LIMITED CENTRAL BR.2-HB, KARACHI，PAKISTAN
50: APPLICANT: JEVAN TRADING CO.
  15 MARVI BLGH, MARRIO ROAD P.O.BOX 4666, KARACHI-78000
59: BENEFICIARY: GUANGHUA INDUSTRIAL PRODUCTS TRADING CO.
  62 JIANGXI ROAD, QINGDAO, P.R. CHINA
32b: AMOUNT: CURRENCY EUR AMOUNT 19,250.00
41A: AVAILABLE WITH...BY
  ANY BANK IN CHINA BY NEGOTIATION
42C: DRAFTS AT...
  30 DAYS AFTER SIGHT
42A: DRAWEE: HABIB BANK LIMITED
43P: PARTIAL SHIPMENTS: NOT ALLOWED
43T: TRANSSHIPMENT: NOT ALLOWED
44E: PORT OF LOADING: ANY CHINESE PORT
44F: PORT OF DISCHARGE: KARACHI, PAKISTAN
44C: LATEST DATE OF SHIPMENT: 100115
45A: DESCRIPTION OF GOODS
  GOODS AS PER S/C NO. YH10036 DATED ON DEC.1, 2010
  CARDHOLDER DYED COW LEATHER
  BLACK COLOUR/8,000 PCS AT USD 1.45/PC FOB QINGDAO
  BROWN COLOUR/5,000 PCS AT USD 1.50/PC FOB QINGDAO
  PACKING: 200PCS/CTN
46A: DOCUMENTS REQUIRED
  1. SIGNED COMMERCIAL INVOICE IN 3 COPIES
  2. CERTIFICATE OF ORIGIN GSP FORMA ISSUED BY OFFICIAL AUTHORITIES
  3. PACKING LIST IN 3 COPIES
  4. FULL SET CLEAN ON BOARD BILLS OF LADING MADE OUT TO ORDER MARKED FREIGHT PREPAID AND NOTIFY APPLICANT
  5. INSURANCE POLICY/CERTIFICATE IN DUPLICATE ENDORSED IN BLANK FOR 120%INVOICE VALUE COVERING ALL RISKS AND WAR RISK AS PER CIC.
47A: ADDITIONAL CONDITIONS
  BILL OF LADING ONLY ACCEPTABLE IF ISSUED BY ONE OF THE FOLLOWING SHIPPING COMPANIES: KUEHNE—NAGEL (BLUE ANCHOR LINE) VILTRANS (CHINA) INTL FORWARDING LTD. OR VILTRANS SHIPPING (HK) CO., LTD.
71B: CHARGES: ALL CHARGES ARE TO BE BORN BY BENEFICIARY
48: PERIOD FOR PRESENTATION:
WITHIN 5 DAYS AFTER THE DATE OF SHIPMENT，BUT WITHIN THE VALIDITY OF THIS CREDIT
49: CONFIRMATION INSTRUCTION: WITHOUT

经审核，该信用证存在以下问题。

答案与解析

经审核，该信用证存在以下问题。

(1) 信用证到期地点填写有误，应将"PAKISTAN"修改为"CHINA"。

解析：原信用证巴基斯坦(PAKISTAN)到期不利于受益人掌握，因为如果信用证的到期地点不在受益人所在地，则意味着受益人的全套单据必须在这个时间之前到达国外银行柜台，这对受益人不利。因此，以交单人所在国家即信用证受益人所在国家(中国)为合理。

(2) 信用证受益人名称填写有误，应将"GUANGHUA INDUSTRIAL PRODUCTS TRADING CO."修改为"GUANGHUA INDUSTRIAL PRODUCTS TRADING CORP."。

解析：信用证上应填写信用证受益人详细的名称和地址，并且要准确无误。

(3) 信用证金额与合同不符，应将"CURRENCY EUR AMOUNT 19,250.00"修改为"CURRENCY USD AMOUNT 19,250.00"。

解析：来证的币别和币值应与合同的币别和币值相符。如用其他货币开证，应按汇率折算，看是否与合同金额相符，若不符则要改证。

(4) 汇票条款与合同不符，应将"30 DAYS AFTER SIGHT"修改为"AT SIGHT"。

解析：合同规定使用即期汇票(SIGHT LETTER OF CREDIT)，而信用证却规定见票后30天付款(30 DAYS AFTER SIGHT)，应修改信用证，否则会造成单证不符。

(5) 分批装运条款与合同不符，应将"PARTIAL SHIPMENTS：NOT ALLOWED"修改为"PARTIAL SHIPMENTS：ALLOWED"。

解析：合同中明确规定允许分批装运(Partial Shipment is allowed)，但来证中却禁止分批装运，故必须修改信用证，否则有可能由于实际运输与信用证要求不符造成单证不符。

(6) 转运条款与合同不符，应将信用证中"TRANSSHIPMENT：NOT ALLOWED"修改为"TRANSSHIPMENT：ALLOWED"。

解析：合同中明确规定允许转运(Transshipment is allowed)，但来证中却禁止转运，故必须修改信用证，否则有可能由于实际运输与信用证要求不符造成单证不符。

(7) 信用证的货物描述中合同号码与合同不符，应将"YH10036"修改为"YH10039"。

解析：信用证中引用的合同号码应与销售合同相符，否则会造成单证不符。

(8) 信用证的货物描述中货物数量与合同不符，应将"BLACK COLOUR/8,000 PCS AT USD 1.45/PC FOB QINGDAO；BROWN COLOUR/5,000 PCS AT USD 1.50/PC FOB QINGDAO"修改为"BLACK COLOUR/5,000 PCS AT USD 1.45/PC FOB QINGDAO；BROWN COLOUR/8,000 PCS AT USD 1.50/PC FOB QINGDAO"。

解析：信用证中货物规格、数量应与合同中严格一致，否则造成单证不符。

(9) 信用证的货物描述中包装条件与合同不符，应将"200PCS/CTN"修改为"1 PC/POLYBAG，500PCS/CTN"。

解析：信用证中货物包装的条件应与合同中严格一致，否则会造成单证不符，影响装运。

(10) 信用证中交单期的规定与合同要求不符，应将"WITHIN 5 DAYS AFTER THE DATE OF SHIPMENT，BUT WITHIN THE VALIDITY OF THIS CREDIT"修改为"WITHIN 15 DAYS AFTER THE DATE OF SHIPMENT，BUT WITHIN THE VALIDITY OF THIS CREDIT"。

解析：交单期应合理设置，保证受益人有足够的时间向银行提交单据议付。信用证中交单期应与合同规定一致，否则会影响卖方交单结汇。

第二套：请根据合同内容审核信用证，指出不符之处并提出修改意见。

销售合同：

SALES CONTRACT

THE SELLER：
SHANGHAI TRADING IMPORT & EXPORT CORPORATION
60, HUAHAI ROAD, SHANGHAI, P.R. CHINA

NO. ：SD101215
DATE：DEC. 15，2010
SHANGHAI，CHINA

THE BUYER：
W.W.TEXTILES P.O.BOX 9
CEMEERY ROAD, PUDSET WEST YORKS LS287XD，LONDON

The undersigned Seller and Buyer have agreed to close the following transactions according to the terms and conditions stipulated below:

Commodity & Specification	Quantity	Price Terms	
		Unit price	Amount
STEEL TAPE RULES		CFR SOUTHAMPTON	
JH-392W 3M×16MM	2,000 DOZ PAIR	USD3.60/DOZ PAIR	USD7,200.00
JH-380W 3M×16MM	500 DOZ PAIR	USD4.20/DOZ PAIR	USD2,100.00
			USD9,300.00
Total amount：U. S. DOLLARS NINE THOUSAND THREE HUNDRED ONLY			

Packing： In Cartons
Shipping Mark： STIEC
                SOUTHAMPTON
Time of Shipment： During JAN. 2011

Loading Port and Destination: From Shanghai to Southampton
Partial Shipment and Transshipment: allowed
Insurance: To be effected by the buyer
Terms of Payment: The Buyer shall open through a bank acceptable to the Seller an Irrevocable Sight Letter of Credit to reach the Seller 30 days before the month of shipment. Valid for negotiation in China until the 15 days after the month of shipment.

信用证条款：

SQUENCE OF TOTAL	27: 1/1
FORM OF DOC. CREDIT	40A: IRREVOCABLE
DOC. CREDIT NUMBER	20: 06661225
DATE OF ISSUE	31C: DEC. 25, 2010
APPLICABLE RULES	40E: UCP LATEST VERSION
DATE AND PLACE OF EXP.	31D: FEB.10, 2011 IN CHINA
APPLICANT	50: W.W.TEXTILES P.O.BOX 9 CEMEERY ROAD, PUDSET WEST YORKS LS287XD, LONDON
ISSUING BANK	52A: ABN BANK LIMITED
BENEFICIARY	59: SHANGHAI TRADING IMPORT & EXPORT CORPORATION 60, HUAHAI ROAD, SHANGHAI, P.R. CHINA
AMOUNT	32B: CURRENCY HKD AMOUNT 9,800.00
AVAILABLE WITH/BY	41D: ANY BANK IN CHINA BY NEGOTIATION
DRAFTS AT...	42C: DRAFTS AT 60 DAYS AFTER SIGHT FOR 100PCT INVOICE VALUE
DRAWEE	42D: ABN BANK LIMITED
PARTIAL SHIPMENT	43P: NOT ALLOWED
TRANSSHIPMENT	43T: NOT ALLOWED
LOADING/DISPATCHING/TAKING	44A: ANY CHINESE PORTS
TRANSPORTATION TO...	44B: LONDON SEA PORT
LATEST DATE OF SHIPMET	44C: FEB. 15, 2011
DESCRIP OF GOODS	45A:

TAPE RULES
(1) 2,000 DOZ PAIR MODEL: JH-395W
　　SIZE: 3M×16MM @HKD3.60 PER DOZEN CIF LONDON
(2) 500 DOZ PAIR MODEL: JH-386W
　　SIZE: 3M×16MM @HKD4.20 PER DOZEN CIF LONDON
PACKING: EXPORT STANDARD SEAWORTHY PACKING

DOCUMENTS REQUIRED	46A:+SIGNED COMMERCIAL INVOICE IN TRIPLICATE +SIGNED PACKING LIST IN TRIPLICATE +G.S.P.CERTIFICATE OF ORIGIN FORM A +BENEFICIARY'S CERTIFICATE STATING THAT ONE SET OF ORIGINAL SHIPPING DOCUMENTS INCLUDING ORIGINAL "FORM A" HAS BEEN SENT DIRECTLY TO THE APPLICANT AFTER THE SHIPMENT.

	+INSURANCE POLICY OR CERTIFICATE ENDORSED IN BlANK FOR 110 PCT OF CIF VALUE. COVERING W. P. A RISK AND WAR RISK +3/3 PLUS ONE COPY OF CLEAN ON BOARD OCEAN BILLS OF LADING MADE OUT TO ORDER AND BLANK ENDORSED MARKED "FREIGHT COLLECT" AND NOTIFY APPLICANT.
ADDITIONAL CONDITION	47A: +ALL DRAFTS DRAWN HEREUNDER MUST BE MARKED "DRAWN UNDER ABN BANK LIMITED. CREDIT NO. 06661215 DATED DECEMBER 25,2010" +T/T REIMBURSEMENT IS NOT ACCEPTABLE.
DETAILS OF CHARGES	71B: ALL BANKING CHARGES OUTSIDE BANK ARE FOR BENEFICIARY'S ACCOUNT
PRESENTAION PERlOD	48: DOCUMENTS MUST BE PRESENTED WITHIN 15 DAYS AFTER THE DATE OF ISSUANCE OF THE SHIPPING DOCUMENTS BUT WITHIN THE VALIDITY OF THE CREDIT.
CONFIRMATION	49: WITHOUT
INSTRUCT. TO NEGOTIATING	78: THE AMOUNT AND DATE OF NEGOTIATION OF EACH DRAFT MUST BE ENDORSED ON THE REVERSE OF THIS CREDIT. ALL DOCUMENTS INCLUDING BENEFICIARY'S DRAFTS MUST BE SENT BY COURIER SERVICE DIRECTLY: ECTLY TO US IN ONE LOT. UPON OUR RECEIPT OF THE DRAFTS AND DOCUMENTS WE SHALL MAKE PAYMENT AS INSTRUCTED BY YOU.

经审核,该信用证存在以下问题。

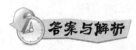

经审核,该信用证存在以下问题。

(1) 信用证总金额与合同不符,应将"CURRENCY HKD AMOUNT 9,800.00"修改为"CURRENCY HKD AMOUNT 9,300.00"。

解析：来证的币别和币值应与合同的币别和币值相符。如用其他货币开证，应按汇率折算，看是否与合同金额相符，若不符则要改证。

(2) 汇票条款与合同不符，应将"60 DAYS AFTER SIGHT"修改为"AT SIGHT"。

解析：合同规定使用即期汇票(SIGHT LETTER OF CREDIT)，而信用证却规定见票后60天付款(60 DAYS AFTER SIGHT)，应修改信用证，否则会造成单证不符。

(3) 分批装运条款与合同不符，应将"PARTIAL SHIPMENT：NOT ALLOWED"修改为"PARTIAL SHIPMENTS：ALLOWED"。

解析：合同中明确规定允许分批装运(Partial Shipment is allowed)，但来证中却禁止分批装运，故必须修改信用证，否则有可能由于实际运输与信用证要求不符造成单证不符。

(4) 转运条款与合同不符，应将信用证中"TRANSSHIPMENT：NOT ALLOWED"修改为"TRANSSHIPMENT：ALLOWED"。

解析：合同中明确规定允许转运(Transshipment is allowed)，但来证中却禁止转运，故必须修改信用证，否则有可能由于实际运输与信用证要求不符造成单证不符。

(5) 信用证装运条款中装运港的规定与合同不符，应将"LOADING/DISPATCHING/TAKING：ANY CHINESE PORTS"修改为"LOADING/DISPATCHING/TAKING：SHANGHAI"。

解析：合同中明确规定了装运港，但来证中却笼统规定，故必须修改信用证，否则有可能由于实际运输与合同要求不符造成单证不符。

(6) 信用证装运条款中装运港的规定与合同不符，应将"TRANSPORTATION TO：LONDON SEA PORT"修改为"TRANSPORTATION T0：SOUTHAMPTON"。

解析：合同中明确规定了目的地，来证中与合同不一致，故必须修改信用证，否则有可能由于实际运输与合同要求不符造成单证不符。

(7) 信用证的货物描述中货物型号与合同不符，应将"2,000 DOZ PAIR MODEL：JH-395W，500 DOZ PAIR MODEL：JH-386W"修改为"2,000 DOZ PAIR MODEL：JH-392W，500 DOZ PAIR MODEL：JH-380W"。

解析：信用证中货物型号应与销售合同应严格相符，否则会造成单证不符。

(8) 信用证的货物描述中币别与合同不符，应将"HKD"修改为"USD"。

解析：信用证中货物币别应与合同中币别严格一致，否则会造成单证不符。

(9) 信用证的货物描述中贸易术语与合同不符，应将"CIF LONDON"修改为"CFR SOUTHAMPTON"。

解析：信用证中贸易术语应与合同中的贸易术语严格一致，否则影响交易条件，造成单证不符。

(10) 信用证的货物描述中包装条件与合同不符，应将"EXPORT STANDARD SEAWORTHY PACKING"修改为"IN CARTONS"。

解析：信用证中货物包装的条件应与合同中严格一致，否则会造成单证不符，并影响装运。

第11章 外贸单据审核练习及解答

请根据信用证通知书、信用证条款及补充资料，指出相关外贸单据不符之处并提出修改意见。

一、信用证通知书

中国银行
BANK OF CHINA，SHANGHAI BRANCH

信用证通知书
Notification of DOCUMENTARY CREDIT

TO：致：JINSHAN SUB-BR(U26) SHANGHAI TIANYE TOOL IMPORT & EXPORT CO., LTD. 3188 JINZHANG ROAD	WHEN CORRESPONDING PLEASE QUOTE OUR REF NO.	415156J
		MAY. 8, 2011
Issuing Bank：开证行 BUSAN BANK BUSAN，KOREA. 0602699	Transmitted to us through 转递行/转让行	
L/C NO. 信用证号 M3286405 NS00121	Dated 开证日期 20110504	Amount 金额 USD13,608.00

Dear Sirs，谨启者

We advise you that we have received from the a/m bank a letter of credit，contents of which are as per attached sheet(s).
兹通知贵司，我行收自上述银行信用证一份，现随附通知。

This advice and the attached sheet(s) must accompany the relative documents when presented for negotiation.
贵司交单时，请将本通知书及信用证一并提示。

This advice does not convey any engagement or obligation on our part unless we have added our confirmation.
本通知书不构成我行对此信用证的任何责任和义务，但本行对本证加具保兑的除外。

If you find any terms and conditions in the L/C which you are unable to comply with and or any error(s)，it is suggested that you contact applicant directly for necessary amendment(s)so as to avoid any difficulties which may arise when documents are presented.
如本信用证中有无法办到的条款及/或错误，请径与开证申请人联系，进行必要的修改，以排除交单时可能发生的问题。

THIS L/C IS ADVISE SUBJECT TO ICC UCP PUBLICATION NO. 500.
本信用证之通知系遵循国际商会跟单信用证同意惯例第500号出版物办理。

This L/C consists of sheet(s)，including the covering letter and attachment(s).
本信用证连同面函及附件共_____页。

Remarks 备注

Yours faithfully，
For BANK OF CHINA

二、信用证

SEQUENCE OF TOTAL	*27: 1/1
FORM OF DOC.CREDIT	*40 A: IRREVOCABLE
DOC. CREDIT NUMBER	*20: M3286405NS00121
DATE OF ISSUE	31 C: 040504
EXPIRY	*31 D: DATE 040720 PLACE CHINA
APPLICANT	* 50:DAYU IMPORT & EXPORT TRADE COPORATION
	564-8, SUNAM-DONG, NAM-KUULSAN KOREA
	TEL: (052)288-××××
BENEFICIARY	*59 : SHANGHAI TOOLS MANUFACTURE CO., LTD.
	NO, 3188, JINZHANG ROAD, SHANGHAI, CHINA
AMOUNT	*32 B: CURRENCY USD AMOUNT 13,608.00
AVAILABLE WITH / BY	*41 D: ANY BANK
	BY NEGOTIATTION
DRAFTS AT...	42C : AT SIGHT
DRAWEE	42 A: PUSBKR2P×××
	*PUSAN BANK
	*PUSAN
PARTIAL SHIPMENTS	43 P: NOT ALLOWED
TRANSSHIPMENT	43 T: NOT ALLOWED
LOADING IN CHARGE	44 A: CHINA PORT
FOR TRANSPORT TO...	44 B: PUSAN PORT KOREA
LATEST DATE OF SHIPMENT	44 C: 040710
DESCRIPT OF GOODS	45 A:

ORIGIN CHINA CIF PUSAN PORT

DOUBLE OPEN AND SPANER

SAME AS THE SAMPLE 95,600PCS ATUAD2.43 USD 13,608.00

DOCUMENTS REQUIRED　　　46 A:

+ SIGNED COMMERCIAL INVOICE(S) IN 3 COPY(IES)

+ PACKING LIST IN 3 COPY(IES)

+ FULL SET OF CLEAN ON BOARD OCEAN BILL OF LADING MADE OUT TO THE ORDER OF PUSAN BANK MARKED FREIGHT PREPAID AND NOTIFY APPLICANT

+ INSURANCE POLICY OR CERTIFICATE IN DUPLICATE ENDORSED IN BLANK FOR 110 PERCENT OF THE INVOICE VALUE. INSURANCE POLICIES OR CERTIFICATES MUST EXPRESSLY STIPULATE THAT CLAIMS ARE PAYABLE IN THE CURRENCY OF THE DRAFT AND MUST ALSO INSURANCE MIDST INCLUDE:

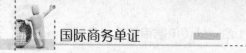

国际商务单证

```
              INSTITUTE CARGO CLAUSE ALL RISK
ADDITIONAL COND      47 A:
              THIS IS THE OPERATIVE INSTRUMENT SUBJECT TO THE
              UCP 500(1993 REVISON). THE AMOUNT OF EACH DRAFT
              MUST BE ENDORSED ON THE REVERSE OF THIS ADVICE BY
              NEGOTIATING BANK.
              A DISCREPANCY FEE OF USD 50.00 AND CABLE CHARGE USD
              50.00 (OR EQUIVALENT) WILL BE DEDUCTED FROM THE PRO-
              CEEDS IF DOCUMENTS ARE PRESENTED WITH DISCREPANCY
              (IES) FOR PAYMENTS/ REIMBURSEMENT IS SUBJECT TO ICC
              URR525
DETAILS OF CHARGES    71B:
              ALL BANKING CHARGES, INCLUDING
              REIMBURSING BANK'S CHARGE.
              OUTSIDE KOREA ARE FOR ACCOUNT OF BENEFICIARY
PRESENTATION PERIOD 48:
              DOCUMENT MUST BE PRESENTED FOR NEGOTITIATION WITHIN 10
              DAYS AFTER THE DATE OF SHIPMENT
```

补充资料：

1. G.W.: 0.5kg/PCS
2. N.W.: 0.4kg/PCS
3. MEAS.: $0.5m^3$/CARTON
4. PACKED IN 100 CARTONS
5. S/C No.: TT6321
6. INVOICE No.: TY884
7. H.S.编码: 367.816
8. VESSEL.: DONGFANG VOY. 888

1.商业发票

SHANGHAI TIANYE TOOL IMPORT & EXPORT CO., LTD.
3188 JINZHANG ROAD, SHANGHAI, CHINA
COMMERCIAL INVOICE

TEL: 0086-21-6575××××　　　　　　　　INV. NO.:TY8884
FAX: 0086-21-6575××××　　　　　　　　DATE:MAR.6, 2011
TO:　DANYUN IMPORT & EXPORT TRADE COPORATION
　　　564-8, SUNAM-DONG, NAM-KU-
　　　ULSAN KOREA, TEL: (052)288-××××
　　From　SHANGHAI,CHINA　TO　PUSAN, KOREA
SHIPPING MARKS:
　　N/M

DESCRIPTION	QTY	UNIT PRICE	AMOUNT
DOUBLE OPEN AND SPANER	5,600PCS	CFR SHANGHAI USD 2.43	USD 13,680.00
TOTAL:	5,600PCS		USD 13,680.00

TOTAL: SAY US DOLLARS THIRTEEN THOUSAND SIX HUNDRED AND EIGHT ONLY.
WE HEREBY CERTITY THAT THE ABOVE MENTIONED GOODS ARE OF CHINESE ORIGIN.

2. 装箱单

SHANGHAI TIANYE TOOL IMPORT & EXPORT CO., LTD.
3188 JINZHANG ROAD, SHANGHAI, CHINA
PACKING LIST

TEL: 0086-21-6575××××　　　　　　　　　INV. NO.:TY8888
FAX: 0086-21-6575××××　　　　　　　　　DATE:MAR.6,2011
TO:　DANYUN IMPORT & EXPORT TRADE COPORATION
　　　564-8, SUNAM-DONG, NAM-KU-
　　　ULSAN KOREA, TEL: (052)288-××××

From　SHANGHAI,CHINA　TO　PUSAN, KOREA

SHIPPING MARKS:

DESCRIPTION	QTY	CTNS	G.W. (KGS)	N.W. (KGS)	MEAS (CBM)
DOUBLE OPEN AND SPANER	5,600PCS	100	2,800	22,240	50
TOTAL:	5,600PCS	100	2,800	22,240	50

SAY TOTAL: PACKED IN THREE HUNDRED AND NINETEEN CTNS ONLY.

　　　　　　　　　　SHANGHAI TIANYE TOOL IMPORT & EXPORT CO., LTD.

3. 保险单

中国人民保险公司广州市分公司
The People's Insurance Company of China Guangzhou Branch

　　总公司设于北京　　　　1949年创立
　　Head Office Beijing　　　Established in 1949

保险单

INSURANCE POLICY

中国人民保险公司(以下简称本公司)根据 SHANGHAI TOOLS MANUFACTURE CO. LTD
(以下简称被保险人)的要求,由被保险人向本公司缴付约定的保险费,按照本保险单承保险别和背面所

载条款与下列特款承保下述货物运输保险,特立本保险单。

THIS POLICY OF INSURANCE WITNESSES THAT THE PEOPLE'S INSURANCE COMPANY OF CHINA(HEREINAFTER CALLED "THE COMPANY") AT THE REQUEST OF THE INSURED AND IN CONSIDERATION OF THE AGREED PREMIUM PAID TO THE COMPANY BY THE INSURED,UNDERTAKES TO INSURE THE UNDERMENTIONED GOODS IN TRANSPORTATION SUBJECT TO THE CONDITIONS OF THIS OF THIS POLICY ASPER THE CLAUSES PRINTED OVERLEAF AND OTHER SPECIL CLAUSES ATTACHED HEREON.

标 记 MARKS&NOS.	包装及数量 QUANTITY	保险货物项目 DESCRIPTION OF GOODS	保险金额 AMOUNT INSURED
N/M	319CTNS	DOUBLE OPEN AND SPANNER	USD 13,608.00

保险金额

TOTAL AMOUNT INSURED: <u>SAY U.S. DOLLARS THIRTEEN THOUSAND SIX HUNDRED AND EIGHT ONLY</u>

保费　　　　　费章　　　　　装载运输工具:

<u>AS ARRANGED</u>　<u>AS ARRANGED</u>　PER CONVEYANCE: <u>S.S. DONGFAN VOY.888</u>

开航日期　　　　　　　　自　　　　　经　　　　　至

SLG. IN OR ABT: <u>JUL.01, 2011</u>　　FROM SHANHAI　VIA_____　TO <u>PUSAN</u>

承保险别:

CONDITIONS: COVERING W.P.A. FOR 120 PERCENT OF THE INVOICE VALUE

所保货物,如发生保险单项下可能引起索赔的损失或损坏,应立即通知本公司下述代理人查勘。

中国人民保险公司上海分公司

The People's Insurance Company of China Shanghai Branch

赔款偿付地点

CLAIM PAYABLE AT/IN: <u>SHANGHAI IN USD</u>

出单日期

DATE: <u>JUN.20, 2011</u>

地址: 中国上海中山东一路23号　　TEL:3234××××　　TELEX: 33128　　PICC SN.

Address: 23 Zhongshan Dong Yi Lu, Shanghai, China, Cable 42001 Shanghai

4. 海运提单

Booking No.		B/L NO.	
1. Shipper Insert Name, Address and Phone SHANGHAI TOOLS MANUFACTURE CO. 3188 JINZHANG ROAD, SHANGHAI, CHINA		**CSC CONTAINER LINES** TLX: 33057 CSC CN FAX: +86(021) 6545××××	
2. Consignee Insert Name, Address and Phone TO THE ORDER OF SHIPPER		**ORIGINAL** Port-to-Port or Combined Transport **BILL OF LADING**	

3. Notify Party   Insert Name, Address and Phone
(it is agreed that no responsibility shall attach to the Carrier or his agents for failure to notify)
DAYU IMPORT & EXPORT TRADE COPORATION
564-8, SUNAM-DONG, NAM-KU
PUSAN KOREA, TEL:(052)288-××××
		RECEIVED in external apparent good order and condition except as otherwise noted. The total number of packages or units stuffed in the container, the description of the goods and the weights shown in the Bill of Lading are furnished by the Merchants, and which the carrier has no reasonable means of checking and is not a part of this Bill of Lading contract. The carrier has issued the number of Bills of Lading stated below, all of this tenor and date, one of the original Bill of Lading must be surrendered and endorsed or signed against the delivery of the shipment and whereupon any other original Bills of Lading shall be void. The Merchants agree to be bound by the terms and conditions of this Bill of Lading as if each had personally signed this Bill of Lading.
		    SEE clause 4 on the back of this Bill of Lading (Terms continued on the back hereof, please read carefully)
		    *Applicable Only When Document Used as a Combined Transport Bill of Lading	

4. Combined Transport * Pre-carriage by	5. Combined Transport* Place of Receipt		
6. Ocean Vessel Voy. No. DONGFANG VOY. 888	7. Port of Loading PUSAN		
8. Port of Discharge SHANGHAI	9. Combined Transport* Place of Delivery		

Marks & Nos. Container .Seal No.	No. of containers or Packages	Description of Goods (If Dangerous Goods, See Clause20)	Gross Weight (kg)	Measurement (m^3)
N/M	319 CTNS	DOUBLE OPEN AND SPANNER FREIGHT COLLECT	2,800	50
	Description of Contents for Shipper's Use Only (Not part of This B/L Contract)		Shippers load stow and count	
10. Total Number of containers and /or packages (in words) Subject to clause 7 Limitation				

11. Freight & Charges FREIGHT COLLECT Declared Value Charge	Revenue tons		Rate	Per	Prepaid	Collect
Ex. Rate:	Prepaid at		Payable at		Place and date of Issue SHANGHIA JUL.11, 2011	
	Total Prepaid		No. of Original B(s)/L THREE		Signed for the Carrier,	
LADEN ON BOARD THE VESSEL DONGFANG VOY.888 DATE JUL.01, 2011						

经审核,以上单据存在以下问题。

1. 商业发票

2. 装箱单

3. 保险单

4. 海运提单

1. 商业发票

(1) 发票的抬头有误,应将"DANYUN"改为"DAYU"。
(2) 发票的出票日期有误,应将"MAR.6, 2011"改为"MAY 6, 2011"。
(3) 发票中贸易术语与信用证规定不一致,应将"CFR SHANGHAI"改为"CIF SHANGHAI"。
(4) 发票中总金额的记载有误,应将"13,680.00"改为"13,608.00"。
(5) 发票中既然有证实句,就应该有签署,应在发票末尾添加受益人的签署。

2. 装箱单

(1) 装箱单抬头有误，应将"DANYUN"改为"DAYU"。

(2) 装箱单的出票日期有误，应将"MAR.6, 2011"改为"MAY 6, 2011"。

(3) 装箱单的总数量大写有误，应将"PACKED IN THREE HUNDRED AND NINETEEN CTNS ONLY."改为"PACKED IN ONE HUNDRED CTNS ONLY."。

(4) 装箱单中引用发票号码有误，应将"8888"改为"8884"。

(5) 装箱单中未记载唛头，应添加"N/M"。

3. 保险单

(1) 投保金额有误，应为发票金额的110%，应将"13,608.00"改为"14,969.00"。

(2) 投保金额大写有误，应将"SAY U.S. DOLLARS THIRTEEN THOUSAND SIX HUNDRED AND EIGHT ONLY"改为"SAY U.S. DOLLARS FOURTEEN THOUSAND NINE HUNDRED AND SIXTY NINE ONLY"。

(3) 险别的规定有误，应将"W.P.A."改为"ALL RISK"。

(4) 保险单中的投保加成有误，应将"120%"改为"110%"。

(5) 保险理赔的地点有误，应将"SHANGHAI IN USD"改为"PUSAN IN USD"。

4. 海运提单

(1) 提单的抬头有误，应将"TO THE ORDER OF SHIPPER"改为"TO THE ORDER OF PUSAN BANK"。

(2) 提单的运费规定与信用证不符，应将"FREIGHT COLLECT"改为"FREIGHT PREPAID"。

(3) 提单的装运港规定与信用证不符，应将"PUSAN"改为"SHANGHAI"。

(4) 提单的目的港规定与信用证不符，应将"SHANGHAI"改为"PUSAN"。

(5) 提单的装船日期不应晚于信用证规定的最迟装运期，应在"JUL.1, 2011"前完成装运。

第12章 全套单据缮制练习及解答

第一套：请根据信用证条款及有关资料，缮制相关单据。

DOCUMENTARY CREDIT

BASIC HEADER	F 01 BKCHCNBJA3005761308890	
APPLICATION HEADER	0 700 13166 20020630 NRSBUK 24AXXX	
	*ASAHI BANK LTD	
	*TOKYO	
SEQUENCE OF TOTAL	*27: 1/1	
FORM OF DOC CREDIT	*40: IRREVOCABLE	
DOC CREDIT NUMBER	*20: ABLD-AN1075	
DATE OF ISSUE	*31C: 20110405	
EXPIRY	*31D: DATE20110615 PLACE: CHINA	
APPLICANT	*50: ITOCHU CORPORATION, OSAKA, JAPAN	
	OSACY SECTION	
BENEFICIARY	*59: SHANGHAI TEXTILES IMP. AND EXP. CORP.127,	
	ZHONGSHAN ROAD E.1, SHANGHAI, CHINA	
AMOUNT	*32B: CURRENCY USD AMOUNT USD9,655.00	
POS./NEG.TOL.(%)	*39A: 10/10	
AVAILABLE WITH/BY	*41D: BANK COMMUNICATION, SHANGHAI CHINA BY	
	NEGOTIATION	
DRAFTS AT	*42C: 50 DAYS AFTER SIGHT FOR FULL INVOICE VALUE	
DRAWEE	*42A: *ASAHI BANK LTD,	
	*TOKYO	
PARTIAL SHIPMENTS	*43P: PROHIBITED	
TRANSSHIPMENT	*43T: PROHIBITED	
LOADING IN CHARGE	*44A: SHIPMENT FROM CHINESE PORT(S)	
FOR TRANSPORT TO	*44B: TO OSAKA, JAPAN	
LATEST DATE OF SHIP	*44C: 20110531	
DESCRIPT. OF GOODS	*45A: 100% COTTON APRON	

ART NO.	QUANTITY	UNIT PRICE
4031 (01425)	3,250PIECES	USD1.2
05052 (01426)	2,700PIECES	USD1.3
05210 (01427)	2,050PIECES	USD1.10

PRICE TERM: CIF OSAKA

DOCUMENTS REQUIRED *46A:

+ SIGNED COMMERCIAL INVOICE IN TRIPLICATE INDICATING "WE HEREBY CERTIFY THAT THE GOODS HEREIN INVOICED CONFIRM WITH S/C NO. AHM-1356, REV ORDER NO.23051"

+ FULL SET OF CLEAN ON BOARD BILLS OF LADING MADE OUT TO ORDER OF SHIPPER AND BLANK ENDORSED, MARKED "FREIGHT

PREPAID TO OSAKA" NOTIFYING APPLICANT(WITH FULL NAME AND ADDRESS) AND INDICATING FREIGHT CHARGES.

+ INSURANCE POLICY OR CERTIFICATE IN DUPLICATE ENDORSED IN BLANK, FOR 120% OF THE INVOICE VALUE INCLUDING: INSTITUTE CARGO CLAUSES (A), INSTITUTE WAR CLAUSES, INSURANCE CLAIMS TO BE PAYABLE IN JAPAN IN THE CURRENCTY OF THE DRAFTS INDICATING INSURANCE CHARGES.

+ CERTIFICATE OF ORIGIN

+ PAKCING LIST IN 3 FOLD

INSTRUCTIONS *78:

UPON OUR RECEIPT OF DOCUMENTS IN ORDER WE WILL REMIT IN ACCORDANCE WITH NEGOTIATING BANK'S INSTRUCTIONS AT MATURITY.

ADDITIONAL COND. 47A:

1 T.T. REIMBURSEMENT PROHIBITED

2 THE GOODS TO BE PACKED IN EXPORT CARTONS

3 SHIPPING MARK: SUNARA/WSC-4320A/OSAKA/NO.1-UP

DETAILS OF CHARGES *71B:

ALL CHARGES OUTSIDE JAPAN INCLUDING REIMBURSEMENT COMMISSIONS ARE FOR ACCOUNT OF BENEFICIARY.

PRESENTATION PERIOD *48:

DOCUMENTS TO BE PRESENTED WITHIN 15 DAYS AFTER THE DATE OF ISSUANCE OF THE SHIPPING DOCUMENTS BUT WITHIN THE VALIDITY OF THE CREDIT.

CONFIRMATION *49: WITHOUT

INSTRUCTION *78:

THE NEGOTIATION BANK MUST FORWARD THE DRAFTS AND ALL DOCUMENTS BY REGISTERED AIRMAIL DIRECT TO US (INT'L OPERATIONS CENTER MAIL ADDRESS: C. P.O BOX NO.800 TOKYO 100-91 JAPAN) IN TWO CONSECUTIVE LOTS, UPON RECEIPT OF THE DRAFTS AND DOCUMENTS IN ORDER WE WILL REMIT THE PROCEEDS AS INSTRUCTED BY THE NEGOTIATING BANK.

参考资料:

1. INVOICE NO. FWS07216
2. B/L NO. KJU 6878-A2
3. VESSEL'S NAME: HAN JIANG V5977
4. H.S. 6117.1000
5. INSURANCE PREMIUM: USD70.40
6. OCEAN FREIGHT: USD950.60
7. PACKING:
   EACH PIECE IN A PLASTIC BAG,50 PIECES TO AN EXPORT CARTON
   GW: 35KGS/CTN NW: 32KGS/CTN MEAS: 120CM × 40CM × 55CM/CTN
8. ORIGIN CRITERION: "P"
9. INSURANCE AGENT:
   ACW (JAPAN) CO. LTD
   18, GREAT WALL PLAZA, JAPAN 1234
   TEL (532)4567××

国际商务单证

1. 装箱单

PACKING LIST		
ISSUER	INVOICE NO.	INVOICE DATE
	FROM	TO
	TOTAL PACKAGES (IN WORDS)	
CONSIGNEE	MARKS & NOS.	
C/NOS.　NOS. & KINDS OF PKGS　ITEM　QTY　G.W.　N.W.　MEAS		
		ISSUED BY

2. 商业发票

COMMERCIAL INVOICE	
ISSUER	INVOICE NO.　　INVOICE DATE
	L/C NO.　　DATE
	ISSUED BY
CONSIGNEE	CONTRACT NO.　　DATE
	FROM　　TO
	SHIPPED BY　　PRICE TERM

(续)

MARKS	DESCRIPTION OF GOODS	QTY	UNIT PRICE	AMOUNT

TOTAL AMOUNT IN WORDS:

TOTAL GROSS WEIGHT:

TOTAL NUMBER OF PACKAGE:

                                                      ISSUED BY

3. 原产地证书

1. Exporter(full name and address)	Certificate No.
	CERTIFICATE OF ORIGIN
2. Consignee(full name and address)	**OF**
	THE PEOPLE'S REPUBLIC OF CHINA
3. Means of transport and route	5. For certifying authority use only
4. Destination port	

6. Marks and numbers of P'kgs	7. Description of goods; Number and kind of packages	8.H.S.Code	9.Quantity or weight	10. Number and date of invoices

(续)

11. Declaration by the exporter The undersigned hereby declares that the above details and statements are correct, that all the goods were produced in USA and that they comply with the Rules of Origin of the United States of America. .... Place and date, signature and stamp of authorized signatory	12. Certification It is hereby certified that the declaration by the exporter is correct. .... Place and date, signature and stamp of certifying authority

4. 海运提单

		B/L NO.
1. Shipper:		**中国远洋运输(集团)总公司** CHINA OCEAN SHIPPING(GROUP)CO. Combined Transport BILL OF LADING
2. Consignee:		Received in external apparent good order and condition except as otherwise noted. The total number of packages or units stuffed in the container, the description of goods, the weights shown in this B/L are furnished by the merchants, and which the carrier has no reasonable means of checking and is not a part of this B/L contract. ORIGINAL
3. Notify Party		
4. Pre-carriage by	5. Place of receipt	
6. Ocean Vessel Voy. No.	7. Port of Loading	
8. Port of Discharge	9. Place of Delivery	

Marks & Nos. container Seal NO.	NO. of containers Or P'kgs	Kind of Packages; Description of Goods	Gross Weight	Measurement

(续)

TOTAL NUMBER OF CONTAINERS OR PACKAGES(IN WORDS)					
FREIGHT & CHARGES:	Revenue Tons	Rate	Per	Prepaid	Collect
Ex Rate	Prepaid at	Payable at		Place and date of Issue	
LADEN ON BOARD THE VESSEL DATE____BY	Total Prepaid	NO. of Original B/L		Signed for the Carrier	

5. 保险单

PICC 中国人民保险公司
The People's Insurance Company of China
保险单 INSURANCE POLICY

发票号(INVOICE NO.)　　　　　　　保单号次 POLICY NO.

合同号(CONTRACT NO.)　　　　　　信用证号(L/C NO.)

被保险人：

At the request of:_____

中国人民保险公司(以下简称本公司)根据被保险人的要求，由被保险人向本公司缴付约定的保险费，按照本保险单承保险别和背面所列条款与下列特款承保下述货物运输保险，特立本保险单。

THIS POLICY OF INSURANCE WITNESSES THAT THE PEOPLE'S INSURANCE COMPANY OF CHINA(HEREINAFTER CALLED "THE COMPANY")AT THE REQUEST OF INSURED AND IN CONSIDERATION OF THE AGREED PREMIUM PAID TO THE COMPANY BY THE INSURED UNDERTAKES. TO INSURE THE UNDER MENTIONED GOODS IN TRANSPORTATION SUBJECT TO THE CONDITIONS OF THIS POLICY AS PER THE CLAUSES PRINTED OVERLEAF AND OTHER SPECIAL CLAUSES ATTACHED HEREON.

标　记 MARKS & NOS.	数量及包装 QUANTITY	保险货物项目 DESCRIPTION OF GOODS	保险金额 AMOUNT INSURED

总保险金额 TOTAL AMOUNT INSURED:_____

保费　　　　起运日期：　　　　　　　装载运输工具：
PREMIUM_____DATE OF COMMENCEMENT_____PER CONVEYANCE:_____

自　　　　　　　　　经　　　　　　　　　至
FROM_____VIA_____TO

承保险别：CONDITIONS：

所保货物，如发生保险单项下可能引起索赔的损失或损坏，应立即通知本公司下述代理人查勘。如有索赔应向本公司提交保险单正本(共 2 份正本)及有关文件。如一份正本已用于索赔，其余正本自动失效。

IN THE EVENT OF LOSS DAMAGE WHICH MAY RESULT IN A CLAIM UNDER THIS POLICY, IMMEDIATE NOTICE MUST BE GIVEN TO THE COMPANY AGENT AS MENTIONED HEREUNDER CLAIMS IF ANY, ONE OF THE ORIGINAL POLICY WHICH HAS BEEN ISSUED IN TWO ORIGINALS TOGETHER WITH RELEVANT DOCUMENTS SHALL BE SURRENDERED TO THE COMPANY. IF THE ORIGINAL POLICY HAS BEEN ACCOMPLISHED, THE OTHERS TO BE VOID.

赔款偿付地点
CLAIM PAYABLE AT_____

出单日期
ISSUING DATE_____

中国人民保险公司上海市分公司
The People's Insurance Company of China
Shanghai Branch

第一套　训练题答案

1. 装箱单

PACKING LIST

ISSUER	INVOICE NO. FWS07216	INVOICE DATE APRIL 06, 2011
SHANGHAI TEXTILES IMP. AND EXP. CORP. 127, ZHONGSHAN ROAD E.1, SHANGHAI,CHINA	FROM SHANGHAI	TO OSAKA, JAPAN
	TOTAL PACKAGES (IN WORDS) SAY ONE HUNDRED SIXTY CARTONS ONLY	
CONSIGNEE ITOCHU CORPORATION, OSAKA, JAPAN OSACY SECTION	MARKS & NOS 　　SUNARA 　　WSC-4320A 　　OSAKA 　　NO.1-UP	

C/NOS.	NOS. & KINDS OF PKGS	ITEM	QTY	G.W.	N.W.	MEAS
		100% COTTON APRON				
1-65	65 CARTONS ART NO.	4,031(01425)	3,250PCS	2,275KGS	2,080KGS	19.16CMBS
66-118	54 CARTONS ART NO.	5,052(01426)	2,700PCS	1,890KGS	1,728KGS	14.256CMBS
119-160	41 CARTONS ART NO.	5,210(01427)	2,050PCS	1,435KGS	1,312KGS	10.824CMBS
TOTAL	160 CARTONS		8,000PCS	5,600KGS	5,120KGS	42.24CMBS

THE GOODS ARE PACKED IN EXPORT CARTONS
EACH PIECE IN A PLASTIC BAG, 50 PIECES TO AN EXPORT CARTON

ISSUED BY SHANGHAI TEXTILES IMP. AND EXP. CORP.

×××

2. 商业发票

COMMERCIAL INVOICE

ISSUER SHANGHAI TEXTILES IMP. AND EXP. CORP. 127, ZHONGSHAN ROAD E.1, SHANGHAI, CHINA	INVOICE NO. FWS07216	INVOICE DATE APRIL 06, 2011
	L/C NO. ABLD-AN1075	DATE APRIL 05, 2011
	ISSUED BY ASAHI BANK LTD TOKYO	
CONSIGNEE ITOCHU CORPORATION, OSAKA, JAPAN OSACY SECTION	CONTRACT NO. AHM-1356, REV ORDER NO.23051	DATE MAR.16, 2011
	FROM SHANGHAI	TO OSAKA, JAPAN
	SHIPPED BY HAN JIANG V5977	PRICE TERM CIF OSAKA

MARKS	DESCRIPTION OF GOODS	QTY	UNIT PRICE	AMOUNT
	100%COTTON APRON		CIF OSAKA	
SUNARA	4031(01425)	3,250PCS	USD1.20	USD3,900.00
WSC-4320A	5052(01426)	2,700PCS	USD1.30	USD3,510.00
OSAKA	5210(01427)	2,050PCS	USD1.10	USD2,255.00
NO.1-UP				
		8,000PCS		USD9,665.00

WE HEREBY CERTIFY THAT THE GOODS HEREIN INVOICED CONFIRM WITH S/C NO. AHM-1356, REV ORDER NO.23051

TOTAL AMOUNT IN WORDS: SAY U.S. DOLLARS NINE THOUSAND SIX HUNDRED SIXTY FIVE ONLY
TOTAL GROSS WEIGHT: 5,600KGS
TOTAL NUMBER OF PACKAGE: 160CARTONS

ISSUED BY SHANGHAI TEXTILES IMP. AND EXP. CORP.
× × ×

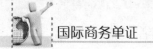

国际商务单证

3. 原产地证书

1. Exporter(full name and address) SHANGHAI TEXTILES IMP. AND EXP. CORP. 127, ZHONGSHAN ROAD E.1 SHANGHAI CHINA	Certificate No. # CERTIFICATE OF ORIGIN OF THE PEOPLE'S REPUBLIC OF CHINA
2. Consignee(full name and address) ITOCHU CORPORATION, OSAKA, JAPAN OSACY SECTION	
3. Means of transport and route FROM SHANGHAI TO OSAKA JAPAN BY SEA	5. For certifying authority use only
4. Destination port OSAKA JAPAN	

6. Marks and numbers of P'kgs	7. Description of goods; Number and kind of packages	8. H.S.Code	9. Quantity or weight	10. Number and date of invoices
SUNARA WSC-4320A OSAKA NO. 1-UP	160(ONE HUNDRED AND SIXTY) CARTONS OF 100% COTTON APRON PRICE TERM: CIF OSAKA	6117.10000	5,600KGS	FWS07216 APRIL 06, 2011

11. Declaration by the exporter The undersigned hereby declares that the above details and statements are correct, that all the goods were produced in USA and that they comply with the Rules of Origin of the United States of America. SHANGHAI TEXTILES IMP. AND EXP. CORP. ××× SHANGHAI, APRIL 07, 2011 …………………………………………… Place and date, signature and stamp of authorized signatory	12. Certification It is hereby certified that the declaration by the exporter is correct. CCPIT××× SHANGHAI, APRIL 08, 2011 …………………………………………… Place and date, signature and stamp of certifying authority

4. 海运提单

1. Shipper: SHANGHAI TEXTILES IMP. AND EXP. CORP. 127, ZHONGSHAN ROAD E.1, SHANGHAI, CHINA		B/L NO. KJU 6878-A2 中国远洋运输(集团)总公司 **CHINA OCEAN SHIPPING(GROUP)CO.** **Combined Transport BILL OF LADING**	
2. Consignee: TO ORDER OF SHIPPER		Received in external apparent good order and condition except as otherwise noted. The total number of packages or units stuffed in the container, the description of goods, the weights shown in this B/L are furnished by the merchants, and which the carrier has no reasonable means of checking and is not a part of this B/L contract.	
3. Notify Party ITOCHU CORPORATION, OSAKA, JAPAN OSACY SECTION			
4. Pre-carriage by	5. Place of receipt		
6. Ocean Vessel Voy. NO. HAN JIANG V5977	7. Port of Loading SHANGHAI	**ORIGINAL**	
8. Port of Discharge OSAKA JAPAN	9. Place of Delivery		

Marks & Nos. container Seal NO.	NO. of containers or P'kgs	Kind of Packages; Description of Goods	Gross Weight	Measurement
SUNARA WSC-4320A OSAKA NO. 1-UP	160 CARTONS	COTTON APRON	5,600KGS	42.24CBMS
		PREIGHT PREPAID TO OSAKA	ON BOARD	

TOTAL NUMBER OF CONTAINERS OR PACKAGES(IN WORDS) SAY ONE HUNDRED AND SIXTY CARTONS ONLY				
FREIGHT & CHARGES:	Revenue Tons	Rate	Per	Prepaid	Collect
Ex Rate	Prepaid at	Payable at		Place and date of Issue SHANGHA MAY 26, 2011
LADEN ON BOARD THE VESSEL DATE MAY 26, 2011 BY CHINA OCEAN SHIPPING(GROUP) CO. ×××	Total Prepaid	NO. of Original B/L THREE(3)		Signed for the Carrier CHINA OCEAN SHIPPING(GROUP) CO. ×××

5. 保险单

PICC 中国人民保险公司
The People's Insurance Company of China
保险单 INSURANCE POLICY

发票号(INVOICE NO.)FWS07216　　　　　　　　保单号次 POLICY NO.×××

合同号(CONTRACT NO.)AHM-1356, REV ORDER NO.23051　信用证号(L/C NO.)ABLD AN1075

被保险人：

At the request of: SHANGHAI TEXTILES IMP. AND EXP. CORP.

中国人民保险公司(以下简称本公司)根据被保险人的要求，由被保险人向本公司缴付约定的保险费，按照本保险单承保险别和背面所列条款与下列特款承保下述货物运输保险，特立本保险单。

THIS POLICY OF INSURANCE WITNESSES THAT THE PEOPLE'S INSURANCE COMPANY OF CHINA(HEREINAFTER CALLED "THE COMPANY")AT THE REQUEST OF INSURED AND IN CONSIDERATION OF THE AGREED PREMIUM PAID TO THE COMPANY BY THE INSURED UNDERTAKES TO INSURE THE UNDER MENTIONED GOODS IN TRANSPORTATION SUBJECT TO THE CONDITIONS OF THIS POLICY AS PER THE CLAUSES PRINTED OVERLEAF AND OTHER SPECIAL CLAUSES ATTACHED HEREON.

标记 MARKS & NOS.	数量及包装 QUANTITY	保险货物项目 DESCRIPTION OF GOODS	保险金额 AMOUNT INSURED
AS PER INV NO FWS07216	160 CARTONS	COTTON APRON	USD 11,598.00

总保险金额 TOTAL AMOUNT INSURED: SAY US DOLLARS ELEVEN THOUSAND FIVE HUNDRED AND NINETY EIGHT ONLY

保费　　　　　　起运日期：　　　　　　　装载运输工具：

PREMIUM AS ARRANGED DATE OF COMMENCEMENT AS PER B/L PER CONVEYANCE: HAN JIANG V5977

自　　　　　　　　经　　　　　　　至

FROM SHANGHAI　　　　VIA　　　　　　TO OSAKA JAPAN

承保险别：CONDITIONS：FOR 120% OF THE INVOICE VALUE INCLUDING INSTITUTE CARGO CLAUSES(A), INSTITUTE WAR CLAUSES AS PER ICC DATED 01/01/1981

所保货物，如发生保险单项下可能引起索赔的损失或损坏，应立即通知本公司下述代理人查勘。如有索赔应向本公司提交保险单正本(共2份正本)及有关文件。如一份正本已用于索赔，其余正本自动失效。

IN THE EVENT OF LOSS DAMAGE WHICH MAY RESULT IN A CLAIM UNDER THIS POLICY，IMMEDIATE NOTICE MUST BE GIVEN TO THE COMPANY AGENT AS MENTIONED HEREUNDER CLAIMS IF ANY，ONE OF THE ORIGINAL POLICY WHICH HAS BEEN ISSUED IN TWO ORIGINALS TOGETHER WITH RELEVANT DOCUMENTS SHALL BE SURRENDERED TO THE COMPANY. IF THE ORIGINAL POLICY HAS BEEN ACCOMPLISHED, THE OTHERS TO BE VOID.

赔款偿付地点

CLAIM PAYABLE AT JAPAN IN USD　　　　　　中国人民保险公司上海市分公司

出单日期　　　　　　　　　　　　　　　　The People's Insurance Company of China

ISSUING DATE MAY 25, 2011　　　　　　　　Shanghai Branch

第二套：请根据信用证通知书、信用证条款及补充资料，缮制相关单据

一、信用证通知书

中国银行
BANK OF CHINA SHANGHAI BRANCH

信用证通知书
Notification of DOCUMENTARY CREDIT

TO：致：SHANGHAI IMPORT & EXPORT TRADE CORPORATION 1321, ZHONGSHAN ROAD,SHANGHAI, CHINA	WHEN CORRESPONDING PLEASE QUOTE OUR REF NO.	666888J APR.10, 2011
Issuing Bank：开证行 NATIONAL AUSTRALIA BANK LIMITED SYDNEY (TRADE AND INTERNATIONAL PAYMENTS)	Transmitted to us through 转递行/转让行	
L/C NO. 信用证号 A12011166763	Date 开证日期 20110401	Amount 金额 USD2,080.00

Dear Sirs，谨启者

We advise you that we have received from the a/m bank a(n) letter of credit, contents of which are as per attached sheet(s).

兹通知贵司，我行收自上述银行信用证一份，现随附通知。

This advice and the attached sheet(s) must accompany the relative documents when presented for negotiation.

贵司交单时，请将本通知书及信用证一并提示。

This advice does not convey any engagement or obligation on our part unless we have added our confirmation.

本通知书不构成我行对此信用证的任何责任和义务，但本行对本证加具保兑的除外。

If you find any terms and conditions in the L/C which you are unable to comply with and or any error(s), it IS suggested that you contact applicant directly for necessary amendment(s) so as to avoid any difficulties which may arise when documents are presented.

如本信用证中有无法办到的条款及/或错误，请径与开证申请人联系，进行必要的修改，以排除交单时可能发生的问题。

THIS L/C IS ADVISE SUBJECT TO ICC UCP PUBLICATION NO.500.

本信用证之通知系遵循国际商会跟单信用证同意惯例第500号出版物办理。

This L/C consists of sheet(s), including the covering letter and attachment(s).

本信用证连同面函及附件共＿＿＿＿＿纸。

Remarks：
备注：

Yours faithfully,
For BANK OF CHINA

二、信用证

DOCUMENTARY CREDIT

BENEFICIARY:
  SHANGHAI IMPORT & EXPORT TRADE CORPORATION 1321,
  ZHONGSHAN ROAD,SHANGHAI, CHINA
DATE OF ISSUE: 01/04/11
ISSUING BANK:
  NATIONAL AUSTRALIA BANK LIMITED SYDNEY
  (TRADE AND INTERNATIONAL PAYMENTS)
DATE AND PLACE OF EXPIRY:
  17/05/11 IN COUNTRY OF BENEFICIARY
APPLICANT:
  THE CLOTHING COMPANY AUSTRALIA PTY LTD
  101 BURWOOD HIGHWAY
  BURWOOD VIC 3125
CURRENCY AND AMOUNT:
  USD 158,00.00
AVAILABLE WITH/BY:
  FREELY NEGOTIABLE AT ANY BANK
BY NEGOTIATION:
DRAFTS AT...
  SIGHT
DRAWEE:
  NATIONAL AUSTRALIA BANK LIMITED SYDNEY
  (TRADE AND INTERNATIONAL PAYMENTS)
PARTIAL SHIPMENTS:
  PERMITTED
TRANSHIPMENT:
  NOT PERMITTED
LOADING ON BOARD/DISPATCH/TAKING IN CHARGE AT/FROM:
  ANY CHINESE PORT FOR TRANSPORT TO
  MELBOURNE AUSTRALIA
LATEST DATE OF SHIPMENT:
  040503
DESCRIPTION OF GOODS:
  KNITTED GARMENTS OF 92 PERCENT COTTON AND 8 PERCENT
  SPANDEX AS PER ORDER No.1354 MULTISTICH CREW
  400 PCS USD5.20 USD 2,080.00 CFR MELBOURNE AUSTRALIA
DOCUMENTS PEOUIRED (IN DUFLICATE UNLESS OTHERWISE STATED):
    + FULL SET OF CLEAN ON BOARD MARINE BILL OF LADING MADE OUT TO THE
      ORDER OF SHIPPER BLANK ENDORSED AND MARKED FREIGHT PREPAID

+ COMMERCIAL INVOICE
+ PACKING LIST
+ CERTIFICATE OF ORIGIN
+ PACKING DECLARATION

ADDITIONAL CONDITIONS:

+ ALL DOCUMENTS IN DUPLICATE UNLESS OTHERWISE STIPULATED.
+ DOCUMENTS NEGOTIATED WITH OR SUBJECT TO ACCEPTANCE ANY DISCREPANCY WILL ATTRACT A HANDLING FEE OF USD 40. THIS FEE WILL BE DEDUCTED FROM PROCEEDS REMITTED BY OURSELVESVES.
+ CONTACT AT SUNTOR AND BLOOMING IS JIMMY ON TELEPHONE 216399001.
+ ALL DOCUMENTS MUST BE IN THE NAME OF MAGGIET CORPORATION PTY. LTD
  101 BURWOOD HIGHWAY BURWOOD VIC 3125
+ INSTRUCTIONS FOR NEGOTIATING BANK: ON PRESENTATION OF DOCUMENTS UNDER THIS L/C, THE NEGOTIATING BANK'S PRESENTATION SCHEDULE MUST INDICATE THE NUMBER AND DATE OF ANY AMENDMENTS THAT HAVE BEEN AVAILED REJECTED UNDER THEIR NEGOTIATION.

CHARGES: ALL BANK COMMISSIONS AND CHARGES OUTSIDE AUSTRALIA.
PLUS ADVISING AND REIMBURSING COMMISSIONS. ARE FOR ACCOUNT OF BENEFICIARY

PERIOD FOR PRESENTATION:
DOCUMENTS TO BE PRESENTED WITHIN 15 DAYS AFTER THE DATE OF SHIPMENT INDICATED ON TRANSPORT DOCUMENT BUT WITHIN THE CREDIT VALIDITY.

补充资料:

1. S/C No.: T228855
2. INVOICE No.:04SB200D
3. HS CODE: 61.10
4. TOTAL: 400PCS (BLACK 200PCS WHITE 200PCS)
   PACKED IN 16 CARTONS
5. GROSS WEIGHT: 9.5KGS/CTN
6. NET WEIGHT: 8.5KGS CTN
7. MEAS.: $1m^3$/CTN
8. COUNTRY OF ORIGIN: CHINA
9. SHIPPING MARKS: MAGGIET MELBOURNE/MADE IN CHINA

1. 商业发票

SHANGHAI IMPORT & EXPORT TRADE CORPORATION

1321, ZHONGSHAN ROAD, SHANGHAI, CHINA

COMMERCIAL INVOICE

TEL NO. :   INVOICE NO.:
Date: S/C NO.:
TO: L/C NO.:
Shipment from_____to_____

货品名称及规格 Commodities and Specifications	数量 Quantity	单价 Unit Price	总价 Amount

TOTAL:
SHIPPING MARKS:

PACKED IN:_____
GROSS WEIGHT:_____
NET WEIGHT:_____
COUNTRY OF ORIGIN:_____
SHANGHAI IMPORT & EXPORT TRADE CORPORATION

2. 装箱单

SHANGHAI IMPORT & EXPORT TRADE CORPORATION
1321, ZHONGSHAN ROAD, SHANGHAI, CHINA
PACKING LIST

TEL NO.:   INVOICE NO.:
Date: S/C NO.:
TO: L/C NO.:
Shipment from_____to_____

ITEM NUMBER	COLOUR	QTY (PCS)	CTNS	G.W. (kgs)	N.W. (kgs)	MEAS (m^3)
TOTAL						

SAY TOTAL:	
	PACKED IN:_____
	GROSS WEIGHT:_____
	NET WEIGHT:_____
	COUNTRY OF ORIGIN:_____
	SHANGHAI IMPORT & EXPORT TRADE CORPORATION

3. 原产地证书

1. Consignor	Certificate No.
2. Consignee	**CERTIFICATE OF ORIGIN** **OF** **THE UNITED STATES OF AMERICA**
3. Means of transport and route	5. For certifying authority use only
4. Country/ region of destination	

6. Marks and numbers	7. Number and kind of packages, description of goods	8. H.S.Code	9. Quantity	10. Number and date of invoices

11. Declaration by the exporter The undersigned hereby declares that the above details and statements are correct, that all the goods were produced in USA and that they comply with the Rules of Origin of the United States of America. .... Place and date, signature and stamp of authorized signatory	12. Certification It is hereby certified that the declaration by the exporter is correct. .... Place and date, signature and stamp of certifying authority

4. 海运提单

Booking No.		B/L NO.	
1. Shipper Insert Name, Address and Phone		**CSC CONTAINER LINES** **TLX: 33057 CSC CN** **FAX: +86(021) 6545 ××××** **ORIGINAL** **Port-to-Port or Combined Transport** **BILL OF LADING**	
2. Consignee Insert Name, Address and Phone			
3. Notify Party Insert Name, Address and Phone (it is agreed that no responsibility shall attach to the Carrier or his agents for failure to notify)		RECEIVED in external apparent good order and condition except as otherwise noted. The total number of packages or units stuffed in the container, the description of the goods and the weights shown in the Bill of Lading are furnished by the Merchants, and which the carrier has no reasonable means of checking and is not a part of this Bill of Lading contract. The carrier has issued the number of Bills of Lading stated below, all of this tenor and date, one of the original Bill of Lading must be surrendered and endorsed or signed against the delivery of the shipment and whereupon any other original Bills of Lading shall be void. The Merchants agree to be bound by the terms and conditions of this Bill of Lading as if each had personally signed this Bill of Lading. SEE clause 4 on the back of this Bill of Lading (Terms continued on the back hereof, please read carefully) *Applicable Only When Document Used as a Combined Transport Bill of Lading	
4. Combined Transport * Pre-carriage by	5. Combined Transport* Place of Receipt		
6. Ocean Vessel Voy. No.	7. Port of Loading		
8. Port of Discharge	9. Combined Transport* Place of Delivery		
Marks & Nos. Container .Seal No.	No. of containers or Packages	Description of Goods (If Dangerous Goods, See Clause20)	Gross Weight (kg)	Measurement (m^3)
		Description of Contents for Shipper's Use Only (Not part of This B/L Contract)	Shippers load stow and count	
10. Total Number of containers and /or packages (in words) Subject to clause 7 Limitation				
11. Freight & Charges Declared Value Charge	Revenue tons	Rate	Per	Prepaid	Collect
Ex. Rate:	Prepaid at		Payable at		Place and date of Issue
	Total Prepaid		No. of Original B(s)/L		Signed for the Carrier,
LADEN ON BOARD THE VESSEL					
DATE					

第二套 训练题答案

1. 商业发票

SHANGHAI IMPORT & EXPORT TRADE CORPORATION
1321, ZHONGSHAN ROAD, SHANGHAI, CHINA
COMMERCIAL INVOICE

TEL NO.:6404××× INVOICE NO.:04SB200D
Date:APR.27, 2011 S/C NO.:T228855
TO: L/C NO.:AI2011166763
MAGGIET CORPORATION PTY LTD.
101 BURWOOD HIGH WAY
BURWOOD VIC 3125
Shipment from___SHANGHAI,CHINA___to___MELBOURNE, AUSTRALIA

	货品名称及规格 Commodities and Specifications	数量 Quantity	单价 Unit Price	总价 Amount
1	KNITTED GARMENTS OF 92 PERCENT COTTON AND 8 PERCENT SPANDEX AS PER ORDER No.1354 MULTISTICH CREW	400PCS	CFR MELBOURNE USD 5.20	USD 2,080.00

TOTAL: SAY US DOLLARS TWO THOUSAND AND EIGHTY ONLY
SHIPPING MARKS:
  MAGGIET
  MELBOURNE
  MADE IN CHINA

PACKED IN: 16 CARTONS ONLY
GROSS WEIGHT:152.00KGS
NET WEIGHT:136.00KGS
COUNTRY OF ORIGIN:CHINA
SHANGHAI IMPORT & EXPORT TRADE CORPORATION

2. 装箱单

SHANGHAI IMPORT & EXPORT TRADE CORPORATION
1321, ZHONGSHAN ROAD, SHANGHAI, CHINA
PACKING LIST

TEL NO. : 64042522 INVOICE NO.:04SB200D
Date：APR.27, 2011 S/C NO.:T228855
TO: L/C NO.:AI2011166763
MAGGIET CORPORATION PTY LTD.
101 BURWOOD HIGH WAY
BURWOOD VIC 3125
Shipment from___SHANGHAI,CHINA___to___MELBOURNE, AUSTRALIA

ITEM NUMBER	COLOUR	QTY (PCS)	CTNS	G.W. (kgs)	N.W. (kgs)	MEAS (m³)
1	BLACK	200	8	76	68	8
2	WHITE	200	8	76	68	8
TOTAL		400	16	152	136	16

SAY TOTAL: SAY IN SIXTEEN CARTONS ONLY

PACKED IN:16 CARTONS ONLY
GROSS WEIGHT:152.00 KGS
NET WEIGHT:136.00 KGS
COUNTRY OF ORIGIN:CHINA
SHANGHAI IMPORT & EXPORT TRADE CORPORATION

3. 原产地证书

1. Consignor SHANGHAI IMPORT & EXPORT TRADE CORPORATION 1321, XHONGSHAN ROAD SHANG HAI, CHINA		Certificate No.		
2. Consignee MAGGIET. CORPERATION PTY LTD. 101 BURWOOD HIGHWAY BURWOOD VIC 3125, AUSTRALIA		**CERTIFICATE OF ORIGIN** **OF** THE UNITED STATES OF AMERICA		
3. Means of transport and route FROM SHANGHAI, CHINA TO MELBOURNE AUSTRALIA BY SEA		5. For certifying authority use only		
4. Country/region of destination AUSTRALIA				
6. Marks and numbers	7. Number and kind of packages, description of goods	8. H.S.Code	9. Quantity	10. Number and date of invoices
MAGGIET MELBOURNE MADE IN CHINA	16 CTNS OF KNITTED GARMENTS	61.10	400PCS	04SB200D APR.27, 2011

(续)

| 11. Declaration by the exporter
The undersigned hereby declares that the above details and statements are correct, that all the goods were produced in USA and that they comply with the Rules of Origin of the United States of America.

SHANGHAI APR.27, 2011
………………………………………………………..
Place and date, signature and stamp of authorized signatory | 12. Certification
It is hereby certified that the declaration by the exporter is correct.

SHANGHAI APR.27, 2011
……………………………………………………….
Place and date, signature and stamp of certifying authority |

4. 海运提单

Booking No.		B/L NO.
1. Shipper Insert Name, Address and Phone SHANGHAI IMPORT & EXPORT TRADE CORPORATION 1321, XHONGSHAN ROAD SHANG HAI, CHINA		**CSC CONTAINER LINES** TLX: 33057 CSC CN FAX: +86(021) 6545 ×××× **ORIGINAL** Port-to-Port or Combined Transport **BILL OF LADING**
2. Consignee Insert Name, Address and Phone TO THE ORDER OF SHIPPER		RECEIVED in external apparent good order and condition except as otherwise noted. The total number of packages or units stuffed in the container, the description of the goods and the weights shown in the Bill of Lading are furnished by the Merchants, and which the carrier has no reasonable means of checking and is not a part of this Bill of Lading contract. The carrier has issued the number of Bills of Lading stated below, all of this tenor and date, one of the original Bill of Lading must be surrendered and endorsed or signed against the delivery of the shipment and whereupon any other original Bills of Lading shall be void. The Merchants agree to be bound by the terms and conditions of this Bill of Lading as if each had personally signed this Bill of Lading. SEE clause 4 on the back of this Bill of Lading (Terms continued on the back hereof, please read carefully) *Applicable Only When Document Used as a Combined Transport Bill of Lading
3. Notify Party Insert Name, Address and Phone (it is agreed that no responsibility shall attach to the Carrier or his agents for failure to notify) MAGGIET CORPORATION PTY. LTD. 101 BURWOOD HIGHWAY BURWOOD VIC 3125		
4. Combined Transport * Pre-carriage by	5. Combined Transport* Place of Receipt	
6. Ocean Vessel Voy. No.	7. Port of Loading SHANGHAI	

(续)

8. Port of Discharge MELBOURNE	9. Combined Transport* Place of Delivery				
Marks & Nos. Container .Seal No.	No. of containers or Packages	Description of Goods (If Dangerous Goods, See Clause20)		Gross Weight (kg)	Measurement (m^3)
MAGGIET MELBOURNE MADE IN CHINA C/NO.1-160	16 CARTONS	KNITTED GARMENTS FREIGHT PREPAID		152	16
	Description of Contents for Shipper's Use Only (Not part of This B/L Contract)			Shippers load stow and count	
10. Total Number of containers and /or packages (in words) Subject to clause 7 Limitation			SAY SIXTEEN CARTONS ONLY		
11. Freight & Charges	Revenue tons	Rate	Per	Prepaid	Collect
Declared Value Charge					
Ex. Rate:	Prepaid at	Payable at		Place and date of Issue SHANGHAI APR.27, 2011	
	Total Prepaid	No. of Original B(s)/L	TWO	Signed for the Carrier	
LADEN ON BOARD THE VESSEL DATE APR.27, 2011					

第四篇

国际商务单证员资格考试全真模拟测试

第四篇

国有商业单正民资格
与企真核模则大

国际商务单证员资格考试全真模拟测试（一）

一、单项选择题（每题1分，共20分）

1. 海运提单日期应理解为（ ）。
   A. 货物开始装船的日期
   B. 货物装船过程中任何一天
   C. 货物装船完毕的日期
   D. 签订运输合同的日期

2. 对于大批量交易的散装货，因较难掌握商品的数量，通常在合同中规定（ ）。
   A. 品质公差条款
   B. 溢短装运条款
   C. 立即装运条款
   D. 仓至仓条款

3. 汇票的抬头人是（ ）。
   A. 受款人
   B. 发票的抬头人
   C. 付款人
   D. 提单的收货人

4. 合同或信用证没有规定投保加成率，根据《UCP600》的规定，卖方可在CIF总值的基础上（ ）投保。
   A. 加二成
   B. 加一成
   C. 加三成
   D. 加四成

5. 在海运提单的收货人栏内有"ORDER"字样的提单称之为（ ）。
   A. 记名提单
   B. 不记名提单
   C. 指示提单
   D. 直运提单

6. 根据我国"海洋货物运输保险条款"规定，"一切险"包括（ ）。
   A. 平安险加11种一般附加险
   B. 一切险加11种一般附加险
   C. 水渍险加11种一般附加险
   D. 11种一般附加险加特殊附加险

7. 在其他条件相同的前提下，（ ）的远期汇票对受款人最为有利。
   A. 出票后30天付款
   B. 提单签发日后30天付款
   C. 见票后30天付款
   D. 货到目的港后30天

8. 根据《UPC600》的解释，信用证的第一付款人是（ ）。
   A. 进口人
   B. 开证行
   C. 议付行
   D. 通知行

9. 承兑是（ ）对远期汇票表示承担到期付款责任的行为。
   A. 付款人
   B. 收款人
   C. 出口人
   D. 议付银行

10. 除非特殊情况，通常开证行开立的信用证一般不是（ ）。
    A. 不可撤销信用证
    B. 议付信用证
    C. 跟单信用证
    D. 预支信用证

11. 托收的优点不包含( )。
    A. 进口人可免去申请开立信用证的手续，不必预付银行押金
    B. 属于银行信用，出口人能安全、及时收汇
    C. 有利于资金融通和周转，增强出口商品的竞争力
    D. 减少费用支出

12. 如果信用证未规定交单期限，根据《UCP600》的规定，受益人必须在货物装船后( )天内交单议付，但不能超过信用证的有效期。
    A. 15   B. 21
    C. 3   D. 7

13. 商业发票的抬头人一般是( )。
    A. 受益人   B. 开证申请人
    C. 开证银行   D. 卖方

14. 出口报关的时间是( )。
    A. 备货前   B. 装船前
    C. 装船后   D. 货到目的港后

15. 出口许可证自签发之日起( )内有效。
    A. 三个月   B. 一年
    C. 一个月   D. 半年

16. 出口业务中，国外客户往往要出口方提供"GSP"产地证。在我国这种证书的签发机构是( )。
    A. 商会   B. 行业公会
    C. 贸促会   D. 出入境检验检疫局

17. 使用 L/C、D/P、D/A 三种支付方式结算货款，就卖方的收汇风险而言，从小到大依次排序为( )。
    A. D/P、D/A 和 L/C   B. D/A、D/P 和 L/C
    C. L/C、D/P 和 D/A   D. 风险一样大

18. 托收方式下的 D/P 和 D/A 的主要区别是( )。
    A. D/P 是属于跟单托收；D/A 是属于光票托收
    B. D/P 是付款后交单；D/A 是承兑后交单
    C. D/P 是即期付款；D/A 是远期付款
    D. 没区别

19. 出口商委托货代向船运公司办理租船订舱，出口商须填写( )。
    A. 海运货物运输合同   B. 海运货物委托书
    C. 海运单   D. 装货单

20. 进口商在货物到达目的港后，应在运输工具进境之日起( )内向海关申报。
    A. 3 天   B. 7 天
    C. 14 天   D. 15 天

二、制单题(共41分)

资料：

卖方：ABC Ceramics Company Limited(ABC 陶瓷有限公司)(商检注册号 456789)

地址：Yinying Industrial Zone, Yuantan, Qingyuan, Guangdong，China

电话：0086-763-8888××，传真： 0086-763-6666××

买方：Crown Trading Company Limited

地址：No.132, Fifth Avenue, New York City, USA

电话：001-652-8888××，传真：001-652-6666××

商业发票号码：INV071208，商业发票日期：2007年11月2日，合同号：SC071208，核销单号：8765432

货物描述：Polished Porcelain Tiles 60cm×60cm 抛光玻化砖 60cm×60cm(HS 编码：69079000) 信用证号码：123456

数量：

921.6 m^2 @ USD7.50/SQM FOB GUANGZHOU

Payment by L/C At sight   L/C NO:654321

Shipment: On/After Nov. 25，2007 From Huangpu, Guangzhou, China to New York by Vessel

Vessel: COSCO GALIAN777

包装：

60*60cm   1.44 m^2/4pcs/ctn   G.W.: 30kgs/CTN   N.W.: 29kgs/CTN   货物装满一个20'货柜

Marks and Nos.: No Mark.

weight of pallet: 15kgs

请按以上资料缮制以下文件。

1．商业发票 (10 分)

2．装箱单   (10 分)

3．商检报检单(10 分)

4．报关单(11 分)

三、根据销售合同资料审核上述信用证内容，找出信用证内容的不符点(共39分)

1．审证资料

TIANJIN ABC IMPORT & EXPORT CO.,LTD.
56 XUANWU ROAD, TIANJIN, CHINA

Tel: 0086-22-6238××××   S/C No.：EURO070615

Fax : 0086-22-6238××××   Date：June 15, 2007

E-mail: TJC@ 163.corn   P/I No.：EP07051806

SALES CONTRACT

TO: NORWAY XYZ TRADING GROUP

　　 87, FLOWER ROAD, STAVANGER, NORWAY

　　 Tel: 147-4536-×××× Fax: 147-4536-××××

This contract is made by and between the Sellers and Buyers, whereby the sellers agree to sell and the buyers agree to buy the under-mentioned goods according to the conditions stipulated below:

Name of Commodity and specifications	Quantity	Unit Price	Amount
LINNG SPORT SHIRT		FOB TIANJIN	
1) Size A LINING SPORT SHIRT	5,000 SETS	USD 25.00	USD 12,000.00
2) Size B LINING SPORT SHIRT	1,500 SETS	USD 35.00	USD 52,00.00
AS PER PROFORMA INVOICE NO. EP07051806 DATED MAY 18, 2007			
Total Amount	6,500SETS		USD 177,500.00

(1) Packing:　　Size A LINING SPORT SHIRT: Packed in 1 carton of 10 sets each;
　　　　　　　Size B LINING SPORT SHIRT: Packed in 1 carton of 10 sets each;
　　　　　　　Packed in one 20'FCL

(2) Delivery From　　TIANJIN, CHINA to STAVANGER, NORWAY

(3) Shipping marks:　　N/M

(4) Time of Shipment: Latest Date of Shipment Sep. 15, 2007

(5) Partial Shipment : Not Allowed

(6) Transshipment : Allowed

(7) Terms of Payment: By Irrevocable Letter of Credit to be available at 45 DAYS after sight draft to be opened by the sellers.

(8) Arbitration:Any dispute arising from the execution of or in connection with this contract shall be settled amicably through negotiation. In case no settlement can be reached through negotiation, the case shall then be submitted to China International Economic & Trade Arbitration Commission in Beijing (or in Shanghai) for arbitration in accordance with its arbitration rules. The arbitration award is final and binding upon both parties. The tee for arbitration shall be borne by the losing party.

The Seller: 　　　　The Buyer: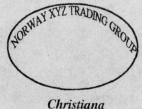
　　　　　　　杨 ×　　　　　　　　　　　　　　　　Christiana

DOCUMENTARY CREDIT

SEQUENCE OF TOTAL　　　*27:　1/1
FORM OF DOC. CREDIT　　*40A:　REVOCABLE
DOG. CREDIT NUMBER　　 *20:　NW07070168
DATE OD ISSUE　　　　　31C :　070701
DATE AND'PLACE OF EXPIRY　*31D:　DATE 071120 PLACE NORWAY
APPLICANT　　　　　　　*50:　NORWAY XYZTRADING GBOUP

ISSUING BANK	87, FLOWER ROAD, STAVANGER, NORWAY
	52A: DENNORSKE BANK,
	79, SPERD ROAD STAVANGER, NORWAY
BENEFICIARY	*59: TIANJING ABC IMPORT & EXPOBT CO., LTD.
56 XUANWU ROAD TIANJIN, CHINA	
AMOUNT	*32B: CURRENCY CNY AMOUNT 177,500.00
AVAILABLE WITH/BY	*41D: BANK OF CHINA BY NEGOTIATION
DRAFTS AT	42C: 30 DAYS AFTER SIGHT
DRAWEE	42A: DENNORSKE BANK,
	79, SPERD ROAD STAVANGER, NORWAY
PARTIAL SHIPMENTS	43P: ALLOWED
TRANSSHIPMENT	43T: NOT ALLOWED
LOADING ON BOARD	44A: SHANGHAI
FOR TRANSPORTATION NO	44B: STAVANGER (NORWAY)
LATEST DATE OF SHIPMENT	44C: 070905
DESCRIPT OF GOODS	45A: LINING SPORT SHIRT
	AS PER PROFORMA INVOICE NO.
	EP07061806 DATED MAY 18, 2007
	FOB TIANJIN
DOCUMENTS REQUIRED	46A: + SIGNED COMMERCIAL INVOICE, 1 ORIGINAL AND 3 COPIES.
	+ PACKING LIST, 1 ORIGINAL AND 3 COPIES.
	+ CERTIFICATE OF ORIGIN, ISSUED BY THE ENTER- EXIT INSPECTION AND QUARANTINE OF THE PEOPLE'S REPUBLIC OF CHINA.
	+ FULL SET OF B/L, (3 ORIGINALS AND 3 COPIES) CLEAN ON BOARD, MARKED "FREIGHT PREPAID" CONSIGNED TO : NORWAY XYZ TRADING GROUP
	87, FLOWER ROAD, STAVANGER, NORWAY
	TEL: 147-4536-×××
	FAX: 147-4536-××××
NOTIFY : AS CONSIGNEE	
CHARGES	71B: ALL BANKING CHARGES OUTSIDE NORWAY ARE FOR ACCOUNT OF BENEFICIARY.
PERIOD FOR PRESENTATION	48: DOCUMENTS MUST BE PRESENTED WITHIN 14 DAYS AFTER THE DATE OF SHIPMENT BUT WITHIN THE VALIDITY OF THE S/C.

国际商务单证员资格考试
全真模拟测试(二)

一、根据销售合同资料审核信用证内容，找出信用证内容的不符点，并改正(共39分)

1. 审证资料

TIANJIN ABC IMPORT & EXPORT CO., LTD.
56 XUANWU ROAD TIANJIN, CHINA

Tel: 0086-22-6238××××   S/C No.: EURO070615
Fax: 0086-22-6238××××   Date: June 15, 2009
E-mail: TJC@163.corn   P/I No.: EP07051806

SALES CONTRACT

TO: NORWAY XYZ TRADING GROUP
      87, FLOWER ROAD, STAVANGER, NORWAY
Tel: 147-4536-××××   Fax: 147-4536-××××

This contract is made by and between the Sellers and Buyers, whereby the sellers agree to sell and the buyers agree to buy the under-mentioned goods according to the conditions stipulated below.

Name of Commodity and specifications	Quantity	Unit Price	Amount
LINNG SPORT SHIRT		FOB TIANJIN	
1) Size A LINING SPORT SHIRT	5,000 SETS	USD 25.00	USD 125,000.00
2) Size B LINING SPORT SHIRT	1,500 SETS	USD 35.00	USD 52,500.00
AS PER PROFORMA INVOICE NO. EP07051806 DATED MAY 18, 2007			
Total Amount	6,500 SETS		USD 177,500.00

(1) Packing: Size A LINING SPORT SHIRT: Packed in 1 carton of 10 sets each;
                Size B LINING SPORT SHIRT: Packed in 1 carton of 10 sets each;
                Packed in one 20'FCL (集装箱号: TEXU2263999)
                G.W.: 8KG/CTN   N.W.: 6KG/CTN   MEAS: $2M^3$/CTN

(2) Delivery From   TIANJIN, CHINA   to   STAVANGER, NORWAY

(3) Shipping marks: N/M

(4) Time of Shipment: Latest Date of Shipment Sep.15, 2009

(5) Partial Shipment: Not Allowed

(6) Transshipment: Allowed

(7) Terms of Payment: By Irrevocable Letter of Credit to be available at 45 DAYS after sight draft to be opened by the buyers.

(8) Arbitration : Any dispute arising from the execution of or in connection with this contract shall be settled amicably through negotiation. In case no settlement can be reached through negotiation, the case shall then be submitted to China International Economic & Trade Arbitration Commission in Beijing (or in Shanghai) for arbitration in accordance with its arbitration rules. The arbitration award is final and binding upon both parties. The tee for arbitration shall be borne by the losing party.

The Seller: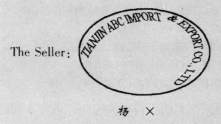
杨 ×

The Buyer: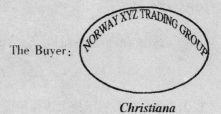
Christiana

DOCUMENTARY CREDIT

SEQUENCE OF TOTAL	*27:	1/1
FORM OF DOC. CREDIT	*40A:	REVOCABLE
DOC. CREDIT NUMBER	*20:	NW07070168
DATE OD ISSUE		31C : 090701
DATE AND'PLACE OF EXPIRY	*31D:	DATE 091120 PLACE NORWAY
APPLICANT	*50:	NORWAY XYZTRADING GBOUP
		87, FLOWER ROAD, STAVANGER, NORWAY
ISSUING BANK	52A:	DENNORSKE BANK,
		79, SPERD ROAD STAVANGER, NORWAY
BENEFICIARY	*59:	TIANJING ABC IMPORT & EXPOBT CO., LTD.
56 XUANWU ROAD TIANJIN, CHINA		
AMOUNT	*32B:	CURRENCY CNY AMOUNT 177,500.00
AVAILABLE WITH/BY	*41D:	BANK OF CHINA BY NEGOTIATION
DRAFTS AT	42C:	30 DAYS AFTER SIGHT
DRAWEE	42A:	DENNORSKE BANK,
		79, SPERD ROAD STAVANGER, NORWAY
PARTIAL SHIPMENTS	43P:	ALLOWED
TRANSSHIPMENT	43T:	NOT ALLOWED
LOADING ON BOARD	44A:	SHANGHAI
FOR TRANSPORTATION NO	44B :	STAVANGER (NORWAY)
LATEST DATE OF SHIPMENT	44C:	090905
DESCRIPT OF GOODS	45A:	LINING SPORT SHIRT
		AS PER PROFORMA INVOICE NO.
		EP07061806 DATED MAY 18, 2009
		FOB TIANJIN
DOCUMENTS REQUIRED	46A:	+ SIGNED COMMERCIAL INVOICE, 1 ORIGINAL
		AND 3 COPIES.
		+ PACKING LIST, 1 ORIGINAL AND 3 COPIES.
		+ CERTIFICATE OF ORIGIN, ISSUED BY THE ENTER-

	EXIT INSPECTION AND QUARANTINE OF THE PEOPLE'S REPUBLIC OF CHINA.
	+ FULL SET OF CLEAN ON BOARD MARINE BILL OF LADING MADE OUT TO THE ORDER, MARKED FREIGHT COLLECT AND NOTIFY APPLICANT.
	+ SHIPPING ADVICE WITH FULL DETAILS WITH B/L NO., NAME OF SHIP, SHIPMENT DATE, QUANTITY AND VALUE OF GOODS.
CHARGES	71B: ALL BANKING CHARGES OUTSIDE NORWAY ARE FOR ACCOUNT OF BENEFICIARY.
PERIOD FOR PRESENTATION	48: DOCUMENTS MUST BE PRESENTED WITHIN 14 DAYS AFTER THE DATE OF SHIPMENT BUT WITHIN THE VALIDITY OF THE S/C.

根据销售合同资料审核上述信用证内容，找出信用证内容的不符点并改正，请在下面详细列出。

(1) _____
(2) _____
(3) _____
(4) _____
(5) _____
(6) _____
(7) _____
(8) _____
(9) _____
(10) _____
(11) _____
(12) _____
(13) _____

二、制单题(61 分)

请按以上合同、改正后的信用证及补充资料缮制以下单据。

补充资料：

H.S CODE：9503.900

Vessel：Bonda V.026

B/L NO.：TES0610529

B/L date：2009.09.01

船长：ZHANGYING

经营单位编码：1010221234

随附单据：货物出境通关单 205456789

境内货源地：天津

生产厂家：天津制衣有限公司
报关员：张×(123456789)

1. 商业发票　(10 分)
2. 装箱单　　(10 分)
3. 提单　　　(16 分)
4. 装运通知　(10 分)
5. 报关单　　(15 分)

1. 商业发票

TIANJIN ABC IMPORT & EXPORT CO.,LTD.
56 XUANWU ROAD TIANJIN, CHINA

COMMERCIAL INVOICE

TO:　　　　　　　　　　　　　INVOICE NO.: _____
　　　　　　　　　　　　　　　INVOICE DATE: _____
FROM: _____　TO: _____

Marks and Numbers	Number and kind of package Description of goods	Quantity	Unit Price	Amount
	Total:			

SAY TOTAL:

2. 装箱单

PACKING LIST

TO:　　　　　　　　　　　　　INVOICE NO.: _____
　　　　　　　　　　　　　　　INVOICE DATE: _____
FROM: _____　TO: _____

Marks and Numbers	Number and kind of package Description of goods	Quantity	PACKAGE	G.W.	N.W.	MEAS

Total:

3. 提单

Shipper		B/L No.
		SINOTRANS
Consignee or order		中国外运广东公司
		SINOTRANS GUANGDONG COMPANY
Notify address		**OCEAN BILL OF LADING**
		SHIPPED on board in apparent good order and condition (unless otherwise indicated) the goods or packages specified herein and to be discharged at the mentioned port of discharge or as near thereto as the vessel may safely get and be always afloat.
Pre-carriage by	Port of loading	The weight, measure, marks and numbers, quality, contents and value, being particulars furnished by the Shipper, are not checked by the Carrier on loading.
Vessel	Port of transshipment	The Shipper, Consignee and the Holder of this Bill of Lading hereby expressly accept and agree to all printed, written or stamped provisions, exceptions and conditions of this Bill of Lading, including those on the back hereof.
Port of discharge	Final destination	IN WITNESS whereof the number of original Bills of Lading stated below have been signed, one of which being accomplished the other(s) to be void.
Container. seal No. or marks and Nos.	Number and kind of package	Description of goods	Gross weight (kgs.)	Measurement (m³)
Freight and charges		REGARDING TRANSHIPMENT INFORMATION PLEASE CONTACT		
Ex. rate	Prepaid at	Freight payable at	Place and date of issue	
	Total prepaid	Number of original Bs/L	Signed for or on behalf of the Master	
			As Agent	

4. 装运通知

略。

5. 报关单

中华人民共和国海关出口货物报关单

预录入编号：123456　　　　　　　　　　　　　　　　　　　海关编号：987654312

出口口岸	备案号	出口日期		申报日期	
经营单位	运输方式	运输工具名称		提运单号	
发货单位	贸易方式	征免性质		结汇方式	
许可证号	运抵(国家/地区)	指运港		境内货源地	
批准文号	成交方式	运费	保费	杂费	
合同协议号	件数	包装种类	毛重(千克)	净重(千克)	
集装箱号	随附单据			生产厂家	
标记唛头及备注					
项号　商品编号　商品名称规格型号　数量及单位　最终目的地国家(地区)　单价　总价　币制　征免					
税费征收情况					
录入员　　录入单位	兹声明以上申报无讹并承担法律责任		海关单批注及放行日期(签章)		
报关员			审单　　　　　审价		
单位地址	申报单位(签章)		征税　　　　　统计		
邮编　　　电话	填制日期		查验　　　　　放行		

附 录

联合国国际货物销售合同公约(部分)

第一部分 适用范围和总则

第一章 适用范围

第一条
(1) 本公约适用于营业地在不同国家的当事人之间所订立的货物销售合同:
(a) 如果这些国家是缔约国;或
(b) 如果国际私法规则导致适用某一缔约国的法律。
(2) 当事人营业地在不同国家的事实,如果从合同或从订立合同前任何时候或订立合同时,当事人之间的任何交易或当事人透露的情报均看不出,应不予考虑。
(3) 在确定本公约的适用时,当事人的国籍和当事人或合同的民事或商业性质,应不予考虑。

第二条
本公约不适用于以下的销售:
(a) 购供私人、家人或家庭使用的货物的销售,除非卖方在订立合同前任何时候或订立合同时不知道而且没有理由知道这些货物是购供任何这种使用;
(b) 经由拍卖的销售;
(c) 根据法律执行令状或其他令状的销售;
(d) 公债、股票、投资证券、流通票据或货币的销售;
(e) 船舶、船只、气垫船或飞机的销售;
(f) 电力的销售。

第三条
(1) 供应尚待制造或生产的货物的合同应视为销售合同,除非订购货物的当事人保证供应这种制造或生产所需的大部分重要材料。
(2) 本公约不适用于供应货物一方的绝大部分义务在于供应劳力或其他服务的合同。

第四条
本公约只适用于销售合同的订立和卖方和买方因此种合同而产生的权利和义务。特别是,本公约除非另有明文规定,与以下事项无关:
(a) 合同的效力,或其任何条款的效力,或任何惯例的效力;
(b) 合同对所售货物所有权可能产生的影响。

第五条
本公约不适用于卖方对于货物对任何人所造成的死亡或伤害的责任。

第六条
双方当事人可以不适用本公约,或在第十二条的条件下,减损本公约的任何规定或改变其效力。

第二章 总 则

第七条

(1) 在解释本公约时,应考虑到本公约的国际性质和促进其适用的统一,以及在国际贸易上遵守诚信的需要。

(2) 凡本公约未明确解决的属于本公约范围的问题,应按照本公约所依据的一般原则来解决,在没有一般原则的情况下,则应按照国际私法规定适用的法律来解决。

第八条

(1) 为本公约的目的,一方当事人所作的声明和其他行为,应依照其意旨解释,如果另一方当事人已知道或者不可能不知道此一意旨。

(2) 如果上一款的规定不适用,当事人所作的声明和其他行为,应按照一个与另一方当事人同等资格、通情达理的人处于相同情况中,应有的理解来解释。

(3) 在确定一方当事人的意旨或一个通情达理的人应有的理解时,应适当地考虑到与事实有关的一切情况,包括谈判情形,当事人之间确立的任何习惯做法、惯例和当事人其后的任何行为。

第九条

(1) 双方当事人业已同意的任何惯例和相互之间确立的任何习惯做法,对双方当事人均有约束力。

(2) 除非另有协议,双方当事人应视为已默示地同意对合同或合同的订立适用双方当事人已知道或理应知道的惯例,而这种惯例,在国际贸易上,已为有关特定贸易所涉同类合同的当事人所广泛知道并为其所经常遵守。

第十条

为本公约的目的:

(a) 如果当事人有一个以上的营业地,则以与合同及合同的履行关系最密切的营业地为其营业地,但要考虑到双方当事人在订立合同前任何时候或订立合同时所知道或所设想的情况;

(b) 如果当事人没有营业地,则以其惯常居住地为准。

第十一条

销售合同无须以书面订立或书面证明,在形式方面也不受任何其他条件的限制。销售合同可以用包括人证在内的任何方法证明。

第十二条

本公约第十一条、第二十九条或第二部分准许销售合同或其更改或根据协议终止,或者任何发价、接受或其他意旨表示得以书面以外任何形式作出的任何规定不适用,如果任何一方当事人的营业地是在已按照本公约第九十六条作出了声明的一个缔约国内,各当事人不得减损本条或改变其效力。

第十三条

为本公约的目的,"书面"包括电报和电传。

第二部分 合同的订立

第十四条

(1) 向一个或一个以上特定的人提出的订立合同的建议,如果十分确定并且表明发价人在得到接受时承受约束的意旨,即构成发价。一个建议如果写明货物并且明示或暗示地规定数量和价格或规定如何确定数量和价格,即为十分确定。

(2) 非向一个或一个以上特定的人提出的建议,仅应视为邀请作出发价,除非提出建议的人明确地表示相反的意向。

第十五条

(1) 发价于送达被发价人时生效。

(2) 一项发价,即使是不可撤销的,得予撤回,如果撤回通知于发价送达被发价人之前或同时,送达被发价人。

第十六条

(1) 在未订立合同之前,发价得予撤销,如果撤销通知于被发价人发出接受通知之前送达被发价人。

(2) 但在下列情况下,发价不得撤销:

(a) 发价写明接受发价的期限或以其他方式表示发价是不可撤销的;或

(b) 被发价人有理由信赖该项发价是不可撤销的,而且被发价人已本着对该项发价的信赖行事。

第十七条

一旦发价,即使是不可撤销的,于拒绝通知送达发价人时终止。

第十八条

(1) 被发价人声明或做出其他行为表示同意一项发价,即是接受,缄默或不行动本身不等于接受。

(2) 接受发价于表示同意的通知送达发价人时生效。如果表示同意的通知在发价人所规定的时间内,如未规定时间,在一段合理的时间内,未曾送达发价人,接受就成为无效,但须适当地考虑到交易的情况,包括发价人所使用的通信方法的迅速程度。对口头发价必须立即接受,但情况有别者不在此限。

(3) 如果根据该项发价或依照当事人之间确立的习惯做法和惯例,被发价人可以作出某种行为,例如与发运货物或支付价款有关的行为,来表示同意,而无须向发价人发出通知,则接受于该项行为作出时生效,但该项行为必须在上一款所规定的期间内作出。

第十九条

(1) 对发价表示接受但载有添加、限制或其他更改的答复,即为拒绝该项发价,并构成还价。

(2) 对发价表示接受但载有添加或不同条件的答复,如所载的添加或不同条件在实质上并不变更该项发价的条件,除发价人在不过分迟延的期间内以口头或书面通知反对其间的差异外,仍构成接受。如果发价人不作出这种反对,合同的条件就以该项发价的条件以及接受通知内所载的更改为准。

(3) 有关货物价格、付款、货物质量和数量、交货地点和时间、一方当事人对另一方当事人的赔偿责任范围或解决争端等的添加或不同条件，均视为在实质上变更发价的条件。

第二十条

(1) 发价人在电报或信件内规定的接受期间，从电报交发时刻或信上载明的发信日期起算，如信上未载明发信日期，则从信封上所载日期起算。发价人以电话、电传或其他快速通信方法规定的接受期间，从发价送达被发价人时起算。

(2) 在计算接受期间时，接受期间内的正式假日或非营业日应计算在内。但是，如果接受通知在接受期间的最后1天未能送到发价人地址，因为那天在发价人营业地是正式假日或非营业日，则接受期间应顺延至下一个营业日。

第二十一条

(1) 逾期接受仍有接受的效力，如果发价人毫不迟延地用口头或书面将此种意见通知被发价人。

(2) 如果载有逾期接受的信件或其他书面文件表明，它是在传递正常、能及时送达发价人的情况下寄发的，则该项逾期接受具有接受的效力，除非发价人毫不迟延地用口头或书面通知被发价人其发价已经失效。

第二十二条

接受得予撤回，如果撤回通知于接受原应生效之前或同时，送达发价人。

第二十三条

合同于按照本公约规定对发价的接受生效时订立。

第二十四条

为公约本部分的目的，发价、接受声明或任何其他意旨表示"送达"对方，系指用口头通知对方或通过任何其他方法送交对方本人，或其营业地或通信地址，如无营业地或通信地址，则送交对方惯常居住地。

第三部分 货 物 销 售

第二十五条

一方当事人违反合同的结果，如使另一方当事人蒙受损害，以致实际上剥夺了其根据合同规定有权期待得到的东西，即为根本违反合同，除非违反合同一方并不预知而且一个同等资格、通情达理的人处于相同情况中也没有理由预知会发生这种结果。

第二十六条

宣告合同无效的声明，必须向另一方当事人发出通知，方始有效。

第二十七条

除非公约本部分另有明文规定，当事人按照本部分的规定，以适合情况的方法发出任何通知、要求或其他通知后，这种通知如在传递上发生耽搁或错误，或者未能到达，并不使该当事人丧失依靠该项通知的权利。

第二十八条

如果按照本公约的规定，一方当事人有权要求另一方当事人履行某一义务，法院没有义务作出判决，要求具体履行此一义务，除非法院依照其身的法律对不属本公约范围的类似销售合同愿意这样做。

第二十九条

(1) 合同只需双方当事人协议,就可更改或终止。

(2) 规定任何更改或根据协议终止必须以书面作出的书面合同,不得以任何其他方式更改或根据协议终止。但是,一方当事人的行为,如经另一方当事人寄以信赖,就不得坚持此项规定。

第二章　卖方的义务

第三十条

卖方必须按照合同和本公约的规定,交付货物,移交一切与货物有关的单据并转移货物所有权。

第一节　交付货物和移交单据

第三十一条

如果卖方没有义务要在任何其他特定地点交付货物,其交货义务如下:

(a) 如果销售合同涉及货物的运输,卖方应把货物移交给第一承运人,以运交给买方;

(b) 在不属于上款规定的情况下,如果合同指的是特定货物或从特定存货中提取的或尚待制造或生产的未经特定化的货物,而双方当事人在订立合同时已知道这些货物是在某一特定地点,或将在某一特定地点制造或生产,卖方应在该地点把货物交给买方处置;

(c) 在其他情况下,卖方应在其订立合同时的营业地把货物交给买方处。

第三十二条

(1) 如果卖方按照合同或本公约的规定将货物交付给承运人,但货物没有以货物上加标记、或以装运单据或其他方式清楚地注明有关合同,卖方必须向买方发出列明货物的发货通知。

(2) 如果卖方有义务安排货物的运输,那么卖方必须订立必要的合同,以按照通常运输条件,用适合情况的运输工具,把货物运到指定地点。

(3) 如果卖方没有义务对货物的运输办理保险,那么卖方必须在买方提出要求时,向买方提供一切现有的必要资料,使其能够办理这种保险。

第三十三条

卖方必须按以下规定的日期交付货物:

(a) 如果合同规定有日期,或从合同可以确定日期,应在该日期交货;

(b) 如果合同规定有一段时间,或从合同可以确定一段时间,除非情况表明应由买方选定一个日期外,应在该段时间内任何时候交货;或者

(c) 在其他情况下,应在订立合同后一段合理时间内交货。

第三十四条

如果卖方有义务移交与货物有关的单据,那么卖方必须按照合同所规定的时间、地点和方式移交这些单据。如果卖方在那个时间以前已移交这些单据,那么卖方可以在那个时间到达前纠正单据中任何不符合同规定的情形,但是,此一权利的行使不得使买方遭受不合理的不便或承担不合理的开支。但是,买方保留本公约所规定的要求损害赔偿的任何权利。

第二节 货物相符与第三方要求

第三十五条

(1) 卖方交付的货物必须与合同所规定的数量、质量和规格相符,并须按照合同所规定的方式装箱或包装。

(2) 除双方当事人业已另有协议外,货物除非符合以下规定,否则即为与合同不符:

(a) 货物适用于同一规格货物通常使用的目的;

(b) 货物适用于订立合同时曾明示或默示地通知卖方的任何特定目的,除非情况表明买方并不依赖卖方的技能和判断力,或者这种依赖对其是不合理的;

(c) 货物的质量与卖方向买方提供的货物样品或样式相同;

(d) 货物按照同类货物通用的方式装箱或包装,如果没有此种通用方式,则按照足以保全和保护货物的方式装箱或包装。

(3) 如果买方在订立合同时知道或者不可能不知道货物不符合同,卖方就无须按上一款(a)项至(d)项负有此种不符合同的责任。

第三十六条

(1) 卖方应按照合同和本公约的规定,对风险移转到买方时所存在的任何不符合同情形,负有责任,即使这种不符合同情形在该时间后方始明显。

(2) 卖方对在上一款所述时间后发生的任何不符合同情形,也应负有责任,如果这种不符合同情形是由于卖方违反其某项义务所致,包括违反关于在一段时间内货物将继续适用于其通常使用的目的或某种特定目的,或将保持某种特定质量或性质的任何保证。

第三十七条

如果卖方在交货日期前交付货物,那么卖方可以在那个日期到达前,交付任何缺漏部分或补足所交付货物的不足数量,或交付用以替换所交付不符合同规定的货物,或对所交付货物中任何不符合同规定的情形作出补救,但是,此一权利的行使不得使买方遭受不合理的不便或承担不合理的开支。但是,买方保留本公约所规定的要求损害赔偿的任何权利。

第三十八条

(1) 买方必须在按情况实际可行的最短时间内检验货物或由他人检验货物。

(2) 如果合同涉及货物的运输,检验可推迟到货物到达目的地后进行。

(3) 如果货物在运输途中改运或买方须再发运货物,没有合理机会加以检验,而卖方在订立合同时已知道或理应知道这种改运或再发运的可能性,检验可推迟到货物到达新目的地后进行。

第三十九条

(1) 买方对货物不符合同,必须在发现或理应发现不符情形后一段合理时间内通知卖方,说明不符合同情形的性质,否则就丧失声称货物不符合同的权利。

(2) 无论如何,如果买方不在实际收到货物之日起两年内将货物不符合同情形通知卖方,就丧失声称货物不符合同的权利,除非这一时限与合同规定的保证期限不符。

第四十条

如果货物不符合同规定指的是卖方已知道或不可能不知道而又没有告知买方的一些事实,则卖方无权援引第三十八条和第三十九条的规定。

第四十一条

卖方所交付的货物,必须是第三方不能提出任何权利或要求的货物,除非买方同意在这种权利或要求的条件下,收取货物。但是,如果这种权利或要求是以工业产权或其他知识产权为基础的,卖方的义务应依照第四十二条的规定。

第四十二条

(1)卖方所交付的货物,必须是第三方不能根据工业产权或其他知识产权主张任何权利或要求的货物,但以卖方在订立合同时已知道或不可能不知道的权利或要求为限,而且这种权利或要求根据以下国家的法律规定是以工业产权或其他知识产权为基础的:

(a)如果双方当事人在订立合同时预期货物将在某一国境内转售或做其他使用,则根据货物将在其境内转售或做其他使用的国家的法律;或者

(b) 在任何其他情况下,根据买方营业地所在国家的法律。

(2) 卖方在上一款中的义务不适用于以下情况:

(a) 买方在订立合同时已知道或不可能不知道此项权利或要求;或者

(b) 此项权利或要求的发生,是由于卖方要遵照买方所提供的技术图样、图案、程式或其他规格。

第四十三条

(1)买方如果不在已知道或理应知道第三方的权利或要求后一段合理时间内,将此一权利或要求的性质通知卖方,就丧失援引第四十一条或第四十二条规定的权利。

(2) 卖方如果知道第三方的权利或要求以及此一权利或要求的性质,就无权援引上一款的规定。

第四十四条

尽管有第三十九条第(1)款和第四十三条第(1)款的规定,买方如果对其未发出所需的通知具备合理的理由,仍可按照第五十条规定减低价格,或要求利润损失以外的损害赔偿。

第三节 卖方违反合同的补救办法

第四十五条

(1) 如果卖方不履行其在合同和本公约中的任何义务,买方可以:

(a) 行使第四十六条至第五十二条所规定的权利;

(b) 按照第七十四条至第七十七条的规定,要求损害赔偿。

(2) 买方可能享有的要求损害赔偿的任何权利,不因行使采取其他补救办法的权利而丧失。

(3) 如果买方对违反合同采取某种补救办法,法院或仲裁庭不得给予卖方宽限期。

第四十六条

(1) 买方可以要求卖方履行义务,除非买方已采取与此一要求相抵触的某种补救办法。

(2) 如果货物不符合同,买方只有在此种不符合同情形构成根本违反合同时,才可以要求交付替代货物,而且关于替代货物的要求,必须与依照第三十九条发出的通知同时提出,或者在该项通知发出后一段合理时间内提出。

(3) 如果货物不符合同,买方可以要求卖方通过修理对不符合同之处作出补救,除非买方考虑了所有情况之后,认为这样做是不合理的。修理的要求必须与依照第三十九条发出的通知同时提出,或者在该项通知发出后一段合理时间内提出。

第四十七条

(1) 买方可以规定一段合理时限的额外时间,让卖方履行其义务。

(2) 除非买方收到卖方的通知,声称将不在所规定的时间内履行义务,买方在这段时间内不得对违反合同采取任何补救办法。但是,买方并不因此丧失对迟延履行义务可能享有的要求损害赔偿的任何权利。

第四十八条

(1) 在第四十九条的条件下,卖方即使在交货日期之后,仍可自付费用,对任何不履行义务作出补救,但这种补救不得造成不合理的迟延,也不得使买方遭受不合理的不便,或无法确定卖方是否将偿付买方预付的费用。但是,买方保留本公约所规定的要求损害赔偿的任何权利。

(2) 如果卖方要求买方表明是否接受卖方履行义务,而买方不在一段合理时间内对此一要求作出答复,则卖方可以按其要求中所指明的时间履行义务。买方不得在该段时间内采取与卖方履行义务相抵触的任何补救办法。

(3) 卖方表明将在某一特定时间内履行义务的通知,应视为包括根据上一款规定要买方表明决定的要求在内。

(4) 卖方按照本条第(2)和第(3)款作出的要求或通知,必须在买方收到后,始生效力。

第四十九条

(1) 买方在以下情况下可以宣告合同无效:

(a) 卖方不履行其在合同或本公约中的任何义务,等于根本违反合同;或

(b) 如果发生不交货的情况,卖方不在买方按照第四十七条第(1)款规定的额外时间内交付货物,或卖方声明将不在所规定的时间内交付货物。

(2) 如果卖方已交付货物,买方就丧失宣告合同无效的权利,除非:

(a) 对于迟延交货,在知道交货后一段合理时间内这样做;

(b) 对于迟延交货以外的任何违反合同事情:

(一) 在已知道或理应知道这种违反合同后一段合理时间内这样做;或

(二) 在买方按照第四十七条第(1)款规定的任何额外时间满期后,或在卖方声明将不在这一额外时间履行义务后一段合理时间内这样做;或

(三) 在卖方按照第四十八条第(2)款指明的任何额外时间满期后,或在买方声明将不接受卖方履行义务后一段合理时间内这样做。

第五十条

如果货物不符合同,无论价款是否已付,买方都可以减低价格,减价按实际交付的货物在交货时的价值与符合合同的货物在当时的价值两者之间的比例计算。但是,如果卖方按照第三十七条或第四十八条的规定对任何不履行义务作出补救,或者买方拒绝接受卖方按照该两条规定履行义务,则买方不得减低价格。

第五十一条

(1) 如果卖方只交付一部分货物,或者交付的货物中只有一部分符合合同规定,第四十六条至第五十条的规定适用于缺漏部分及不符合同规定部分的货物。

(2) 买方只有在完全不交付货物或不按照合同规定交付货物等于根本违反合同时,才可以宣告整个合同无效。

第五十二条

(1) 如果卖方在规定的日期前交付货物，买方可以收取货物，也可以拒绝收取货物。

(2) 如果卖方交付的货物数量大于合同规定数量，买方可以收取也可以拒绝收取多交部分的货物。如果买方收取多交部分货物的全部或一部分，必须按合同价格付款。

第三章 买方的义务

第五十三条

买方必须按照合同和本公约规定支付货物价款和收取货物。

第一节 支付价款

第五十四条

买方支付价款的义务包括根据合同或任何有关法律和规章规定的步骤和手续，以便支付价款。

第五十五条

如果合同已有效的订立，但没有明示或暗示地规定价格或规定如何确定价格，在没有任何相反表示的情况下，双方当事人应视为已默示地引用订立合同时此种货物在有关贸易的类似情况下销售的通常价格。

第五十六条

如果价格是按货物的重量规定的，如有疑问，应按净重确定。

第五十七条

(1) 如果买方没有义务在任何其他特定地点支付价款，必须在以下地点向卖方支付价款：

(a) 卖方的营业地；或者

(b) 如凭移交货物或单据支付价款，则为移交货物或单据的地点。

(2) 卖方必须承担因其营业地在订立合同后发生变动而增加的支付方面的有关费用。

第五十八条

(1) 如果买方没有义务在任何其他特定时间内支付价款，必须于卖方按照合同和本公约规定将货物或控制货物处置权的单据交给买方处置时支付价款。卖方可以支付价款作为移交货物或单据的条件。

(2) 如果合同涉及货物的运输，卖方可以在支付价款后方可把货物或控制货物处置权的单据移交给买方作为发运货物的条件。

(3) 买方在未有机会检验货物前，无义务支付价款，除非这种机会与双方当事人议定的交货或支付程序相抵触。

第五十九条

买方必须按合同和本公约规定的日期或从合同和本公约可以确定的日期支付价款，而无需卖方提出任何要求或办理任何手续。

第二节 收取货物

第六十条

买方收取货物的义务如下：采取一切理应采取的行动，以期卖方能交付货物和接收货物。

第三节　买方违反合同的补救办法

第六十一条

(1)如果买方不履行在合同和本公约中的任何义务，卖方可以：

(a) 行使第六十二条至第六十五条所规定的权利；

(b) 按照第七十四至第七十七条的规定，要求损害赔偿。

(2) 卖方可能享有的要求损害赔偿的任何权利，不因其行使采取其他补救办法的权利而丧失。

(3) 如果卖方对违反合同采取某种补救办法，法院或仲裁庭不得给予买方宽限期。

第六十二条

卖方可以要求买方支付价款、收取货物或履行其他义务，除非卖方已采取与此一要求相抵触的某种补救办法。

第六十三条

(1) 卖方可以规定一段合理时限的额外时间，让买方履行义务。

(2) 除非卖方收到买方的通知，声称将不在所规定的时间内履行义务，卖方不得在这段时间内对违反合同采取任何补救办法。但是，卖方并不因此丧失对迟延履行义务可能享有的要求损害赔偿的任何权利。

第六十四条

(1) 卖方在以下情况下可以宣告合同无效：

(a) 买方不履行其在合同或本公约中的任何义务，等于根本违反合同；或

(b) 买方不在卖方按照第六十三条第(1)款规定的额外时间内履行支付价款的义务或收取货物，或买方声明将不在所规定的时间内这样做。

(2) 如果买方已支付价款，卖方就丧失宣告合同无效的权利，除非：

(a) 对于买方迟延履行义务，在知道买方履行义务前这样做；或者

(b) 对于买方迟延履行义务以外的任何违反合同事情：

(一) 在已知道或理应知道这种违反合同后一段合理时间内这样做；或

(二) 在卖方按照第六十三条第(1)款规定的任何额外时间满期后或在买方声明将不在这一额外时间内履行义务后一段合理时间内这样做。

第六十五条

(1) 如果买方应根据合同规定订明货物的形状、大小或其他特征，而在议定的日期或在收到卖方的要求后一段合理时间内没有订明这些规格，则卖方在不损害其可能享有的任何其他权利的情况下，可以依照其所知的买方的要求，自己订明规格。

(2) 如果卖方自己订明规格，必须把订明规格的细节通知买方，而且必须规定一段合理时间，让买方可以在该段时间内订出不同的规格。如果买方在收到这种通知后没有在该段时间内这样做，卖方所订的规格就具有约束力。

第四章　风险移转

第六十六条

货物在风险移转到买方承担后遗失或损坏，买方支付价款的义务并不因此解除，除非这种遗失或损坏是由于卖方的行为或不行为所造成。

第六十七条

(1) 如果销售合同涉及货物的运输,但卖方没有义务在某一特定地点交付货物,自货物按照销售合同交付给第一承运人以转交给买方时起,风险就移转到买方承担。如果卖方有义务在某一特定地点把货物交付给承运人,在货物于该地点交付给承运人以前,风险不移转到买方承担。卖方受权保留控制货物处置权的单据,并不影响风险的移转。

(2) 在货物以货物上加标记,或以装运单据、或向买方发出通知,或其他方式清楚地注明有关合同以前,风险不移转到买方承担。

第六十八条

对于在运输途中销售的货物,从订立合同时起,风险就移转到买方承担。但是,如果情况表明有此需要,从货物交付给签发载有运输合同单据的承运人时起,风险就由买方承担。尽管如此,如果卖方在订立合同时已知道或理应知道货物已经遗失或损坏,而又不将这一事实告之买方,则这种遗失或损坏应由卖方负责。

第六十九条

(1) 在不属于第六十七条和第六十八条规定的情况下,从买方接收货物时起,或如果买方不在适当时间内这样做,则从货物交给其处置但不收取货物从而违反合同时起,风险移转到买方承担。

(2) 但是,如果买方有义务在卖方营业地以外的某一地点接收货物,当交货时间已到而买方知道货物已在该地点交给其处置时,风险方始移转。

(3) 如果合同指的是当时未加识别的货物,则这些货物在未清楚注明有关合同以前,不得视为已交给买方处置。

第七十条

如果卖方已根本违反合同,第六十七条、第六十八条和第六十九条的规定,不损害买方因此种违反合同而可以采取的各种补救办法。

第五章 卖方和买方义务的一般规定

第一节 预期违反合同和分批交货合同

第七十一条

(1) 如果订立合同后,另一方当事人由于下列原因显然将不履行其大部分重要义务,一方当事人可以中止履行义务:

(a) 履行义务的能力或其信用有严重缺陷;或

(b) 在准备履行合同或履行合同中的行为。

(2) 如果卖方在上一款所述的理由明显化以前已将货物发运,可以阻止将货物交给买方,即使买方持有其有权获得货物的单据。本款规定只与买方和卖方间对货物的权利有关。

(3) 中止履行义务的一方当事人无论是在货物发运前还是发运后,都必须立即通知另一方当事人,如经另一方当事人对履行义务提供充分保证,则其必须继续履行义务。

第七十二条

(1) 如果在履行合同日期之前,明显看出一方当事人将根本违反合同,另一方当事人可以宣告合同无效。

(2) 如果时间许可，打算宣告合同无效的一方当事人必须向另一方当事人发出合理的通知，使其可以对履行义务提供充分保证。

(3) 如果另一方当事人已声明将不履行其义务，则上一款的规定不适用。

第七十三条
(1) 对于分批交付货物的合同，如果一方当事人不履行对任何一批货物的义务，便对该批货物构成根本违反合同，则另一方当事人可以宣告合同对该批货物无效。

(2) 如果一方当事人不履行对任何一批货物的义务，使另一方当事人有充分理由断定对今后各批货物将会发生根本违反合同，该另一方当事人可以在一段合理时间内宣告合同今后无效。

(3) 买方宣告合同对任何一批货物的交付为无效时，可以同时宣告合同对已交付的或今后交付的各批货物均为无效，如果各批货物是互相依存的，不能单独用于双方当事人在订立合同时所设想的目的。

第二节 损 害 赔 偿

第七十四条
一方当事人违反合同应负的损害赔偿额，应与另一方当事人因其违反合同而遭受的包括利润在内的损失额相等。这种损害赔偿不得超过违反合同一方在订立合同时，依照其当时已知道或理应知道的事实和情况，对违反合同预料到或理应预料到的可能损失。

第七十五条
如果合同被宣告无效，而在宣告无效后一段合理时间内，买方已以合理方式购买替代货物，或者卖方已以合理方式把货物转卖，则要求损害赔偿的一方可以取得合同价格和替代货物交易价格之间的差额以及按照第七十四条规定可以取得的任何其他损害赔偿。

第七十六条
(1) 如果合同被宣告无效，而货物又有时价，要求损害赔偿的一方，如果没有根据第七十五条规定进行购买或转卖，则可以取得合同规定的价格和宣告合同无效时的时价之间的差额以及按照第七十四条规定可以取得的任何其他损害赔偿。但是，如果要求损害赔偿的一方在接收货物之后宣告合同无效，则应适用接收货物时的时价，而不适用宣告合同无效时的时价。

(2) 为上一款的目的，时价指原应交付货物地点的现行价格，如果该地点没有时价，则指另一合理替代地点的价格，但应适当地考虑货物运费的差额。

第七十七条
声称另一方违反合同的一方，必须按情况采取合理措施，减轻由于该另一方违反合同而引起的损失，包括利润方面的损失。如果他不采取这种措施，违反合同一方可以要求从损害赔偿中扣除原可以减轻的损失数额。

第三节 利 息

第七十八条
如果一方当事人没有支付价款或任何其他拖欠金额，另一方当事人有权对这些款额收取利息，但不妨碍要求按照第七十四条规定可以取得的损害赔偿。

第四节 免 责

第七十九条
(1) 当事人对不履行义务，不负责任，如果能证明此种不履行义务，是由于某种非他所能控制的障碍，而且对于这种障碍，没有理由预期其在订立合同时能考虑到或能避免或克服它或它的后果。

(2) 如果当事人不履行义务是由于所雇用履行合同的全部或一部分规定的第三方不履行义务所致，该当事人只有在以下情况下才能免除责任：

(a) 按照上一款的规定应免除责任，和

(b) 假如该项的规定也适用于所雇用的人，这个人也同样会免除责任。

(3) 本条所规定的免责对障碍存在的期间有效。

(4) 不履行义务的一方必须将障碍及其对他履行义务能力的影响通知另一方。如果该项通知在不履行义务的一方已知道或理应知道此一障碍后一段合理时间内仍未为另一方收到，则他对由于另一方未收到通知而造成的损害应负赔偿责任。

(5) 本条规定不妨碍任何一方行使本公约规定的要求损害赔偿以外的任何权利。

第八十条

一方当事人因其行为或不行为而使得另一方当事人不履行义务时，不得声称该另一方当事人不履行义务。

第五节　宣告合同无效的效果

第八十一条

(1) 宣告合同无效解除了双方在合同中的义务，但应负责的任何损害赔偿仍应负责。宣告合同无效不影响合同关于解决争端的任何规定，也不影响合同中关于双方在宣告合同无效后权利和义务的任何其他规定。

(2) 已全部或局部履行合同的一方，可以要求另一方归还其按照合同供应的货物或支付的价款，如果双方都须归还，必须同时这样做。

第八十二条

(1) 买方如果不可能按实际收到货物的原状归还货物，就丧失宣告合同无效或要求卖方交付替代货物的权利。

(2) 上一款的规定不适用于以下情况：

(a) 如果不可能归还货物或不可能按实际收到货物的原状归还货物，并非由于买方的行为或不行为所造成；或者

(b) 如果货物或其中一部分的毁灭或变坏，是由于按照第三十八条规定进行检验所致；或者

(c) 如果货物或其中一部分，在买方发现或理应发现与合同不符以前，已为买方在正常营业过程中售出，或在正常使用过程中消费或改变。

第八十三条

买方虽然依第八十二条规定丧失宣告合同无效或要求卖方交付替代货物的权利，但是根据合同和本公约规定，仍保有采取一切其他补救办法的权利。

第八十四条

(1) 如果卖方有义务归还价款，必须同时从支付价款之日起支付价款利息。

(2) 在以下情况下，买方必须向卖方说明其从货物或其中一部分得到的一切利益：

(a) 如果必须归还货物或其中一部分；或者

(b) 如果不可能归还全部或一部分货物，或不可能按实际收到货物的原状归还全部或一部分货物，但已宣告合同无效或已要求卖方支付替代货物。

第六节　保　全　货　物

第八十五条

　　如果买方推迟收取货物，或在支付价款和交付货物应同时履行时，买方没有支付价款，而卖方仍拥有这些货物或仍能控制这些货物的处置权，卖方必须按情况采取合理措施，以保全货物。卖方有权保有这些货物，直至买方把所付的合理费用偿还为止。

第八十六条

　　(1) 如果买方已收到货物，但打算行使合同或本公约规定的任何权利，把货物退回，必须按情况采取合理措施，以保全货物。买方有权保有这些货物，直至卖方把所付的合理费用偿还为止。

　　(2) 如果发运给买方的货物已到达目的地，并交给买方处置，而买方行使退货权利，则买方必须代表卖方收取货物，除非这样做需要支付价款而且会使其遭受不合理的不便或需承担不合理的费用。如果卖方或受权代表其掌管货物的人也在目的地，则此一规定不适用。如果买方根据本款规定收取货物，其权利和义务与上一款所规定的相同。

第八十七条

　　有义务采取措施以保全货物的一方当事人，可以把货物寄放在第三方的仓库，由另一方当事人担负费用，但该项费用必须合理。

第八十八条

　　(1) 如果另一方当事人在收取货物或收回货物或支付价款或保全货物费用方面有不合理的迟延，按照第八十五条或第八十六条规定有义务保全货物的一方当事人，可以采取任何适当办法，把货物出售，但必须事前向另一方当事人发出合理的意向通知。

　　(2) 如果货物易于迅速变坏，或者货物的保全牵涉不合理的费用，则按照第八十五条或第八十六条规定有义务保全货物的一方当事人，必须采取合理措施，把货物出售，在可能的范围内，必须把出售货物的打算通知另一方当事人。

　　(3) 出售货物的一方当事人，有权从销售所得收入中扣回为保全货物和销售货物而付的合理费用。必须向另一方当事人说明所余款项。

2010年国际贸易术语解释通则（部分）

承运人：就2010年通则而言，承运人是指与托运人签署运输合同的一方。

报关单：这些是指为了遵守任何可适用的海关规定而需要满足的一些要求，可能包括单据、安全、信息或实物之义务。

交货：这个概念在贸易法和实务中有着多重含义，但在2010年通则中，它被用于表明货物遗失损害风险何时由卖方转移到买方。

交货凭证：这个表述现在被用做A8条款的标题。它意指用于证明已完成交货的凭证。对众多的2010年通则条款，交货凭证是指运输凭证或相应的电子记录。然而，在工厂交货(EXW)、货交承运人(FCA)、装运港船边交货(FAS)、装运港船上交货(FOB)的情况下，交货凭证可能只是一个简单的收据。交货凭证也可能有其他功能，比如作为支付机制的组成等。

电子记录或程序：由一种或更多的电子信息组成的一系列信息，适用情况下，其在效力上与相应的纸质文件等同。

包装：这个词被用于不同的原因。
(1) 遵照销售合同中任何要求的货物包装。
(2) 使货物适合运输的包装。
(3) 集装箱或其他运输工具中已包装货物的配载。

在2010年通则中，包装的含义包括上述第一种和第二种。然而，2010年通则并未涉及货物在货柜中的装载义务由谁承担，因而，在相关情形，各方应当在销售合同中作出规定。

EXW——工厂交货(……指定地点)

本条规则与(当事人)所选择的运输模式无关，即便(当事人)选择多种运输模式，也可适用该规则。本规则较适用于国内交易，对于国际交易，则应选FCA"货交承运人(……指定地点)"规则为佳。

"工厂交货(……指定地点)"是指当卖方在其所在地或其他指定的地点(如工厂(制造场所)或仓库等)将货物交给买方处置时，即完成交货。卖方不需将货物装上任何运输工具，在需要办理出口清关手续时，卖方也不必为货物办理出口清关手续。

双方都应该尽可能明确的指定货物交付地点，因为此时(交付前的)费用与风险由卖方承担。买方必须承当在双方约定的地点或在指定地受领货物的全部费用和风险。

EXW是卖方承担责任最小的术语。它应遵守以下使用规则：

卖方没有义务为买方装载货物，即使在实际中由卖方装载货物可能更方便。若由卖方装载货物，相关风险和费用亦由买方承担。如果卖方在装载货物中处于优势地位，则使用由卖方承担装载费用与风险的FCA术语通常更合适。

买方在与卖方使用EXW术语时应知晓，卖方仅在买方要求(更符合术语特质)办理出口手续时负有协助的义务：(但是)，卖方并无义务主动(更强调最小义务，吸收进2010年本身的意义)办理出口清关手续。因此如果买方不能直接或间接地办理出口清关手续,建议买方不要使用 EXW 术语。

买方承担向卖方提供关于货物出口之信息的有限义务。但是,卖方可能需要这些用做诸如纳税(申报税款)、报关等目的的信息。

FCA——货交承运人(……指定地点)

该项规则可以适用于各种运输方式(单独使用的情况),也可以适用于多种运输方式同时使用的情况。

"货交承运人"是指卖方于其所在地或其他指定地点将货物交付给承运人或买方指定人。建议当事人最好尽可能清楚地明确说明指定交货的具体点,风险将在此点转移至买方。

若当事人意图在卖方所在地交付货物,则应当确定该所在地的地址,即指定交货地点。另一方面,若当事人意图在其他地点交付货物,则应当明确确定一个不同的具体交货地点。FCA 要求卖方在需要时办理出口清关手续。但是,卖方没有办理进口清关手续的义务,也无需缴纳任何进口关税或者办理其他进口海关手续。

在需要办理海关手续时(在必要时/适当时),DAP 规则要求应有卖方办理货物的出口清关手续,但卖方没有义务办理货物的进口清关手续,支付任何进口税或者办理任何进口海关手续,如果当事人希望卖方办理货物的进口清关手续,支付任何进口税和办理任何进口海关手续,则应适用 DDP 规则。

CPT——运费付至(……指定目的港)

这一术语无例外地用于所选择的任何一种运输方式以及运用多种运输方式的情况。

"运费付至……"指卖方在指定交货地向承运人或由其(卖方)指定的其他人交货并且其(卖方)须与承运人订立运输合同,载明并实际承担将货物运送至指定目的地的所产生的必要费用。

在 CPT、CIP、CFR、或者 CIF 适用的情形下,卖方的交货义务在将货物交付承运人,而非货物到达指定目的地时,即告完全履行。

此规则有两个关键点,因为风险和成本在不同的地方发生转移。买卖双方当事人应在买卖合同中尽可能准确地确定以下两个点:发生转移至买方的交货地点,在其须订立的运输合同中载明的指定目的地。如果使用多个承运人将货物运至指定目的地,且买卖双方并未对具体交货地点有所约定,则合同默认风险自货物由买方交给第一承运人时转移,卖方对这一交货地点的选取具有排除买方控制的绝对选择权。如果当事方希望风险转移推迟至稍后的地点发生(例如:某海港或机场),那么他们需要在买卖合同中明确约定这一点。

由于将货物运至指定目的地的费用由卖方承担,因而当事人应尽可能准确地确定目的地中的具体地点。且卖方须在运输合同中载明这一具体的交货地点。卖方基于其运输合同中在指定目的地卸货时,如果产生了相关费用,卖方无权向买方索要,除非双方有其他约定。CPT 贸易术语要求卖方,在需要办理这些手续时,办理货物出口清关手续。但是,卖方没有义务办理货物进口清关手续、支付进口关税以及办理任何进口所需的任何海关手续。

CIP——运费和保险费付至(……指定目的地)

该术语可适用于各种运输方式,也可以用于使用两种以上的运输方式时。

"运费和保险费付至"含义是在约定的地方(如果该地在双方间达成一致)卖方向承运人或是卖方指定的另一个人发货,以及卖方必须签订合同和支付将货物运至目的地的运费。卖方还必须订立保险合同以防买方货物在运输途中灭失或损坏风险。买方应注意到 CIP(运费和保险费付至指定目的地)术语只要求卖方投保最低限度的保险险别。如买方需要更多的保险保障，则需要与卖方明确地达成协议，或者自行做出额外的保险安排。

在 CPT、CIP、CFR 和 CIF 这些术语下，当卖方将货物交付与承运人时而不是货物到达目的地时，卖方已经完成其交货义务。

由于风险和费用因地点之不同而转移，本规则有两个关键点。买卖双方最好在合同中尽可能精确地确认交货地点，将风险转移至买方地，以及卖方必须订立运输合同所到达的指定目的地。若将货物运输至约定目的地用到若干承运人而买卖双方未就具体交货点达成一致，则默认为风险自货物于某一交货点被交付至第一承运人时转移，该交货点完全由卖方选择而买方无权控制。如果买卖双方希望风险在之后的某一阶段转移(例如在一个海港或一个机场)，则他们需要在其买卖合同中明确之。

将货物运输至具体交货地点的费用由卖方承担，因此双方最好尽可能明确在约定的目的地的具体交货地点。卖方最好制定与此次交易精确匹配的的运输合同。如果卖方按照运输合同在指定的目的地卸货而支付费用，除非双方另有约定，卖方无权向买方追讨费用。

CIP 术语要求卖方在必要时办理货物出口清关手续。但是，卖方不承担办理货物进口清关手续，支付任何进口关税，或者履行任何进口报关手续的义务。

DAT——终点站交货(……指定目的港或目的地)

此规则可用于选择各种运输方式，也适用于选择一个以上的运输方式。

"终点站交货"是指，卖方在指定的目的港或目的地的指定的终点站卸货后将货物交给买方处置即完成交货。"终点站"包括任何地方，无论约定或者不约定，包括码头、仓库、集装箱堆场或公路、铁路或空运货站。卖方应承担将货物运至指定的目的地和卸货所产生的一切风险和费用。

建议当事人尽量明确地指定终点站，如果可能，(指定)在约定的目的港或目的地的终点站内的一个特定地点，因为(货物)到达这一地点的风险是由卖方承担，建议卖方签订一份与这样一种选择准确契合的运输合同。

此外，若当事人希望卖方承担从终点站到另一地点的运输及管理货物所产生的风险和费用，那么此时 DAP(目的地交货)或 DDP(完税后交货)规则应该被适用。

在必要的情况下，DAT 规则要求卖方办理货物出口清关手续。但是，卖方没有义务办理货物进口清关手续并支付任何进口税或办理任何进口报关手续。

DAP——目的地交货(……指定目的地)

DAP 是《2010 年国际贸易术语解释通则》新添加的术语，取代了的 DAF[2](边境交货)、DES(目的港船上交货)和 DDU[4](未完税交货)三个术语。

该规则的适用不考虑所选用的运输方式的种类，同时在选用的运输方式不止一种的情形下也能适用。

目的地交货的意思是：卖方在指定的交货地点，将仍处于交货的运输工具上尚未卸下的货物交给买方处置即完成交货。卖方须承担货物运至指定目的地的一切风险。

尽管卖方承担货物到达目的地前的风险，该规则仍建议双方将合意交货目的地指定尽量明确。建议卖方签订恰好匹配该种选择的运输合同。如果卖方按照运输合同承受了货物在目的地的卸货费用，那么除非双方达成一致，卖方无权向买方追讨该笔费用。

在需要办理海关手续时(在必要时/适当时)，DAP 规则要求应有卖方办理货物的出口清关手续，但卖方没有义务办理货物的进口清关手续，支付任何进口税或者办理任何进口海关手续,如果当事人希望卖方办理货物的进口清关手续,支付任何进口税和办理任何进口海关手续,则应适用 DDP 规则。

DDP——完税后交货(……指定目的地)

这条规则可以适用于任何一种运输方式,也可以适用于同时采用多种运输方式的情况。

"完税后交货"是指卖方在指定的目的地,将货物交给买方处置,并办理进口清关手续,准备好将在交货运输工具上的货物卸下交与买方,完成交货。卖方承担将货物运至指定的目的地的一切风险和费用,并有义务办理出口清关手续与进口清关手续,对进出口活动负责,以及办理一切海关手续。

DDP 术语下卖方承担最大责任。

因为到达指定地点过程中的费用和风险都由卖方承担,建议当事人尽可能明确地指定目的地。建议卖方在签订的运输合同中也正好符合上述选择的地点。如果卖方致使在目的地卸载货物的成本低于运输合同的约定,则卖方无权收回成本,当事人之间另有约定的除外。如果卖方不能直接或间接地取得进口许可,不建议当事人使用 DDP 术语。如果当事方希望买方承担进口的所有风险和费用,应使用 DAP 术语。

任何增值税或其他进口时需要支付的税项由卖方承担,合同另有约定的除外。

FAS——船边交货(……指定装运港)

这项规则仅适用于海运和内河运输。

"船边交货"是指卖方在指定装运港将货物交到买方指定的船边(例如码头上或驳船上),即完成交货。从那时起,货物灭失或损坏的风险发生转移,并且由买方承担所有费用。当事方应当尽可能明确的在指定装运港指定出装货地点,这是因为到这一地点的费用与风险由卖方承担,并且根据港口交付惯例这些费用及相关的手续费可能会发生变化。

卖方在船边交付货物或者获得已经交付装运的货物。这里所谓的"获得"迎合了链式销售,在商品贸易中十分普遍。

当货物通过集装箱运输时,卖方通常在终点站将货物交给承运人,而不是在船边。在这种情况下,船边交货规则不适用,而应当适用货交承运人规则。

船边交货规则要求卖方在需要时办理货物出口清关手续。但是,卖方没有任何义务办理货物进口清关、支付任何进口税或者办理任何进口海关手续。

FOB——船上交货(……指定装运港)

本规则只适用于海运或内河运输。

"船上交货"是指卖方在指定的装运港,将货物交致买方指定的船只上,或者指(中间销售商)设法获取这样交付的货物。一旦装船,买方将承担货物灭失或损坏造成的所有风险。卖方被要求将货物交至船只上或者获得已经这样交付装运的货物。这里所谓的"获得"迎合了链式销售,在商品贸易中十分普遍。

FOB 不适用于货物在装船前移交给承运人的情形。比如,货物通过集装箱运输,并通常在目的地交付。在这些情形下,适用 FCA 的规则。

在适用 FOB 时,销售商负责办理货物出口清关手续。但销售商无义务办理货物进口清关手续、缴纳进口关税或是办理任何进口报关手续。

CFR——成本加运费付至(……指定目的港)

本规定只适用于海路及内陆水运。

"成本加运费"是指卖方交付货物于船舶之上或采购已如此交付的货物,而货物损毁或灭失之风险从货物转移至船舶之上起转移，卖方应当承担并支付必要的成本加运费以使货物运送至目的港。

当使用 CPT、CIP、CFR 或 CIF 术语时，卖方在将货物交至已选定运输方式的运送者时，其义务即已履行，而非货物抵达目的地时方才履行。

本规则有两个关键点，因为风险转移地和运输成本的转移地是不同的。尽管合同中通常会确认一个目的港，而不一定确认却未必指定装运港，即风险转移给买方的地方。如果买方对装运港关乎买方的特殊利益(特别感兴趣)，建议双方就此在合同中尽可能精确并加以确认。

建议双方对于目的港的问题尽可能准确确认，因为以此产生的成本加运费由卖方承担。订立与此项选择(目的港选择)精确相符的运输合同。如果因买方原因致使运输合同与卸货点基于目的港发生关系，那么除非双方达成一致，否则卖方无权从买方处收回这些费用。成本加运费对于货物在装到船舶之上前即已交给(原为交付)承运人的情形可能不适用，例如通常在终点站(即抵达港、卸货点，区别于 port of destination)交付的集装箱货物。在这种情况下，宜使用 CPT 规则。(如当事各方无意越过船舷交货)成本加运费原则要求卖方办理出口清关手续，若合适的话。但是，卖方无义务为货物办理进口清关、支付进口关税或者完成任何进口地海关的报关手续。

CIF——成本，保险加运费付至(……指定目的港)

该术语仅适用于海运和内河运输。

"成本,保险费加运费"指卖方将货物装上船或指(中间销售商)设法获取这样交付的商品。货物灭失或损坏的风险在货物于装运港装船时转移向买方。卖方须自行订立运输合同，支付将货物装运至指定目的港所需的运费和费用。

卖方须订立货物在运输途中由买方承担的货物灭失或损坏风险的保险合同。买方须知晓在 CIF 规则下卖方有义务投保的险别仅是最低保险险别。如买方望得到更为充分的保险保障，则需与卖方明确地达成协议或者自行作出额外的保险安排。

当 CPT、CIP、CFR 或者 CIF 术语被适用时，卖方须在向承运方移交货物之时而非在货物抵达目的地时，履行已选择的术语相应规范的运输义务。

此规则因风险和费用分别于不同地点转移而具有以下两个关键点。合同惯常会指定相应的目的港，但可能不会进一步详细指明装运港，即风险向买方转移的地点。如买方对装运港尤为关注，那么合同双方最好在合同中尽可能精确地确定装运港。

当事人最好尽可能确定在约定的目的港内的交货地点，卖方承担至交货地点的费用。当事人应当在约定的目的地港口尽可能精准地检验，而由卖方承担检验费用。卖方应当签订确切适合的运输合同。如果卖方发生了运输合同之下的于指定目的港卸货费用，则卖方无需为买方支付该费用，除非当事人之间约定。

卖方必须将货物送至船上或者(由中间销售商)承接已经交付的货物并运送到目的地。除此之外，卖方必须签订一个运输合同或者提供这类的协议。这里的"提供"是为一系列的多项贸易过程("连锁贸易")服务，尤其在商品贸易中很普遍。

CIF 术语并不适用于货物在装上船以前就转交给承运人的情况，例如通常运到终点站交货的集装箱货物。在这样的情况下，应当适用 CIP 术语。

"成本、保险费加运费"术语要求卖方在适用的情况下办理货物出口清关手续。然而，卖方没有义务办理货物进口清关手续，缴纳任何进口关税或办理进口海关手续。

《跟单托收统一规则》(部分)

一、总则和定义

第一款 《跟单托收统一规则》第 522 号的应用

(1) 国际商会第 522 号出版物《跟单托收统一规则》1995 年修订本将适用于第二款所限定的、并在第四款托收指示中列明适用该项规则的所有托收项目。除非另有明确的约定,或与某一国家、某一政府,或与当地法律和尚在生效的条例有所抵触,本规则对所有的关系人均具有约束力。

(2) 银行没有义务必须办理某一托收或任何托收指示或以后的相关指示。

(3) 如果银行无论出于何种理由选择了不办理它所收到的托收或任何相关的托收指示,它必须毫不延误地采用电讯,或者如果电讯不可能时采用其他快捷的工具向他收到该项指示的当事人发出通知。

第二款 托收的定义

就本条款而言:

(1) 托收是指银行依据所收到的指示处理下述第(2)款所限定的单据,以便于:

a. 取得付款和/或承兑;或

b. 凭以付款或承兑交单;或

c. 按照其他条款和条件交单。

(2) 单据是指金融单据和/或商业单据。

a. 金融单据是指汇票、本票、支票或其他类似的可用于取得款项支付的凭证;

b. 商业单据是指发票、运输单据、所有权文件或其他类似的文件,或者不属于金融单据的任何其他单据。

(3) 光票托收是指不附有商业单据的金融单据项下的托收。

(4) 跟单托收是指:

a. 附有商业单据的金融单据项下的托收;

b. 不附有金融单据的商业单据项下的托收。

第三款 托收的关系人

(1) 就本条款而言,托收的关系人有:

a. 委托人即委托银行办理托收的有关人;

b. 寄单行即委托人委托办理托收的银行;

c. 代收行即除寄单行以外的任何参与处理托收业务的任何银行;

(2) 付款人即根据托收指示向其提示单据的人。

二、托收的形式和结构

第四款 托收指示

(1) a. 所有送往托收的单据必须附有一项托收指示,注明该项托收将遵循《跟单托收统一规则》第 522 号文件并且列出完整和明确的指示。银行只准允根据该托收指示中的命令和本规则行事;

b. 银行将不会为了取得指示而审核单据;

c. 除非托收指示中另有授权,银行将不理会来自除了他所收到托收的有关人/银行以外的任何有关人/银行的任何指令。

(2) 托收指示应当包括下述适宜的各项内容:

a. 收到该项托收的银行详情,包括全称、邮政和 SWIFT 地址、电传、电话和传真号码和编号;

b. 委托人的详情包括全称、邮政地址或者办理提示的场所,以及(如果有的话)电传、电话和传真号码;

c. 付款人的详情包括全称、邮政地址或者办理提示的场所,以及(如果有的话)电传、电话和传真号码;

d. 提示银行(如有的话)的详情,包括全称、邮政地址,以及(如果有的话)电传和传真号码;

e. 待托收的金额和货币;

f. 所附单据清单和每份单据的份数;

g. 凭以取得付款和/或承兑和条件和条款;

h. 凭以交付单据的条件;

i. 待收取的利息,如有的话,指明是否可以放弃,包括利率、计息期、适用的计算期基数(如一年按 360 天还是 365 天);

j. 付款方法和付款通知的形式;

k. 发生不付款、不承兑和/或与其他批示不相符时的指示。

(3) a. 托收指示应载明付款人或将要办理提示场所的完整地址。如果地址不全或有错误,代收银行可尽力去查明恰当的地址,但其本身并无义务和责任。

b. 代收银行对因所提供地址不全或有误所造成的任何延误将不承担责任或对其负责。

三、提示的形式

第五款 提示

(1) 就本条款而言,提示是表示银行按照指示使单据对付款人发生有效用的程序。

(2) 托收指示应列明付款人将要采取行动的确切期限。诸如首先、迅速、立即和类似的表述不应用于提示,或付款人赎单采取任何其他行动的任何期限。如果采用了该类术语,银行将不予理会。

(3) 单据必须以银行收到时的形态向付款人提示,除非被授权贴附任何必需的印花、除非另有指示费用由向其发出托收的有关方支付以及被授权采取任何必要的背书或加盖橡皮戳记,或其他托收业务惯用的和必要的辨认记号或符号。

(4) 为了使委托人的指示得以实现,寄单行将以委托人所指定的银行作为代收行。在未指定代收行时,寄单行将使用他自身的任何银行或者在付款或承兑的国家中,或在必须遵守其他条件的国家中选择另外的银行。

(5) 单据和托收指示可以由寄单行直接或者通过，另一银行作为中间银行寄送给代收行。

(6) 如果寄单行未指定某一特定的提示行，代办行可自行选择提示行。

第六款　即期/承兑

如果是见单即付的单据，提示行必须立即办理提示付款不得延误；如果不是即期而是远期付款单据，提示行必须在不晚于应到期日，如是要承兑立即办理提示承兑，如是付款时立即办理提示付款。

第七款　商业单据的交单(承兑交单 D/A 和付款交单 D/P)

(1) 附有商业单据必须在付款时交出的托收指示，不应包含远期付款的汇票。

(2) 如果托收包含有远期付款的汇票，托收指示应列明商业单据是凭承兑不是凭付款交给付款人。如果未有说明，商业单据只能是付款交单，而代收行对由于交付单据的任何延误所产生的任何后果将不承担责任。

(3) 如果托收包含有远期付款的汇票而且托收指示列明应凭付款交出商业单据时，则单据只能凭该项付款才能交付，而代收行对由于交单的任何延误所产生的任何结果将不承担责任。

第八款　代制单据

在寄单行指示或者是代收行或者是付款人应代制托收中未曾包括的单据(汇票、本票、信托收据、保证书或其他单据)时，这些单据的格式和词句应由寄单行提供，否则的话，代收行对由代收行和/或付款人所提供任何该种单据的格式和词句将不承担责任或对其负责。

四、义务和责任

第九款　善意和合理的谨慎

银行将以善意和合理的谨慎办理业务。

第十款　单据与货物/服务/行为

(1) 未经银行事先同意，货物不得以银行的地址直接发送给该银行，或者以该行作为收货人或者以该行为抬头人。然而，如果未经银行事先同意而将货物以银行的地址直接发送给了该银行，或以该行做了收货人或抬头人，并请该行凭付款或承兑或凭其他条款将货物交付给付款人，该行将没有提取货物的义务，其风险和责任仍由发货方承担。

(2) 银行对与跟单托收有关的货物即使接到特别批指示也没有义务采取任何行动包括对货物的仓储和保险，银行只有在个案中如果同意这样做时才会采取该类行动。撇开前述第一款第(3)条的规定，即使对此没有任何特别的通知，代收银行也适用本条款。

(3) 然而，无论银行是否收到指示，它们为保护货物而采取措施时，银行对有关货物的结局和/或状况和/或对受托保管和/或保护的任何第三方的行为和/或疏漏概不承担责任。但是，代收行必须毫不延误地将其所采取的措施通知对其发出托收指的银行。

(4) 银行对货物采取任何保护措施所发生的任何费用和/或化销将由向其发出托收的一方承担。

(5) a.撇开第十款(1)条的规定，如果货物是以代收行作为收货人或抬头人，而且付款人已对该项托收办理了付款、承兑或承诺了其他条件和条款，代收行因此对货物的交付做了安排时,应认为寄单行已授权代收行如此办理。

b. 若代收行按照寄单行的指示按上述第十款第(1)条的规定安排交付货物,寄单行应对该代收行所发行的全部损失和化销给予赔偿。

第十一款 对被指示的免责

(1) 为使委托人的指示得以实现,银行使用另一银行或其他银行的服务是代该委托人办理的,因此,其风险由委托人承担。

(2) 即使银行主动地选择了其他银行办理业务,如该行所转递的指示未被执行,该行不承担责任或对其负责。

(3) 一方指示另一方去履行服务,指示方应受到被指示方的法律和惯例所加于的一切义务和责任的制约,并承担赔偿的责任。

第十二款 对收到单据的免责

(1) 银行必须确定它所收到的单据应与托收批示中所列表面相符,如果发现任何单据有短缺或非托收指示所列,银行必须以电讯方式,如电讯不可能时,以其他快捷的方式通知从其收到指示的一方,不得延误。
银行对此没有更多的责任。

(2) 如果单据与所列表面不相符,寄单行对代收行收到的单据种类和数量应不得有争议。

(3) 根据第五款第(3)条和第十二款式、以及上述第(2)条,银行将按所收到的单据办理提示而无需做更多的审核。

第十三款 对单据有效性的免责

银行对任何单据的格式、完整性、准确性、真实性、虚假性或其法律效力、或对在单据中载明或在其上附加的一般性和/或特殊性的条款不承担责任或对其负责;银行也不对任何单据所表示的货物的描述、数量、重量、质量、状况、包装、交货、价值或存在,或对货物的发运人、承运人、运输行、收货人和保险人,或其他任何人的诚信或行为和/或疏忽、清偿力、业绩或信誉,承担责任或对其负责。

第十四款 对单据在传送中的延误和损坏以及对翻译的免责

(1) 银行对任何信息、信件或单据在传送中所发生的延误和/或损坏、或对任何电讯在传递中所发生的延误、残损或其他错误、或对技术条款的翻译和/或解释的错误不承担责任或对其负责。

(2) 银行对由于收到的任何指示需要澄清而引起的延误将不承担责任或对其负责。

第十五款 不可抗力

银行对由于天灾、暴动、骚乱、战争或银行本身不能控制的任何其他原因、任何罢工或停工而使银行营业中断所产生的后果不承担责任或对其负责。

五、付款

第十六款 立即汇付

(1) 收妥的款项(扣除手续费和/或支出和/或可能的化销)必须按照托收指示中规定的条件

和条款不延误地付给从其收到托收指示的一方,不得延误;

(2) 撇开第一款第(3)条的规定和除非另有指示,代收行仅向寄单行汇付收妥的款项。

第十七款 以当地货币支付

如果单据是以付款地国家的货币(当地货币)付款,除托收指示另有规定外,提示行必须凭当地货币的付款,交单给付款人,只要该种货币按托收指示规定的方式能够随时处理。

第十八款 用外汇付款

如果单据是以付款地国家以外的货币(外汇)付款,除托收指示中另用规定外,提示行必须凭指定的外汇的付款,交单给付款人,只要该外汇是按托收指示规定能够立即汇出。

第十九款 分期付款

(1) 在光票托收中可以接受分期付款,前提是分批的金额和条件是付款当地的现行法律所允许。只有在全部货款已收妥的情况下,才能将金融单据交付给付款人。

(2) 在跟单托收中,只有在托收指示有特别授权的情况下,才能接受分期付款。然而,除非另有指示,提示行只能在全部货款已收妥后才能将单据交付给付款人。

(3) 在任何情况下,分期付款只有在符合第十七款或第十八款中的相应规定时将会被接受。如果接受分期付款将按照第十六款的规定办理。

六、利息、手续费和费用

第二十款 利息

(1) 如果托收指示中规定必须收取利息,但付款人拒付该项利息时,提示行可根据具体情况在不收取利息的情况下凭付款或承兑或其他条款和条件交单,除非适用第二十款第(3)条。

(2) 如果要求收取利息,托收指示中应明确规定利率、计息期和计息方法。

(3) 如托收指示中明确地指明利息不得放弃而付款人以拒付该利息,提示行将不交单,并对由此所引起的延迟交单所产生的后果将不承担责任。当利息已被拒付时,提示行必须以电讯,当不可能时,可用其他便捷的方式通知曾向其发出托收指示的银行,不得延误。

第二十一款 手续费和费用

(1) 如果托收指示中规定必须收取手续费和(或)费用须由付款人承担,而后者拒付时,提示行可以根据具体情况在不收取手续费和 A(或)费用的情况下凭付款或承兑或其他条款和条件件交单,除非适用第二十一款第(2)条。

每当托收手续费和(或)费用被这样放弃时,该项费用应由发出托收的一方承担,并可从货款中扣减。

(2) 如果托收指示中明确指明手续费和(或)费用不得放弃而付款人又拒付该项费用时,提示行将不交单,并对由此所引起的延误所产生的后果将不承担责任。当该项费用已被拒付时,提示行必须以电讯,当不可能时可用其他便捷的方式通知曾向其发出托收指示的银行,不得延误。

(3) 在任何情况下,若托收指示中清楚地规定或根据本《规则》,支付款项和(或)费用和(或)托收手续费应由委托人承担,代收行应有权从向其发出托收指示的银行立即收回所支出的有关支付款、费用和手续费,而寄单行不管该托收结果如何应有权向委托人立即收回它所付出的任何金额连同它自己的支付款、费用和手续费。

(4) 银行对向其发出托收指示的一方保留要求事先支付手续费和(或)费用用以补偿其拟执行任何指示的费用支出的权利,在未收到该项款项期间有保留不执行该项指示的权利 。

七、其他条款

第二十二款 承兑

提示行有责任注意汇票承兑形式看来是完整和正确的,但是,对任何签字的真实性或签署承兑的任何签字人的权限不负责任。

第二十三款 本票和其他凭证

提示行对在本票、收据或其他凭证上的任何签字的真实性或签字人的权限不负责任。

第二十四款 拒绝证书

托收指示对当发生不付款或不承兑时的有关拒绝证书应有具体的指示(或代之以其他法律程序)。

银行由于办理拒绝证书或其他法律程序所发生的手续费和(或)费用将由向其发出托收指示的一方承担。

第二十五款 预备人

如果委托人指定一名代表作为在发生不付款和(或)不承兑时的预备人,托收指示中应清楚地、详尽地指明该预备人的权限。在无该项指示时,银行将不接受来自预备人的任何指示。

第二十六款 通知

代收行应按下列规则通知托收状况。

(1) 通知格式

代收行对向其发出托收指示的银行给予所有通知和信息必须要有相应的详情,在任何情况下都应包括后者在托收指示中列明的银行业务编号。

(2) 通知的方法:

寄单行有责任就通知的方法向代收行给予指示,详见本款第(3)a 条、第(3)b 条和第(3)c 条的内容。在无该项指示时,代收行将自行选择通知方法寄送有关的通知,而其费用应由向其发出托收指示的银行承担。

(3) a. 付款通知

代收行必须无延误地对向其发出托收指示的银行寄送付款通知,列明金额或收妥金额、扣减的手续费和(或)支付款和(或)费用额以及资金的处理方式。

b. 承兑通知

代收行必须无延误地对向其发出托收指示的银行寄送承兑通知。

c. 不付款或不承兑的通知

提示行应尽力查明不付款或不承兑的原因,并据以向对其发出托收指示的银行无延误地寄送通知。

提示行应无延误地对向其发出托收指示的银行寄送不付款通知和(或)不承兑通知后 60 天内未收到该项指示,代收行或提示行可将单据退回给向其发出指示的银行,而提示行方面不承担更多的责任。

《跟单信用证统一惯例》(UCP600)(部分)

一、关于"信用证"

信用证意指一项约定,无论其如何命名或描述,该约定不可撤销并因此构成开证行对于相符提示予以兑付的确定承诺。

二、关于"议付"

议付意指被指定银行在其应获得偿付的银行日或在此之前,通过向受益人预付或者同意向受益人预付款项的方式购买相符提示项下的汇票(汇票付款人为被指定银行以外的银行)及/或单据。

三、关于"相符"的要求

1. 何为"相符"

单据中内容的描述不必与信用证、信用证对该项单据的描述以及国际标准银行实务完全一致,但不得与该项单据中的内容、其他规定的单据或信用证相冲突。

2. 表面相符

按照指定行事的被指定银行、保兑行(如有)以及开证行必须对提示的单据进行审核,并仅以单据为基础,以决定单据在表面上看来是否构成相符提示。

当信用证含有要求使单据合法、签证、证实或对单据有类似要求的条件时,这些条件可由在单据上签字、标注、盖章或标签来满足,只要单据表面已满足上述条件即可。

3. 关于相符判断的几个具体问题

除商业发票外,其他单据中的货物、服务或行为描述若须规定,可使用统称,但不得与信用证规定的描述相矛盾。

如果信用证要求提示运输单据、保险单据和商业发票以外的单据,但未规定该单据由何人出具或单据的内容。如信用证对此未做规定,只要所提交单据的内容看来满足其功能需要且其他方面与第十四条(d)款相符,银行将对提示的单据予以接受。

提示信用证中未要求提交的单据,银行将不予置理。如果收到此类单据,可退还提示人。

如果信用证中包含某项条件而未规定需提交与之相符的单据,银行将认为未列明此条件,并对此不予置理。

当受益人和申请人的地址显示在任何规定的单据上时,不必与信用证或其他规定单据中显示的地址相同,但必须与信用证中述及的各自地址处于同一国家内。

显示在任何单据中的货物的托运人或发货人不必是信用证的受益人。

单据的出单日期可以早于信用证开立日期,但不得迟于信用证规定的提示日期。

四、关于审单期限

按照指定行事的被指定银行、保兑行(如有)以及开证行，自其收到提示单据的翌日起算，应各自拥有最多不超过五个银行工作日的时间以决定提示是否相符。该期限不因单据提示日适逢信用证有效期或最迟提示期或在其之后而被缩减或受到其他影响。

五、"不符"的处理

当按照指定行事的被指定银行、保兑行(如有)或开证行确定提示不符时，可以拒绝兑付或议付。

当开证行确定提示不符时，可以依据其独立的判断联系申请人放弃有关不符点。然而，这并不因此延长第十四条(b)款中述及的期限(注：这里指的是 5 个银行工作日的期限规定)。

当按照指定行事的被指定银行、保兑行(如有)或开证行决定拒绝兑付或议付时，必须一次性通知提示人。

通知必须声明：
1. 银行拒绝兑付或议付；及
2. 银行凭以拒绝兑付或议付的各个不符点；及
3. a) 银行持有单据等候提示人进一步指示；或
   b) 开证行持有单据直至收到申请人通知弃权并同意接受该弃权，或在同意接受弃权前从提示人处收到进一步指示；或
   c) 银行退回单据；或
   d) 银行按照先前从提示人处收到的指示行事。

六、关于信用证金额、数量与单价的增减幅度

"约"或"大约"用语信用证金额或信用证规定的数量或单价时，应解释为允许有关金额或数量或单价有不超过 10%的增减幅度。

在信用证未以包装单位件数或货物自身件数的方式规定货物数量时，货物数量允许有5%的增减幅度，只要总支取金额不超过信用证金额。

如果信用证规定了货物数量，而该数量已全部发运，及如果信用证规定了单价，而该单价又未降低，或当第三十条(b)款不适用时，则即使不允许部分装运，也允许支取的金额有 5%的减幅。若信用证规定有特定的增减幅度或使用第三十条(a)款提到的用语限定数量，则该减幅不适用。

七、银行对单据的责任

银行对任何单据的形式、充分性、准确性、内容真实性、虚假性或法律效力，或对单据中规定或添加的一般或特殊条件，概不负责；银行对任何单据所代表的货物、服务或其他履约行为的描述、数量、重量、品质、状况、包装、交付、价值或其存在与否，或对发货人、承运人、货运代理人、收货人、货物的保险人或其他任何人的诚信与否，作为或不作为、清偿能力、履约或资信状况，也概不负责。

当报文、信件或单据按照信用证的要求传输或发送时，或当信用证未作指示，银行自行选择传送服务时，银行对报文传输或信件或单据的递送过程中发生的延误、中途遗失、残缺

或其他错误产生的后果，概不负责。

银行对技术术语的翻译或解释上的错误，不负责任，并可不加翻译地传送信用证条款。

如果指定银行确定交单相符并将单据发往开证行或保兑行。无论指定的银行是否已经承付或议付，开证行或保兑行必须承付或议付，或偿付指定银行，即使单据在指定银行送往开证行或保兑行的途中，或保兑行送往开证行的途中丢失。

八、信用证的转让与转让行

转让信用证意指明确表明其"可以转让"的信用证。根据受益人（"第一受益人"）的请求，转让信用证可以被全部或部分地转让给其他受益人（"第二受益人"）。

转让银行意指办理信用证转让的被指定银行，或者，在适用于任何银行的信用证中，转让银行是由开证行特别授权并办理转让信用证的银行。开证行也可担任转让银行。

转让信用证意指经转让银行办理转让后可供第二受益人使用的信用证。

若信用证允许分批支款或分批装运，信用证可被部分地转让给一个以上的第二受益人。

如果第一受益人应当提交其自己的发票和汇票(如有)，但却未能在收到第一次要求时照办；或第一受益人提交的发票导致了第二受益人提示的单据中本不存在的不符点，而其未能在收到第一次要求时予以修正，则转让银行有权将其从第二受益人处收到的单据向开证行提示，并不再对第一受益人负责。

由第二受益人或代表第二受益人提交的单据必须向转让银行提示。

九、关于信用证与合同

就性质而言，信用证与可能作为其依据的销售合同或其他合同，是相互独立的交易。即使信用证中提及该合同，银行亦与该合同完全无关，且不受其约束。因此，一家银行作出兑付、议付或履行信用证项下其他义务的承诺，并不受申请人与开证行之间或与受益人之间在已有关系下产生的索偿或抗辩的制约。

受益人在任何情况下，不得利用银行之间或申请人与开证行之间的契约关系。

参 考 文 献

[1] 全国国际商务单证专业培训考试办公室. 国际商务单证专业培训考试大纲及复习指南[M]. 北京：中国商务出版社，2011.
[2] 广银芳. 外贸单证制作实务[M]. 北京：清华大学出版社，2007.
[3] 国际商会中国国家委员会. ICC 跟单信用证统一惯例(UCP600)[M]. 北京：中国民主法治出版社，2007.
[4] 余世明，冼燕华. 国际商务模拟实习教程(下)[M]. 广州：暨南大学出版社，2004.
[5] 张军. 外贸单证实务[M]. 南京：东南大学出版社，2004.
[6] 姚新超. 国际货物保险[M]. 2版. 北京：对外经济贸易大学出版社，2006.
[7] 万晓兰. 新编国际货物贸易实务与操作[M]. 北京：经济科学出版社，2004.
[8] 李京. 国际贸易单证[M]. 2版. 北京：北京理工大学出版社，2005.
[9] [美]爱德华•G•辛克尔曼. 国际贸易单证——进出口、运输和银行单证[M]. 董俊英，译. 北京：经济科学出版社，2003.
[10] 祝卫. 出口贸易模拟操作教程[M]. 3版. 上海：上海人民出版社，2008.
[11] 尹哲. 国际贸易单证流转实务：国际贸易实务模拟实验室[M]. 北京：中国轻工业出版社，2002.
[12] 王芬. 进出口贸易实务模拟教程[M]. 上海：立信会计出版社，1998.
[13] 高东升，董凤兰. 出口贸易制单与银行结汇实务 [M]. 北京：中国对外经济贸易出版社，2004.
[14] 顾民. 最新信用证(UCP600)操作指南[M]. 北京：对外经济贸易大学出版社，2007.

北京大学出版社高职高专经管类规划教材书目

财务会计类

序号	书名	标准书号	主编	定价	出版年份	配套情况
1	统计学基础	978-7-81117-756-5	阮红伟	30	2009	ppt
2	统计学原理	978-7-81117-825-8	廖江平 刘登辉	25	2009	ppt
3	统计学原理与实务	978-7-5038-4836-0	姜长文 简家进	26	2009	ppt
4	实用统计基础与案例	978-7-301-20409-2	黄彬红	35	2012	ppt
5	经济法原理与实务	978-7-5038-4846-9	孙晓平 邓敬才	38	2009	ppt
6	经济法实用教程	978-7-81117-675-9	胡卫东 吕玮	39	2009	ppt
7	财经法规	978-7-81117-885-2	李萍 亓文会	35	2009	ppt
8	会计基本技能	978-7-5655-0067-1	高东升 王立新	26	2010	ppt
9	会计基础实训	978-7-301-19964-0	刘春才	29	2012	ppt
10	企业会计基础	978-7-301-20460-3	徐炳炎	33	2012	ppt/浙江省重点教材建设项目网站
11	基础会计	978-7-5655-0062-6	常美	28	2010	ppt
12	基础会计教程	978-7-81117-753-4	侯颖	30	2009	ppt
13	基础会计教程与实训	978-7-5038-4845-2	李洁 王美玲	28	2009	ppt
14	基础会计教程与实训(第2版)	978-7-301-16075-6	李洁	30	2011	ppt
15	基础会计实训教程	978-7-5038-5017-2	王桂梅	20	2009	ppt
16	基础会计原理与实务	978-7-5038-4849-0	侯旭华 缑宇英	28	2009	ppt
17	财务管理教程与实训	978-7-5038-4837-7	张红 景云霞	37	2008	ppt
18	财务会计	978-7-5655-0117-3	张双兰 李桂梅	40	2011	ppt
19	财务会计(第2版)	978-7-81117-975-6	李哲 等	32	2010	ppt
20	财务会计实用教程	978-7-5038-5027-1	丁增稳 高丛	36	2008	ppt
21	财务活动管理	978-7-5655-0162-3	石兰东	26	2011	ppt
22	财务管理	978-7-5655-0328-3	翟其红	29	2011	ppt
23	财务管理	978-7-301-17843-0	林琳 蔡伟新	35	2011	ppt
24	Excel财务管理应用	978-7-5655-0358-0	陈立稳	33	2011	ppt
25	成本会计	978-7-81117-592-9	李桂梅	28	2009	ppt
26	成本会计	978-7-5655-0130-2	陈东领 周美容	25	2010	ppt
27	成本会计	978-7-301-19409-6	徐亚明 吴雯雯	24	2011	ppt
28	成本费用核算	978-7-5655-0165-4	王磊	27	2011	ppt
29	成本会计实务	978-7-301-19308-2	王书果	36	2011	ppt
30	成本会计实训教程	978-7-81117-542-4	贺英莲	23	2008	ppt
31	审计学原理与实务	978-7-5038-4843-8	马西牛 杨印山	32	2007	ppt
32	审计业务操作	978-7-5655-0171-5	涂申清	30	2011	ppt
33	审计业务操作全程实训教程	978-7-5655-0259-0	涂申清	26	2011	ppt
34	税务会计实用教程	978-7-5038-4848-3	李克桥 郭华	37	2008	ppt
35	涉税业务核算	978-7-301-18287-1	周常青	29	2011	ppt
36	企业纳税实务	978-7-5655-0188-3	司宇佳	25	2011	ppt
37	企业纳税与筹划实务	978-7-301-20193-0	郭武燕	38	2012	ppt
38	会计电算化实用教程	978-7-5038-4853-7	张耀武	28	2008	ppt
39	会计电算化实用教程(第2版)	978-7-301-09400-6	刘东辉	20	2008	ppt
40	会计英语	978-7-5038-5012-7	杨洪	28	2009	ppt
41	行业特殊业务核算	978-7-301-18204-8	余浩	20	2011	ppt
42	财经英语阅读	978-7-81117-952-1	朱琳	29	2010	ppt
43	资产评估	978-7-81117-645-2	董亚红	40	2009	ppt
44	预算会计	978-7-301-20440-5	冯萍	39	2012	ppt
45	纳税申报与筹划	978-7-301-20921-9	李英艳 黄体允	38	2012	ppt

金融贸易类

序号	书名	标准书号	主编	定价	出版日期	配套情况
46	国际结算	978-7-5038-4844-5	徐新伟	32	2009	ppt
47	国际结算	978-7-81117-842-5	黎国英	25	2009	ppt
48	货币银行学	978-7-5038-4838-4	曹艺 卞桂英	28	2009	ppt
49	国际金融基础与实务	978-7-5038-4839-1	冷丽莲 刘金波	33	2008	ppt
50	国际贸易概论	978-7-81117-841-8	黎国英 张新亚	28	2009	ppt
51	国际贸易理论与实务	978-7-5038-4852-0	程敏然 贺亚茹	40	2008	ppt
52	国际商务谈判	978-7-81117-532-5	卞桂英 刘金波	33	2008	ppt
53	国际商法实用教程	978-7-5655-0060-2	聂红梅 史亚洲	35	2010	ppt
54	进出口贸易实务	978-7-5038-4842-1	周学明 金敏	30	2008	ppt
55	金融英语	978-7-81117-537-0	刘娣	24	2009	ppt/省级精品课程网站
56	财政基础与实务	978-7-5038-4840-7	才凤玲 张云莺	34	2007	ppt

序号	书名	标准书号	主编	定价	出版日期	配套情况
57	财政与金融	978-7-5038-4856-8	谢利人 郝巧亮	37	2008	ppt
58	国际贸易实务	978-7-301-19393-8	李湘滇 刘亚玲	34	2011	ppt
59	国际贸易实务操作	978-7-301-19962-6	王言炉	37	2011	ppt
60	国际贸易实务	978-7-301-20192-3	刘慧	25	2012	ppt
61	国际商务谈判（第2版）	978-7-301-19705-9	刘金波	35	2011	ppt
62	外贸单证	978-7-301-17417-3	程文吉 张帆	28	2011	ppt/浙江省重点教材建设项目网站
63	商务英语学习情境教程	978-7-301-18626-8	孙晓娟	27	2011	ppt/浙江省重点教材建设项目网站
64	国际商务单证	978-7-301-20974-5	刘慧 杨志学	29	2012	ppt

营销管理类

序号	书名	标准书号	主编	定价	出版日期	配套情况
65	市场营销学	978-7-5038-4859-9	李世宗 李建峰	28	2008	ppt
66	市场营销	978-7-81117-957-6	钟立群	33	2010	ppt
67	市场营销理论与实训	978-7-5655-0316-0	路娟	27	2011	ppt
68	市场营销项目驱动教程	978-7-301-20750-5	肖飞	34	2012	ppt
69	管理学原理	978-7-5038-4841-4	季辉 冯开红	26	2008	ppt
70	管理学基础	978-7-81117-974-3	李蔚田	34	2010	Ppt/立体化教学资料
71	管理学原理与应用	978-7-5655-0065-7	秦虹	27	2010	ppt
72	通用管理实务	978-7-81117-829-6	叶萍	39	2009	ppt
73	现代公共关系原理与实务	978-7-5038-4835-3	张美清	25	2007	ppt
74	公共关系实务	978-7-301-20096-4	李东 王伟东	32	2012	ppt
75	企业管理	978-7-5038-4858-2	张亚 周巧英	34	2008	ppt
76	企业管理	978-7-301-20657-7	关善勇	28	2012	ppt
77	现代企业管理	978-7-81117-806-7	于翠华 贾志林	38	2009	ppt
78	现代企业管理	978-7-301-19687-8	刘磊	32	2011	ppt
79	商务礼仪	978-7-81117-831-9	李巍	33	2009	ppt
80	商务礼仪	978-7-5655-0176-0	金丽娟	29	2011	ppt
81	现代商务礼仪	978-7-81117-855-5	覃常员 张幸花	24	2009	ppt
82	商务沟通实务	978-7-301-18312-0	郑兰先	31	2011	ppt
83	商务谈判	978-7-301-20543-3	尤凤翔 祝拥军	26	2012	ppt
84	商务谈判	978-7-5038-4850-6	范银萍 刘青	32	2009	ppt
85	人力资源管理	978-7-5038-4851-3	李蔚田	40	2008	ppt
86	人力资源管理实务	978-7-301-19096-8	赵国忻	30	2011	ppt/浙江省重点教材建设项目网站
87	电子商务实务	978-7-301-11632-6	胡华江	27	2009	ppt/国家级精品课程网站
88	电子商务实用教程	978-7-301-18513-1	卢忠敏 胡继承	33	2011	ppt
89	电子商务英语	978-7-301-17603-0	陈晓鸣 叶海鹏	22	2010	ppt
90	网络营销理论与实务	978-7-5655-0039-8	范军环 宋沛军	32	2010	ppt
91	市场调研案例教程	978-7-81117-570-7	周宏敏	25	2008	ppt
92	市场调查与预测	978-7-5655-0252-1	徐林 王自豪	27	2011	ppt
93	市场调查与预测	978-7-301-19904-6	熊衍红	31	2011	ppt
94	管理信息系统	978-7-81117-802-9	刘宇	30	2009	ppt
95	商品学概论	978-7-5038-4855-1	方凤玲 杨丽	20	2008	ppt
96	广告原理与实务	978-7-5038-4847-6	郑小兰 谢璐	32	2007	ppt
97	零售学	978-7-81117-759-6	陈文汉	33	2009	ppt
98	消费心理学	978-7-81117-661-2	臧良运	31	2009	ppt
99	消费心理与行为分析	978-7-301-19887-2	王水清	30	2011	ppt
100	营销策划技术	978-7-81117-541-7	方志坚	26	2008	ppt
101	现代推销技术	978-7-301-20088-9	尤凤翔 屠立峰	32	2012	ppt
102	营销策划	978-7-301-20608-9	许建民	37	2012	ppt/国家级精品课程网站
103	中小企业管理	978-7-81117-529-5	吕宏程	35	2008	ppt
104	中小企业财务管理教程	978-7-301-20608-9	周兵	28	2012	ppt
105	连锁经营与管理	978-7-5655-0019-0	宋之苓	37	2010	ppt
106	秘书理论与实务	978-7-81117-590-5	赵志强	26	2008	ppt

请登录 www.pup6.cn 免费下载本系列教材的电子样书(PDF版)、ppt和相关教学资源。

欢迎免费索取样书，并欢迎到北京大学出版社出版您的大作，您可在 www.pup6.cn 在线申请样书和进行选题登记，也可下载相关表格填写后发到我们的邮箱，我们将及时与您取得联系并做好全方位的服务。

联系方式：010-62750667、sywat716@126.com、linzhangbo@126.com，欢迎来电来信咨询。